21世纪高职高专系列教材

简明西方经济学教程

主　编　薛治龙

副主编　侯普光

经济管理出版社

图书在版编目（CIP）数据

简明西方经济学教程/薛治龙主编. —北京：经济管理出版社，2009.6

ISBN 978-7-5096-0651-3

Ⅰ.简… Ⅱ.薛… Ⅲ.现代资产阶级经济学—高等学校：技术学校—教材 Ⅳ.F091.3

中国版本图书馆 CIP 数据核字（2009）第 089007 号

出版发行：**经济管理出版社**

北京市海淀区北蜂窝 8 号中雅大厦 11 层

电话：(010)51915602　　　邮编：100038

印刷：三河市海波印务有限公司　　　经销：新华书店

组稿编辑：王光艳　　　责任编辑：王光艳　宋　娜

技术编辑：杨国强　　　责任校对：超　凡

720mm×1000mm/16　　　19 印张　　　351 千字

2009 年 6 月第 1 版　　　2009 年 6 月第 1 次印刷

定价：35.00 元

书号：ISBN 978-7-5096-0651-3

前 言

我国的改革开放和社会主义市场经济的发展已有 30 多年的历史，西方经济学引入到我国也有 20 多年。但是至今为止，学生们普遍感到西方经济学难学，往往花费了大量时间和精力，或者不得要领，或者收获甚少。这种状况的原因在于，一方面，西方经济学本身存在缺陷，西方经济思想的成果包含在一个唯心主义的认识体系中；另一方面，这种唯心主义认识体系又披上了现代数学语言的神秘包装。针对我国学生学习西方经济学的困难，《简明西方经济学教程》力求用马克思唯物主义认识论批判地吸收西方经济学中科学合理的思想成果，剔除其中唯心主义的糟粕，帮助学生系统完整地掌握现代经济学的科学知识，为我国社会主义市场经济的发展培养实际有用的人才。

我国学生学习现代西方经济学的主要困难之一是难以掌握现代西方经济学的系统知识。这是因为西方学者由于颠倒了意识和存在、主体和客体的关系，至今概括不出经济学的研究对象。或者说，西方经济学至今还是一门连研究对象也说不清楚，杂乱无章，庞大"问题"堆积的学科。在这种状态下，建立清楚的经济学理论体系自然无从谈起。甚至在西方经济学家萨缪尔森最新版的《经济学》中，我们也能感到他由于没有解决这个问题而在理论体系的逻辑上所表现出的力不从心和无奈。本教材的第一大创新和特色就是概括出了西方经济学的研究对象是市场经济体系，这样我们就能将人类对市场经济体系的认识成果条理化，建立起逻辑严密、思路清晰、结构完整的经济学理论体系。

我国学生学习现代西方经济学的另一个主要困难是在价值理论及相关概念理解上的困难和混乱。这是因为价值理论是经济学的核心理论，也是充满争议的、最混乱的经济学难题。对于这个难题，回避是无济于事的。因为价值理论是经济学的核心理论，这个难题不解决，经济学的混乱状况就无法解决。本教材在回顾了亚当·斯密的价值理论（包括劳动价值论）、边际效用价值理论、马歇尔的均衡价格理论、凯恩斯的国民收入决定理论的基础上，分析了各种价值理论的片面性，吸收了各种价值理论中科学合理的思想成果，运用系统论和相对论的观点提出了系统价值理论学说，完成了人类对市场经济条件下的价值理论的认识。价值理论的突破，使现代经济学一改过去的混乱状态，变得清晰明了、通俗易懂了。这是本教材的第二大创新和特色。

本教材的第三大创新和特色是紧密联系现实生活。依据逻辑和历史相一致的唯物主义认识论原则，把经济理论思想的发展与经济社会发展的历史联系起来，使经济学成为一门与现实经济生活紧密联系的科学。存在决定意识：一方面，经济社会的不同发展阶段产生和决定不同阶段的经济理论和思想，它是对不同阶段的社会经济生活发展规律的认识和经验总结。另一方面，不同阶段的经济理论又对处在不同发展阶段和层次的经济社会的发展具有指导意义。理解了经济理论的发展与历史的联系，不仅有助于我们系统理解西方经济理论的逻辑联系，把经济理论与经济社会生活的发展联系起来，而且有助于我们正确借鉴西方经济理论中科学合理的思想成果和经验，促进我国社会主义市场经济制度的成长和完善，避免犯历史唯心主义的错误。例如，我国政府几年来采用积极的财政政策和稳健的货币政策促进了我国经济的稳定增长，有的学者就说再实行积极的财政政策就会导致滞胀现象，这是典型的历史唯心主义观点。滞胀现象是资本深化终止、资本积累饱和、经济发展到后工业化阶段才会出现的现象，我国还处在工业化的初级到中级阶段，怎么会出现滞胀现象呢？在工业化的初级到中级阶段，凯恩斯主义的积极财政政策和货币政策都是行之有效的，而且不会出现滞胀现象。可见，不理解经济理论与历史的联系，生搬硬套西方的理论和经验也是要犯错误的。

本教材的第四大创新和特色是通过对一般均衡论唯心主义性质的分析，揭穿了数学语言的神话，使一百多年在黑暗中摸索的人们有可能见到光明，使经济学从梦想回到了现实。我们的观点是，数学在经济学中的科学应用具有非常重要的意义，萨缪尔森倡导的数学革命使经济学的发展取得了今天的成就。但同时，唯心主义认识论导致的数学在经济学中的滥用使经济学的发展受到严重损害。经济学的目的是为了客观、正确地揭示我们经济生活的规律，从而帮助人们更好地理解我们的现实经济生活，解决现实生活中的实际经济问题，促进经济社会的和谐发展。而不是为了编织"高深"的神话和梦想。

马克思说："工业较发达的国家向工业较不发达的国家所显示的，只是后者未来的景象。"世界各国有不同的历史和文明，但是市场经济社会却有着相同的发展规律，这就是经济社会发展的一般规律。我们看到凡是走市场经济道路的国家，不管它具有怎样不同的文化，都遵循了这些相同的发展规律，遇到了相同的社会问题和解决这些问题的探索和经验。西方理论经济学中科学合理的思想成果正是先走市场经济道路的国家对市场经济社会一般发展规律、对市场经济社会发展中遇到的矛盾和问题以及解决这些矛盾和问题的探索和经验总结。这些思想成果对于后走市场经济道路的国家来说，具有宝贵的借鉴意义。这也是我们学习现代西方经济学的意义。

　　本教材是介绍以萨缪尔森为代表的现代西方主流经济学的一本著作。由于本书的上述特色，我们可以借用马歇尔的一句话，借助于我们时代的新著作，并且关系到我们时代的新需要，本书打算对旧的学说加以新的解释。它适合作为我国普通高校经济类和非经济类本科学生学习经济学的教材。

薛治龙

2009.5

目 录

下篇　宏观经济学

第一章 导 论

导论是对经济学的思路和体系纲要做一个总的了解，为此目的，本章将说明现代经济学的研究对象、内容体系和研究方法。

第一节 现代经济学的研究对象和理论体系

经济学的研究对象问题是说经济学研究的客体是什么，而不是说经济学研究的"问题"是什么。就是说，**一门学科的研究对象是指独立于人们意识之外的、人们观察和研究的客观存在，而不是指人们观察客体过程中头脑、意识中产生的"问题"**。经济学理论是人类认识的结晶，是意识的产物。"问题"是认识主体对客体的反映所产生的意识的初级形态，也是意识的产物。说经济学以"问题"为研究对象，无异于说意识以意识为研究对象，这就弄错了意识和存在、主体与客体的关系。

西方学者由于犯了这个错误，在研究对象问题上陷入了十分混乱的迷宫，至今概括不出经济学的研究对象。从亚当·斯密开始，历代的经济学者都是以"问题"作为经济学的研究对象。比如，斯密认为经济学是研究财富的生产和分配问题的；门格尔认为经济学是研究消费问题的；还有的学者认为经济学是研究资源稀缺性及配置问题的等。直至当代经济学大师萨缪尔森，在谈到研究对象问题时，也还是罗列出一大堆经济学的"问题"，并将这堆"问题"最后归结为"稀缺性和选择的效率"问题。为什么如此呢？因为随着人们对社会经济生活认识的深化和进展，不同时期，不同时代，经济学关注的主要"问题"是不同的，应该以哪些"问题"作为经济学的研究对象呢？所以不同时代的经济学者以他那个时代经济学关注的主要"问题"作为经济学研究对象的表述；后来的经济学者面对前人一大堆"问题"研究对象的表述，自然无所适从。于是**经济学成了一门连研究对象都说不清楚、杂乱无章、庞大"问题"堆积的学科。在这种状态下，建立清楚的经济学逻辑体系，自然无从谈起**。例如，当代流行的迈克尔·帕金的《经济学》和布拉德利·希勒的《当代经济学》仍然是以"问题"为单位堆积的学科。就连当代最著名的经济学家萨缪尔森，在他最新版（第18版）的《经济学》中，我们也能感到他由于没有解决这个问题，在理论体系的逻辑上所表现出的力不从心和无奈。因此，在研究对象问题上正本清源乃是理清经济学理论体系的逻辑联系，学好经济学的入门工作。

一、现代经济学的研究对象是市场经济体系

自从自给自足的小农经济解体，人类的生活就被卷入了自发形成、自主运转的市场经济体系。这个市场体系支配和影响每个人的生活。不论你扮演什么角色，你的行为都必须按市场经济的规则行事，成为以最小代价获得最大利益的"经济人"，否则你就无法生存或不会生活得很好。除非你是独居深山，自种自吃，且和现代社会没有关系的人。可见**市场经济体系是独立于人的意识之外的、客观存在、自主运动的客体。身陷其中又不由自主的人类面对着这个支配人类生活和命运的市场经济体系，为了生存和发展，就要观察、思考和认识它，这样人类的头脑中就产生了许许多多的"经济问题"**：什么是财富？什么是财富的源泉及财富是如何度量的？或价值及价值尺度是如何决定的？市场是如何配置资源的，其效率如何？市场是如何分配社会财富的？为什么有人富、有人穷，它公平吗？市场制度完美无缺吗？为什么会发生经济危机？市场的范围有多大？……如果再列下去，还会有许许多多。显然，把这些问题或其中的一个或几个问题表述为经济学的研究对象都是不合适的。所有这些问题是人类在二百多年间认识市场经济体系的过程中产生的，人类在思考这些问题的过程中，逐步由表及里、由局部到整体地认识了构成市场经济体系的各个要素、市场体系的结构、市场体系的循环和运作及市场体系的缺陷和对策。因此，我们说**现代经济学的研究对象是市场经济体系**。

二、市场经济体系的定义

什么是市场经济体系呢？我们可以把它定义如下：**市场经济体系是自发形成的，以商品、货币、劳动、资本、土地等若干要素构成的，以生产、交换、分配、消费四个环节为结构，以产品市场、要素市场、货币市场为子系统，以货币循环为纽带的，呈周期性自主运动的经济系统。**这个定义可以用图1-1直观地表示。

仔细观察该图，思考一下市场系统是如何循环和运作的。

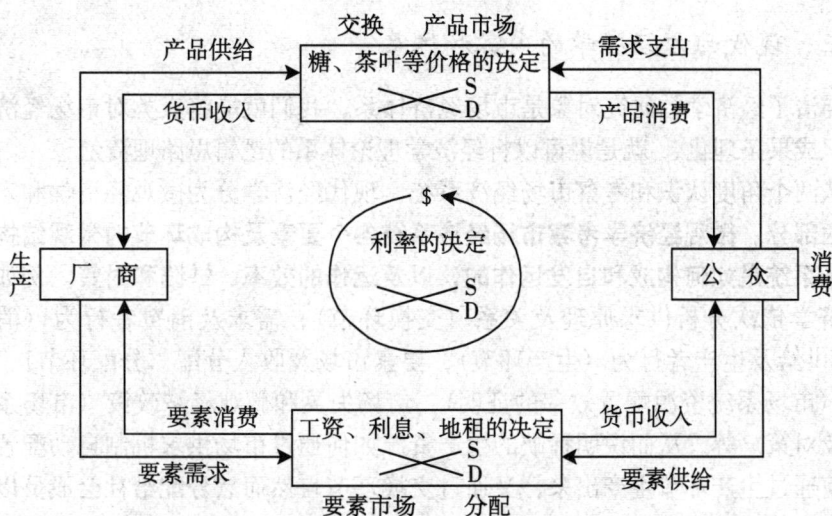

图1-1　市场经济体系运行图

该定义表明市场经济体系有如下特征：

1. 市场体系是自发形成的

这是说自分工和交换产生以来，自然形成了市场系统。而且市场运行的规则是自然形成的秩序，不是人为秩序。政府制定的市场法规只有符合市场的自然秩序才会存在，是自然秩序的法律表现。

2. 市场经济体系是由若干要素、四个环节、三个子系统构成的有机整体

供给和需求是市场的基本关系，称为市场机制。

3. 市场系统是自主运转的循环系统

社会成员依其经济功能被分为供给者和需求者。在要素市场上，公众作为供给者提供劳动、资本、土地、技术等生产要素的供给，并获得收入；在产品市场上公众又作为需求者购买消费品；厂商在要素市场上作为需求者购买各要素；在产品市场上厂商又作为供给者提供产品。在这个循环中，供求关系形成的市场均衡价格自动调节和进行资源的配置、财富的生产、收入的分配、产品的消费及财富的度量。

4. 市场经济系统的运行呈周期性波动

商业周期之谜至今没有完全解开，这表明人类对市场经济系统的认识还没有最终完成。人类只能依据对商业周期的认识程度采取相应的宏观经济政策调节经济周期，以求得市场经济系统的稳定运行和国民财富的稳定增长。这再一次表明了人类意识与市场经济系统的关系。

三、现代西方经济学的内容和体系

弄清了经济学的研究对象是市场经济体系，我们就能将人类对市场经济系统的认识成果条理化，就是说可以将经济学理论体系的逻辑思路理清楚。

从两个角度认识和考察市场经济系统，现代经济学分为微观经济学和宏观经济学两部分。**微观经济学考察市场经济系统各个要素及构成环节的微观结构，说明市场系统是如何构成和自发运作的，以及运作的效率、缺陷和对策。** 例如，微观经济学依次分析供求原理及关系（交换环节），需求及消费者行为（消费环节），供给及生产者行为（生产环节），要素市场及收入分配（分配环节），市场均衡（市场系统资源配置效率的证明），市场失灵和微观经济政策（市场系统的缺陷及对策）等，从而说明稀缺的生产资源如何通过市场供求机制自动配置，财富如何通过生产环节生产出来，又通过交换环节自然而然分配给社会成员以供消费。均衡价格的决定问题、社会财富分配的公平问题、市场体系配置资源的效率问题是微观经济学的基本理论问题。

宏观经济学从总体上考察市场系统的运作质量、波动原因及政府可能采取的对策，以尽量保障市场经济系统稳定运行和国民财富的稳定增长。 国民收入核算和决定理论概括出一套度量经济运行质量及波动幅度的指标体系：GDP 及增长率、失业率、通胀率等。依据这套指标体系，政府采取相应的财政和货币政策来削平经济波动的峰和谷，以提高经济运行的稳定性和促进国民财富的稳定增长。周期理论、失业理论、通货膨胀和经济增长理论是宏观经济学的基本理论问题。

20 世纪全球经济一体化的发展，使各国市场日益紧密连接为一个世界市场。市场经济体系的世界市场性质日益为人们所认识。比较优势和国际贸易、各国市场的相互依存和联系、全球经济的管理，成为宏观经济学新兴的发展领域。

四、现代经济学的定义

通过上述分析，我们可以给现代经济学定义如下：**现代经济学是研究市场经济体系运动规律的学科。它说明稀缺的生产资源如何通过市场供求机制自动配置，财富如何通过生产环节生产出来，又通过交换环节自然而然分配给社会成员消费。它对市场经济体系运动的矛盾如经济周期波动提出解释和解决的对策，以促进国民财富的稳定增长和国民生活水平的提高。**

正如恩格斯指出的，辩证法的规律并不是人的意识注入自然界的，而是自然界和人类社会客观存在的，只不过是被人的意识发现和概括出来而已。经济学理论与市场经济体系的关系也是如此。**经济学只不过是将人类意识发现的市场经济**

系统运动规律概括出来加以理论的说明而已。**摆对了意识和存在、主体与客体的关系，头足倒置的西方经济学中的一些令人头晕的难题便会迎刃而解。**

另外，还需要说明一下现实生活中人们与市场经济的关系，我们已说过，自主运转的市场系统支配着人们的生活和命运。用马克思的话说，就是生活在市场经济系统中的人们受着异己力量的支配。那么是不是就意味着人们对自己的命运无能为力、无所作为了呢？不是的。**"自由是对必然的认识"**（恩格斯）。如果你对市场的知识认识很少，对市场体系的运动规律一无所知，那么你只有被市场牵着鼻子走，你会生活得很不舒服，甚至活不下去。如果你通过观察和思考，了解了一些市场运动的规律和知识，你就会获得一定程度的自由，你会发现和抓住一些有用的信息和市场机会，从而改善自己的生活。如果你通过学习获得了比较充分的市场知识和对市场运动规律的认识和理解，你就会获得更大程度的自由，你会发现更多的有用信息，在更多的市场机会中进行选择，从而在更大程度上掌握自己的命运。"鹰有时候飞得比鸡还低，但鸡永远不会飞到鹰那么高。"（列宁）学了经济学，你的生活可能有时候还不如一个小商人。但是，一旦你有机会飞起来，小商人是永远赶不上你的。这就是学习经济学的意义，学好经济学，你会得到报偿的。

第二节　经济学的基本问题：稀缺性、选择和机会成本

一、欲望和经济品

人们之所以有经济生活，是因为人们天生具有各种欲望，比如生存的欲望，过更好生活的欲望，安全的欲望，被社会尊重的欲望等。经济学家将欲望定义为，**欲望（Wants）是指人的一种缺乏或不满足的感觉以及求得满足的愿望或需要。**

西方学者把人们的欲望分为许多层次，如最基本的生存需要：衣、食、住的需要，安全和被尊重的需要，自我实现的需要等。当人们低层次的欲望被满足后，就会产生高层次的欲望。实际上人们的欲望是随着经济社会的发展而不断产生的，几十年前的人们谁会想到今天的人们会产生减肥的欲望呢？而且有的人在减肥上花的钱比在吃饭上花的钱都多。正是由于人们欲望的多样性及随着生活的发展而发展，所以它是无穷无尽的。

人们要满足自己的欲望，就要消费各种物品和服务。比如人们要生存就要呼

吸空气、喝水、吃食物、穿衣服等。有些物品人们不需要花费代价就可以得到和消费，比如空气。经济学家把**不需要花费代价或成本就可以得到的物品称为非经济品，或自由取用品（Free Goods）**。遗憾的是自由取用品是很少的。人们需要的绝大多数物品都是需要花费代价或成本去生产才能得到。经济学家把**需要花费成本才能得到的物品称为"经济品"**（Economic Goods）。比如，人们要得到衣服，就要花费劳动和土地去种植棉花，还要用机器和技术去纺纱、织布、制作服装等。这些劳动、土地、资本（机器）、技术被称为经济资源或生产要素。由于人们的欲望是多种多样和无穷无尽的，为满足这些欲望需要生产的经济品和可利用的经济资源相对来讲就是有限的、不足的。经济学家把这种不足称为"稀缺性"。

二、稀缺性和选择

稀缺性是指相对于人们的欲望无穷而言，人们可利用的满足自己欲望和需要的资源总是不足的、有限或稀缺的。稀缺性的概念反映了人们欲望无限和资源有限这一经济生活中的基本矛盾。这一矛盾自有人类经济生活以来一直存在，所以人们应该考虑的是如何选择最有效率、最经济的利用有限资源的方式来获得最大利益。这本身是市场规则决定的"经济人"的本能要求。

对个人来讲，哪些是可利用的资源呢？你拥有的资产（动产和不动产）、时间、工作能力、活动空间和信息网、知识技术等。显然，我们可以发现两个重要的事实：①你会发现你的资源是不足的、有限的。例如很少人会觉得他的金钱是足够用的。除非是一个没有过更好生活欲望的人或者百万富翁，当然这样的人也是有的。②你的这些资源可以有许多不同的组合利用方式，可以带来更大的收益。或许你从来没考虑过这个问题，别人怎样生活，你就怎样生活，那么，你就是个比较传统的人。假如你的一个朋友利用他的时间和金钱去旅行，去更多地了解这个世界，或许一个偶然的发现和机会就改变了他的命运。那么你不觉得应该考虑更好地利用你的金钱和时间的方式吗？

对一个社会来讲，哪些是可利用的资源呢？劳动、资本、土地、具有专门技术知识的人才、技术知识创新等。

劳动是指千千万万靠出卖劳动为生的人们，如工人、技师、医生、教师等，它构成社会的劳动资源。劳动资源的特性是它的能动性，即在所有资源中，劳动资源具有组织运用其他资源的能动作用。

土地是指土地以及地面上下一切不可再生的自然资源，如各种矿产、水源、森林等。自然资源的一个特性是不可再生性（或再生的周期很长）。用尽了就永远失去了。因此，小心地利用这些稀缺资源是社会的一个重要选择。

　　资本指资本物品，是经济制度生产的，而且能不断生产出来的（不同于自然资源）和劳动结合能提高劳动生产率的，而且本身也构成物质生产力的各种工具、机械、设备、车辆、工厂、建筑等。资本资源的特性是可以通过人工不断生产出来和积累起来，资本拥有量即资本存量是一个社会物质生产和财富增长能力水平的重要指标。

　　专门技术知识的人才、技术创新是指企业家、科学家及各类专家、技术发明等。这是社会的智力资源。现代经济社会的发展，特别是知识经济时代的来临，智力资源日益成为最重要的资源之一。

　　对一个社会来讲，可利用的资源也是有限的，即相对于满足社会成员各方面的需要而言是不足的、稀缺的。而且这些资源可以有许多不同的组合利用方式或用途来生产各种产品。所以一个社会应该考虑如何选择最经济、最有效率地利用有限资源的方式来尽可能最大限度地满足社会成员的需要。

　　萨缪尔森用"生产可能性边界"这个工具说明了这个道理。下面就介绍萨缪尔森的这个工具及所表达的经济思想。

三、生产可能性边界和机会成本

　　资源稀缺性意味着社会不能无限制地生产社会所需要的各种各样的产品。也就是说，在资源和技术水平既定的前提下，各种产品的生产都有个最大数量。而且增加一种产品的生产数量就要减少另一种产品的数量。例如政府用于学校建设的资源增加，剩下用于建筑住宅的资源就减少。人们选择的食品消费增加，他们所能消费的衣着就减少。因此在经济生活中，**无论是个人的投资和消费，还是政府的公共投资和消费都面临各种各样的选择，而且这种选择是有代价的。生产可能性边界是对稀缺性、选择及其代价问题的一个技术分析工具。**

　　为了分析简便，萨缪尔森假定社会以现有的全部资源只生产两种产品：黄油和大炮，见图 1-2。

　　图 1-2 中，A 点表示社会将资源全部用于大炮生产，可生产 15 千门大炮，而黄油的产量为零。F 点是另一个极端，即资源全部用于黄油生产，大炮产量为零。在两个极端之间存在许多可能性，把这些可能性的点连接起来，就是生产可能性边界。边界上的任一点代表在现有资源条件下，两种产品的最大产量组合。边界以内的任一点，例如 G 点，则表示资源没有被充分利用或存在着失业或资源浪费，这对社会来讲是不经济的。边界以外任一点，例如 H 点表示社会现有资源所达不到的产量水平。

　　生产可能性边界表达了许多有意义的经济思想：其一，一国的生产只有处于

可供选择的生产可能性		
可能性	黄油 (百万磅)	大炮 (千门)
A	0	15
B	1	14
C	2	12
D	3	9
E	4	5
F	5	0

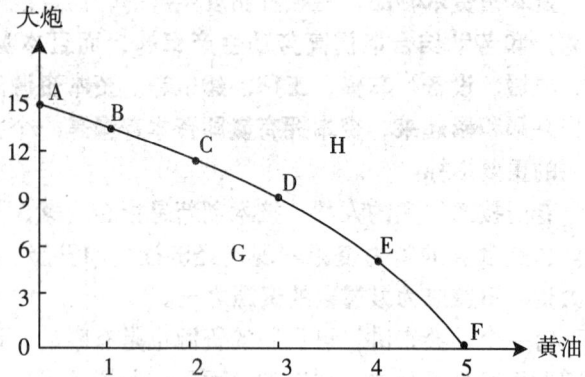

图1-2 生产可能性边界

生产可能性边界之上才是有效率的。萨缪尔森认为，效率是指尽可能有效地利用该经济体的资源以满足人们的需要和愿望。当社会在不减少一种物品产量的情况下不能增加另一种物品的产量时，其生产便是有效率的。其二，当一国资源增加、技术提高，如新资源的发现、人口增长、技术发明等，会使该国的生产可能性边界向外扩展。反之亦然。其三，在资源既定条件下，增加一种产品的产量，必然放弃另一种产品的产量，就是说，当社会选择增加一种物品的产量时，这种选择是有代价的。在图1-2中，让我们来看C点，它是2百万磅黄油和12千门大炮的产量组合。假如我们要增加1百万磅黄油的产量，那就意味着我们必须放弃3千门大炮的产量，如从C点到D点。换句话说，社会增加1百万磅黄油产量的代价是减少3千门大炮的产量，这个代价就是社会增加1百万磅黄油产量的机会成本。

机会成本是指在资源有限的条件下，当把一定资源用于某种产品生产时所放弃的用于其他用途可能得到的最大收益。萨缪尔森给机会成本下的定义是："在稀缺性的世界中选择一种东西意味着放弃其他东西。一项选择的机会成本（Opportunity Cost），也就是所放弃的物品或劳务的价值。"机会成本的概念有助于人们在面临选择的时候进行权衡和比较，以对资源的用途作出最佳选择。

例如，对于100万元资金，要投资一个项目。首先要假定两点：一是资金是有限的，只有100万元，从规模经济的角度考虑只能投资一个项目。二是据掌握的信息和知识，有许多项目或机会可供选择：制衣厂、食品厂、养鱼场等。因此，如果选择食品厂，那么就要放弃制衣厂、养鱼场等的机会。如何选择？显然，应该预测各个项目的年收益率，从而比较各个项目的机会成本，如果预测制衣厂年收益率为 20%，食品厂年收益率为 15%，养鱼场年收益率为 10%，那么，如果选择食品厂项目，只能获得 15% 的年收益率，却放弃了制衣厂 20% 年收益的机会，显然机会成本太高，是不明智和不经济的。因此，从机会成本的角度考虑，应该选择制衣厂项目，而放弃其他的机会。这样的 100 万元资金也就得到最有效率的运用。

稀缺性、选择、机会成本是一个重要的经济思想。它不仅告诉人们在人生道路和市场经济中面临各种机会时进行选择的方法，还告诉人们做任何事情都是有代价的。比如当人们用一小时做某件事情的时候，就意味着放弃了用这一小时去做其他事情的机会和可能得到的收益。而且这一小时对一个人来讲是永远失去了并且无法选择了。因此，珍惜时间，珍惜资源，精心选择是每个生活在市场经济社会中的人们应有的"经济头脑"。

第三节　现代经济学的研究方法

学习一门学科，发现其中的问题和错误，吸收其科学合理的研究成果，离不开了解该门学科的研究方法。而且在现代经济学学习中的一些主要困难，在于我们对现代经济学的研究方法了解不够，所以本节我们要讨论一下现代经济学的研究方法。

现代经济学的研究方法主要有以下四种：抽象分析方法及结构分析方法、实证分析方法、规范分析方法和数学方法。

一、抽象分析方法及结构分析方法

抽象分析方法是现代经济学的主要分析方法之一。对抽象分析方法的一种有代表性的误解认为：经济学的各个组成部分都建立在一系列不符合于事实的假设条件之上。既然假设条件不符合事实，其结论也不可能成立。这种观点显然不了解抽象分析方法。因为假设条件是抽象分析方法，它不需要符合事实。

抽象分析方法是社会科学普遍采用的理论分析方法，社会科学不同于自然科学，自然科学的研究分析有许多试验手段，如化学试剂、显微镜等，社会科学的研究则没有这些试验手段，只能用理论抽象的办法。马克思说："经济分析既不能用显微镜，也不能用化学试剂，只能用抽象的办法代替二者。"如何理解这个"代替"呢？例如，假定在化学研究中，如果有人提出两个 H 原子和一个 O 原子可以结合为一个水分子，那么怎样证明这个论断是否正确呢？可以在实验室用化学试剂排除其他的分子和杂质，创造一个纯粹的环境，试验两个 H 原子和一个 O 原子结合的结果就可以验证这个论断。但是经济学研究的是人，是社会，由各种人的活动组成的各种经济现象错综复杂地结合在一起，如何把他们分解开来？如何创造一个纯粹的环境考察单一经济现象的变动规律？我们不能用化学试剂把一部分人排除掉或消灭掉，只能用理论抽象的办法，把他们抽象掉，即假定他们不存在或不变。因此，我们可以把抽象分析方法表述或定义如下：**抽象分析方法是用假设条件来排除需要排除的因素和现象，用假设条件创造一个纯粹的理论分析环境的分析方法。**例如，当考察需求变动规律时，假定供给不变，从而排除供给变动对需求的干扰；考察产品市场的均衡时，假定货币市场不变，从而排除货币市场变动对产品市场均衡的干扰等。再如，完全竞争市场在现实经济生活中是不多的，甚至是没有的，大部分市场是程度不同的不完全竞争市场。但是，为了考察市场机制配置资源的效率，必须假定一个完全竞争的市场环境，来排除各种变形对市场竞争机制的干扰。说明了完全竞争市场条件下市场机制配置资源的效率，才能了解不完全竞争市场的垄断对资源配置效率的损害等。可见，假设条件并不需要符合事实，它的作用在于排除需要排除的现象和因素，就像上例化学研究中化学试剂所起的作用一样。

结构分析方法是抽象分析方法的一种具体分析方法。例如经济学研究的对象是市场经济体系，这个体系是由若干要素、环节、子系统构成的结构复杂的经济系统。如何分析这个系统呢？不能用显微镜去观察它的内部结构，只能按层次和环节把它分解开，然后逐个环节分析它的内部结构。当分析一个环节时，把其他环节排除掉，即抽象掉，例如分析生产环节时，把消费、分配、交换等环节抽象掉。当把所有的环节都分析完后，将它们联系起来，就有了一个结构完整的市场经济体系的整体概念。

二、实证分析方法和规范分析方法

实证分析方法是指对客观事物的现象及发展、运动规律进行观察，提出假说，进行验证，并上升为理论的分析方法。例如，通过观察某商品的需求量与价格的关系发现，当商品的价格上升时，其需求量会下降。由此可以提出假说，商品的需求量与价格之间存在反方向变动的关系。这个假说如果被绝大多数商品价格和需求量变动关系的事实验证是正确的，就可以把它上升为理论，即需求定理。如果假说被事实验证不能成立，那就不能上升为理论，或需要依据事实验证的结果进行修正。实证分析方法是自然科学的分析方法，西方学者将它用于经济学的研究，以说明客观经济现象的变动规律。实证方法只是客观地分析和说明事物或现象是什么，存在哪些运动规律或趋势，而不涉及该事物或现象是好还是不好的评价。萨缪尔森是运用实证方法研究经济生活的著名学者，他很注意对经济事实的观察，各种经济统计资料的分析和研究，因为统计资料是历史事实的记录。他在他的《经济学》第 16 版中说："经济学家采用科学的方法来理解经济生活。包括观察经济事件，利用统计分析，并注重历史记录。"[1] 这里所说的科学方法就是实证方法。对统计资料进行分析和研究，并从中概括（进行一般化的抽象）出经济变量之间的一般关系和变动趋势是实证分析常用的方法。比如柯布—道格拉斯生产函数。柯布和道格拉斯对美国制造业 1899~1922 年期间投入和产出的统计资料进行分析和研究，发现这一时期资本要素对总产出的贡献是 25%，劳动要素对总产出的贡献是 75%，而且这一时期美国刚刚进行产业革命不久，技术进步对各要素生产率提高的贡献约 1% 多一点。柯布和道格拉斯将上述对美国制造业投入—产出的统计资料实证研究的成果用数学式表达出来，即为柯布—道格拉斯生产函数：

$$Q = 1.01 L^{0.75} \cdot K^{0.25}$$

这个函数只是表达了美国制造业 1899~1922 年间投入和产出的规律，而且这一规律是用实证分析方法得出来的。

规范分析方法是指对客观事物或现象进行主观评价的分析方法。当人们认为某个事物或现象好或不好时，就要收集事实、材料作为依据，进行推论和演绎，形成观点或学说，来说明好为什么好，不好为什么不好的问题。因此，规范分析方法是以人们的主观价值判断为前提的。

例如，经济增长问题。哪些因素会促进或限制经济增长？政府的政策对经济增长有什么作用或影响？这都是实证分析，因为这些作用和影响都是客观的。追求经济增长是利大于弊还是弊大于利？社会应不应该追求经济增长？这些问题的分析则是规范分析，因为这些问题不同的人群会有不同的价值判断。比如罗马俱乐部的成员用大量事实说明追求经济增长导致资源的掠夺性开采，生活环境的污染和恶化，主张人类应该停止追求经济增长。有的经济学家则认为，经济增长提高了人们的生活水平，是社会发展的动力，随着经济增长，技术进步，资源和环境问题会逐步解决，而且只有经济增长才能解决这些问题，所以应加快经济增长。

---

① 萨缪尔森、诺德豪斯：《经济学》第 16 版，华夏出版社，1999 年版，第 3 页。

三、数学方法

经济学不仅需要对经济现象进行质的分析，在许多场合还需要进行定量分析，**因此数学是分析经济变量之间关系及量的变动趋势方面的一个有用的工具**。一般来讲，数学在西方经济学中的运用有两种情况：

1. 将数学用作定量分析的工具

比如边际增量分析，反映经济变量之间关系的几何图形和曲线等。**理论经济学中的数学革命的实质内容是将边际增量分析和抽象分析方法相结合**。萨缪尔森说："只要记住是狗尾巴摇动狗身子，而不是狗身子摇动狗尾巴，那么经济学并不难学。"就是说，在理论经济学中，重要的是边际量，而不是总量。是边际量的变动决定总量的变动趋势，而不是总量的变动决定边际量的变动趋势。在经济学中将遇到许多重要的边际概念：边际效用、边际产量、边际成本、边际收益等。例如，依据边际收益的定义、公式及平均收益、总收益的定义、公式和抽象的线性需求曲线（因为实际的需求曲线是弯弯曲曲的，抽象掉各种干扰因素，就可以把需求曲线画成直线性的），可以做出边际收益曲线、平均收益曲线、总收益曲线。从而考察边际收益的变动对平均收益、总收益的影响。这就是**边际增量分析和抽象分析方法相结合**应用的例子。几何图形和曲线可以形象直观地反映经济变量之间的关系及量的变动趋势。一图胜千言，它方便、简洁、直观的优点是现代经济学大量使用图形模型分析经济现象的原因。萨缪尔森在他的《经济学》中就是把数学作为定量分析的工具运用的。特别是他把边际增量分析与抽象分析相结合，揭示了经济生活中许多重要的规律。在这个场合，并不需要很深的数学知识。多恩布什和费希尔在他们的《宏观经济学》中写道："我们要指出本书对数学的预备知识的需求不会超过中学的代数学"。① 所以，学习西方经济学的学生不必因为数学感到为难。实际上，数学在西方经济学中真正有意义的运用就是作为定量分析的工具，它所要求的数学知识是很简单的，看一看萨缪尔森、帕金、希勒的原著就很清楚。那么，为什么许多学生对西方经济学的数学感到头痛呢？这是因为数学在经济学中的第二种运用方式所造成的神秘性蒙蔽了许多学生。

2. 用数学公式对经济现象进行抽象推理

比如，一般均衡方程的推论，效用或福利函数的推论，帕累托最优条件的推论等。在这种场合，并不要求具体的计算结果，它仅仅是一种抽象推理。**数学在经济学上的这种运用，其实质是用数学语言表达的经济学**。人类有许多种"语

---

① 多恩布什、费希尔：《宏观经济学》，中国人民大学出版社，1997年版，第21页。

言"，音乐家的语言是音符和旋律，美术家的语言是图画和色彩，工程师的语言是设计图纸，数学家的语言是数学公式。用数学语言表达经济学使许多人感到不习惯和费解，因为经济学研究的不是自然界物质机械的数理运动，而是人的经济活动。在世界上很难找到任何两个在偏好、情感、价值观、性格等方面完全相同的人。而且人们的经济活动不单单是只受经济利益的驱动，还有政治的、社会的、文化的、伦理的、种族的等多种因素的综合作用和影响。把各种不同的人抽象为单纯的数学符号，然后用数学公式去演绎人们的经济活动，这种方法到底在多大程度上能反映现实的经济生活，具有实际的经济意义，难道不值得怀疑吗？正是由于许多人感到疑惑和费解，经济学变得"高深"了。实际上这是一种误解。**一门学科是否高深，取决于它的思想内容，取决于它是否说明了深刻的道理和解决了重大的实际生活的问题，而不取决于它的表达方式**。如果认为用数学语言表达经济学，经济学就"高深"了，那么如果请一只鸟给大家讲经济学，恐怕懂得鸟语的表达方式的人更少，那么经济学不就成了"天书"了。这只鸟也就成了"天才"了，尽管鸟表达的思想要简单得多。不要以为鸟类没有经济学，经济学就是生存之学。凡是生物都有自己的生存之道，都有自己的经济学。

实际上，现代经济学的一些著名的、严肃的学者从来都不卖弄数学语言的表达方式。萨缪尔森、斯蒂格利茨、帕金、希勒等学者在他们的经济学著作中，都不将经济学内容的数学表达方式放在正文里，而是放在附录里提供给那些对数学语言感兴趣的读者。对数学语言不感兴趣的读者，可以不读，只读正文里的内容，即经济学语言表达的内容。这并不影响经济学的学习。西方是个自由社会，学者有选择表达方式的自由，读者也有选择的自由，不习惯数学语言表达方式，避开它就是了。如果了解了西方学术界的这种情况，就会明白数学语言并不是西方经济学内容唯一的表达方式，而且它是被放在附录里的表达方式。不习惯数学语言的表达方式并不影响现代经济学内容的学习，所以既不要对它感到为难，也不要对它感到神秘。新古典增长模型的创立者罗伯特·索洛在谈到经济学中数学语言风行的原因时指出，在思想上创新很难，在形式上（表达方式上）创新（花样翻新）很容易。可见，数学语言并不高深，它只是表达方式上的花样翻新。一般来讲，同一个原理在西方经济学中有三种表达方式：一是用经济学语言表达；二是用几何图形表达；三是用数学公式表达。

需要指出的是，数学在经济学中的科学应用具有十分重要的意义，如果不是经济学中的数学革命，现代经济学也不可能取得今天的成就。但是，在唯心主义认识论基础上的数学在经济学上的滥用对经济学的发展也造成了严重的危害。

四、理论经济学和应用经济学

经济学分为两大类：理论经济学和应用经济学。应用经济学如计量经济学、会计学、审计学、统计学等，给我们提供的是专门的经济计量、核算和管理技能。会计师和工程师一样是专业技术人员。理论经济学如马克思的政治经济学、西方经济学等，给我们提供的是经济理论和思想以及认识和分析社会经济生活及发展规律的方法和能力。如果做一个比喻，应用经济学给我们提供的是"一双手"和技能，而理论经济学给我们提供的是"头脑"和智慧。诺贝尔经济学奖这几年偏爱计量经济学，比如，2000年诺贝尔经济学奖授予了两位微观计量经济学家詹姆斯·赫克曼和丹尼尔·麦克法登后，2003年又将这个桂冠授予了两位宏观计量经济学家罗伯特·恩格尔和克莱夫·格兰杰。这是由于诺贝尔经济学奖要鼓励经济学的应用技术的发展，或者说鼓励应用经济学的发展。但这并不意味着要把理论经济学也数字化。经济思想的发展靠人类抽象思维能力的提高，靠抽象分析方法的进步。抽象思维是无法数字化的，这是理论经济学独有的领域。而且，应用经济学只能解决理论经济学提出的任务和问题。或者说计量经济学只能解决具体的经济计量分析问题。如果没有理论经济学的发展和创新，应用经济学的发展就没有目标。就像一个人如果没有头脑，他的双手就不知道该干什么。当前理论经济学中滥用数学的现象，一个重要的原因就是没有区分理论经济学和应用经济学的界限，这导致了人类抽象思维能力的窒息，对经济学的发展造成严重损害。学习经济学，首先应该学好理论经济学的基本原理和抽象思维方法，提高理论抽象思维的能力。然后才能在经济学理论原理的指导下应用数学工具，建立解决各种具体经济问题的计量和分析模型，分析解决具体经济问题。那种连基本的经济学原理和思想都不甚了解，却要用数学模型分析解决各种经济问题，是违背经济科学规律的，是不会有什么结果的。

五、怎样学好经济学

怎样学好经济学？最重要有两点：**一是对经济学的理论和著作要有一个正确的认识；二是要联系实际经济生活去观察和思考问题。**

经济学理论是人类对社会经济生活认识的成果。当人们观察、思考和认识经济生活时，把所思、所想写下来就是经济学理论和著作。有人说过**"书是人类思想的记录"**。当我们拿起一本经济学著作时，首先要看一下它的作者和出版年代，该书所写的就是某人在某个年代对某些经济问题的看法和思想。我们知道，经济社会是不断发展和变化的，人类的认识也是在不断深化和进步的，永远不会停留在一个不变的水平上。不同年代的经济学著作和理论只是反映了不同时代的人们对当时经济生活的认识水平，它不可能是永远正确和完善的。随着经济社会本身的发展，人们总会有新的发现、产生新的思想，这是经济科学本身的发展规律。基于上述认识，我们在学习经济学理论时，就不应该把书上写的都当成是永远正确、不可侵犯的教条，而应该是通过读书去了解前人的经济思想。而且，还不要忘记存在决定意识，前人的经济思想都是对以前的经济社会的反映。要学会了解前人在什么样的社会条件下怎样产生的这些经济思想，然后再用所学的理论和方法联系当代经济社会的发展去观察和思考。这样就会有新的发现，产生新的思想，创造新的理论，这就是理论和思想的创新。

　　人类用两种方式认识世界。**第一种方式是用心灵感知世界，相应的思维方式是形象思维。**形象思维的成果表现为诗歌、戏曲、小说、影视等艺术作品。艺术作品的力量在于它的艺术感染力，作品通过形象地再现生活的场景、表达作者对生活的感知，来引起人们心灵的共鸣。一部好的艺术作品可以使人们的精神、情感和心灵世界在这种共鸣中得到净化和升华。**第二种方式是用理性认识世界，相应的思维方式是逻辑思维。**逻辑思维的成果表现为各种思想和理论著作。理论和思想的力量在于它的逻辑力量，在于它严密地揭示了我们实际生活的规律和道理，在于它帮助人们深刻地理解我们的现实生活。因此，**逻辑和事实是衡量一切思想和理论著作能否成立和是否有缺陷的两块基石。**对于任何思想和理论著作，你如果发现了它逻辑上的矛盾和漏洞，如果发现它不符合事实或不再符合现在的事实，都可以把它推翻。同样的道理，在经济学理论学习、研究和思考中，一定要注意逻辑的严密性，注意实事求是。**逻辑是理论和思想的生命。事实是检验理论和思想正确性的唯一标准。**

本章总结和提要

　　本章是学习经济学的一个总纲。第一节纠正了西方学者在经济学研究对象问题上的错误，提出了经济学的研究对象是市场经济体系，为经济学理论体系的建立奠定了基础。由于这两个理论的突破，经济学真正成了一门"通论"。第二节从经济人的角度说明了人类欲望无限和资源有限这一人类经济生活的基本矛盾以及人类应该如何选择和处理这一矛盾，这是经济学永恒的主题。第三节说明了经济学家认识、研究社会经济生活的科学方法以及学习经济学的方法。掌握科学的认识和研究方法对于提高人们的能力具有重要意义。孔子曰：学而知之者，贤人也；不学而知之者，圣人也。就是说不通过上学而能获得知识的人比通过上学才能获得知识的人更高明。掌握了科学的认识和研究方法，就能独立地观察、研究社会经济生活，获得知识、创造思想，就能成为孔子说的圣人。

思考题

1. 你认为西方学者在经济学研究对象问题认识上存在问题吗？你同意本书对经济学研究对象的概括吗？为什么？

2. 请运用你经历过的事例说明机会成本的意义。

3. 你在经济生活中考虑过如何有效地利用你的资源问题吗？你在面临选择的时候，都考虑些什么因素？

4. 什么是抽象分析方法和实证分析方法？

5. 你在讨论问题时更多的是从价值判断出发，还是从客观实际出发？

6. 你对经济学的理论体系理解清楚了吗？你认为经济学是一门什么学科？

上篇 微观经济学

微观经济学是考察市场经济系统各个要素及构成环节的微观结构，说明市场系统是如何构成和自发运作的，以及运作的效率、缺陷和对策。

第二章 市场和供求原理

本章对市场经济系统的交换环节进行分析。交易双方构成市场的供给和需求，所以该环节的核心内容是市场机制即供求原理。本章依次分析市场、需求定理、供给定理、市场机制及弹性理论。

第一节 市 场

一、市场的定义和特征

1.市场的定义

什么是市场？对这个问题经济学者的认识是逐步深化的。开始，人们认为市场是交易物品的场所。后来，随着现代市场经济的发展，电话交易、网上交易已使市场交易不局限在固定场所，学者们认为，应该注重人们的交换关系。如平狄克给市场下的定义是："市场（Markets）是相互作用、使交换成为可能的买方和卖方的集合"。萨缪尔森给市场下的定义是："**市场是买者和卖者相互作用，并共同决定商品或劳务的价格和交易数量的机制**"。[①] 萨缪尔森的定义就更具体和深刻了。

首先，**经济学所说的市场是指每个物品的市场，有多少种物品就有多少个市场**。如面包市场、汽车市场、大米市场等。一家超级市场是成千上万个物品市场的汇合。与市场概念相联系的一个概念是行业，**生产同一种物品的厂商的总和构成一个行业**。如面包行业、汽车行业等。一个行业是该物品市场的供货方。

其次，**市场定义强调了市场的本质是买卖双方的交换关系和相互作用决定价格和交易数量的机制。因此，供给和需求是市场的基本关系，称为市场机制**。

---

① 萨缪尔森、诺德豪斯：《经济学》第 16 版，华夏出版社，1999 年版，第 21 页。

2. 市场的特征

（1）市场的第一特征是竞争性特征。买卖双方是如何相互作用决定价格和交易数量呢？是通过市场竞争实现的。因此，**竞争性是市场首要的最重要的特征。**

市场竞争包括：①**同一产品市场上卖方之间的竞争。**如众多厂商以低价竞卖某种物品，叫**竞卖。**②**同一产品市场上买方之间的竞争。**如在拍卖市场上有的消费者愿以比其他人更高的价格购买某种物品，叫**竞买。**③**同一产品市场上买卖双方的竞争、比较、权衡，比如讨价还价。在商品交易中，买卖双方或生产者和消费者在确定商品价格和交易数量上具有平等的权利。双方通过平等的协商和竞争确定交易价格和数量。任何剥夺或限制消费者定价权的行为都是不平等交易的损害市场竞争的垄断行为。**例如，在我国社会主义市场经济的发育和发展过程中，国营商店被逐步淘汰，取而代之的是私人小商品市场和各种大型超市。原因何在？因为国营商店执行的是垄断价格，消费者是不能讨价还价的。这不仅剥夺了消费者的定价权，违背了市场平等、自由竞争的原则，而且服务也不如意。相比较，私人小商品市场，消费者不仅能讨价还价，而且购买数量多还可以便宜。就是说，买卖双方可以平等地协商交易价格和交易数量。由于小商品市场体现了市场公平、自由竞争的原则，尊重了消费者的权利，消费者都愿意去小商品市场购物。国营商店失去了消费者，自然就走向消亡。那么大型超市也不能讨价还价，为什么就那么兴旺呢？大型超市不是不能讨价还价，而是由于消费者的竞争已经向消费者提供了最低价格的商品。大型超市由于集中、大量从厂家以最低价格进货，加上物流、管理方面的规模优势，已经向消费者提供了最低价格的商品。消费者在大型超市购物的竞争性不是表现在具体商品的讨价还价上，而是表现在消费者的选择权上。消费者可以比较各个超市的价格，选择最低价格的超市购物。正是由于消费者的选择权，迫使超市之间也存在激烈的竞争，各家超市都在千方百计以更低的价格拉住和吸引顾客和消费者。因此，消费者的选择权实际上是另一种形式的讨价还价。④**相关产品市场或行业之间的竞争。**比如汽车和火车之间的竞争，铜业和铝业的竞争，牛肉和猪肉的竞争，香蕉和苹果的竞争等。凡存在替代关系的产品和行业之间都存在激烈的竞争。上述四种类型的市场竞争，在现实经济生活中都是可以观察到的，都是显而易见的。因此，任何一个产品市场只有竞争程度强弱的差别，完全没有竞争性的市场是不存在的。即使一个厂商完全垄断了某种商品的生产和供给，他也只是排除了同一产品市场上卖者之间的竞争，他还不能排除相关产品或替代品厂商与他的竞争以及消费者与他的竞争。比如垄断厂商制定的价格过高，消费者就不购买他的产品。

市场的竞争性特征具有重要意义，市场作为经济活动的中心，生产资源的配

置和调节，社会财富的生产和分配，以及财富的社会尺度——价格的形成，都是在市场竞争中自然而然形成和决定的。**竞争性是市场机制起作用的关键因素**。市场竞争的意义还在于它迫使或促使社会成员充分发挥自己的潜能和优势通过市场竞争求得生存。因此，市场竞争也被称为生存竞争。它可以极大地促进社会生产和经济效率的提高，极大地促进技术的进步。但是，市场竞争遵循优胜劣汰、胜者全得的原则。就是说，如果企业在市场竞争中失败和破产，企业的资产就会被竞争对手、竞争的优胜者兼并和全得。这一原则必然导致收入和财富向竞争的优胜者转移和集中。收入的两极分化以及低收入人口的贫困问题是市场经济社会需要关注和解决的一个重要的社会问题。

经济学家将市场分为竞争市场和非竞争市场。非竞争市场不是说该市场没有竞争，而是说竞争的程度比较低。竞争市场或完全竞争市场是指该产品市场有许多卖者和买者，从而没有一个卖者或买者对价格有显著的影响力的自由竞争市场。非竞争市场是指该产品市场只有一个或几个卖者，从而卖者在较大程度上能控制和影响市场价格的垄断市场。市场机制的作用在自由竞争市场才能充分地展现，而且现实生活中的绝大多数产品的市场都是自由竞争市场。因此，本书的各章节的分析都是以自由竞争市场为前提的。非竞争市场或垄断市场在后面的章节中专门分析。

（2）市场的第二特征是市场的范围和边界。市场是有范围的，或者说市场是有大小或边界的。**一种物品的市场范围是指一种物品的交易范围和销售数量**。市场范围受两个因素限制：

1）**地理的或地域的限制**。①许多产品的市场范围明显受到地理的限制，最典型的是房地产市场。例如北京的市民不会去北京以外的地方如太原购买房产居住，即使太原的住房价格比北京便宜得多。因此，北京、太原、郑州等各地的房地产市场都是相互分离、各具特色的。北京的房产商不会把太原的房产商看做自己的竞争对手。②**交通条件和贸易条件的地域性限制**。例如，边远地区如交通不便将增加运输成本和限制物品的流通数量。政府之间的贸易协定、关税壁垒以及地方政府的贸易限制（地方保护主义）等将限制各国间以及一国内各地区间的产品交易范围和数量等。例如，在湖南买不到湖北产的香烟，在湖北买不到湖南产的香烟。这是因为这两省都对对方的香烟产品采取了贸易限制，不许对方的香烟进入本省销售。这是违反自由贸易原则的地方保护主义的显著例子。③**消费者偏好或宗教偏好的地域性限制**。如果某个地区的居民对某种物品的偏好发生变化，不再喜欢某种物品，该物品只有退出该地区的市场。

2）**产品本身性质的限制**。决定市场范围的第二个因素是产品本身的性质。例如，一种保鲜期很短的风味食品，其市场范围仅限于当地。如果解决了保鲜技术和改善了运输条件，就可以扩大它的市场范围和边界。如果排除了政府间的贸易限制，它的市场范围还可以扩大到全世界。

当然，从地域性市场到国际性市场是一个必然趋势。从市场经济产生时，马克思就说它创造了世界历史，市场从本质上说具有世界市场的性质。但是，从地域性市场到全球市场是一个很长的历史过程。**成千上万种商品价格的均衡过程以及它们之间相互影响的一般均衡过程起初是在地域的范围进行，然后是在一国的范围进行，最后，这个均衡过程要在全球范围进行。在经济全球化的今天，已经看到了这一过程。**

市场范围的意义在于它限定了竞争起作用的范围。当讨论某一个物品的市场时，只有了解它的范围才有意义。因为只有在这个范围内，才能了解哪些因素参与市场竞争，以及该物品的价格是由多大范围的竞争决定的。对于厂商来说，只有了解他的产品的市场范围，才能了解哪些是他的客户，哪些是他的竞争对手，以及他能占多大市场份额（市场销售额）等。

（3）**市场第三个重要的特征是它的社会性特征。**要理解市场的社会性特征，要比较自给自足生产和商品生产的重要区别。在自给自足的小农经济社会，一家一户就是基本的生产单位。一个家庭就可以生产出满足自己消费需要的绝大部分甚至全部产品。由于这些产品不是为了在市场上出售或交换而生产的，只是为了满足自己的生活需要自己生产的，因此这些产品不具有社会性质，只是**个人产品**；相应地，生产也不是具有社会性质的商品生产，只是具有自给自足性质的**个体生产**。

自给自足的个体生产是与人们很低的生活欲望或消费需要相适应的。随着社会的发展和进步，人们生活欲望或消费需要的提高迫切需要提高生产的效率，这就出现了**生产的专业化分工。生产的专业化分工是指个人不再生产自己需要的全部产品，而只是专门生产某一种产品，甚至是某一种产品的某一种部件。**由于人的智慧和精力专门集中于某一种产品或某一种部件的生产上，日积月累可以极大地促进生产技术的进步，并通过分工合作极大地提高产品的数量和质量，所以专业化分工生产成为满足社会成员日益增长的消费需要的重要的社会生产形式。亚当·斯密对于专业化分工生产如何能降低成本、提高效率、极大地提高产品数量和质量进行了全面、详细、精彩的论述。下面讨论的是专业化分工对产品和生产的性质产生的革命性影响，对于这种革命性影响马克思也曾做过深刻的分析。

生产的专业化分工意味着每个人只能生产某一种产品或产品的某一个部件，而每个人的生活需要各种各样的产品，这就产生了人们相互交换产品的必然性。

因此，**分工产生交换，交换形成市场**。如果在生产专业化分工的条件下，某一种产品还是某个人生产的，还可以说这个产品是某个人的个人产品。比如，工场手工业时期。那么随着生产分工的进一步细化，每个人只能生产某种产品的某个部件，那么该产品就不是某个人的个人产品，而是许多人合作生产的产品，即"**社会产品**"。比如，现代大工业生产。但是，社会产品的性质还不能就此确定，它还是"**准社会产品**"。无论是个人产品还是许多人合作生产的准社会产品必须通过市场交换销售出去，才能被**证明和确定是有价值的、社会接受和需要的产品，即社会产品**。如果销售不出去，那么这些产品就没有被社会接受和认可，就没有价值，不具有社会产品的性质，还只是个人产品或多人合作的产品。因此，产品的社会性质不是由分工决定的，而是由市场交换决定的。**个人产品和合作产品必须通过市场交换才能转化为或成为社会产品，是市场社会性特征的本质含义**。为在市场上交换和销售而进行的生产是具有**社会生产**性质的商品生产，产品和生产市场化程度的高低成为检验产品和生产社会化程度高低的标准。**市场**成为检验产品和生产社会性质的**判官**。

市场的社会性特征具有重要意义。正是由于市场的**社会性特征**，不同个人的**个人产品在市场上竞争的实质是每个人都在千方百计努力使自己的个人或合作产品在市场上经受社会的检验和评判，并通过交换成为社会接受的、有价值的社会产品**。每个生产者都知道这个转化过程是很困难的，所以市场竞争是很激烈和残酷的。如果转化不成功，或者说企业的产品在市场上销售不出去，那就意味着企业没有收入。因为产品没有被社会成员接受和认可，没有价值，所以产品就不能成为社会产品和社会财富。同样的道理，产品市场范围的大小也是限制产品社会性质的重要因素。一个地域性的产品表明该产品只被该地区的社会成员接受，它的社会化程度或社会性质也比较低。一个国际性产品表明该产品是全世界的人们都接受和认可的产品，它的社会化程度和社会性质最高。

也正是由于市场的社会性特征，**公平竞争、自由竞争才是重要的**。因为只有公平的自由竞争才能使市场的社会性特征得到公正的体现，才能充分激发全体社会成员潜力的发挥，充分发挥市场竞争的效率。斯密强调的自由竞争原则是专门针对垄断和专制而言的。因为任何垄断（经济权利的专制）和专制（政治权力对社会经济生活的垄断）都是对市场社会性特征的损害和扭曲，都是不公正的。"人人生来平等"（《人权宣言》），社会是社会成员共有的社会，不是哪一个经济集团或政治集团独有的社会，是现代市场经济社会人们的共同要求。正因为如此，魁奈的天赋人权和斯密的自由竞争原则，从 18 世纪到今天一直是西方发达市场经济社会人们的信念和追求。其更深层次的原因在于：**它是市场社会性特征的本质**

体现。

二、市场一些要素的具体概念

1. 商品、价值、货币、价格

（1）**商品是具有价值能满足人们的某种需要，从而可以用于交换的物品**。因此，在市场上交易的物品称为商品。物品包括物质产品和非生产的物品。物质产品如汽车、衣服等，它是人们通过消耗生产要素生产出来的物品；非生产的物品如土地、天然钻石等，这些物品尽管是天然的、非生产的，但它们也是被人们认为有价值的、可以在市场上**交易**的物品，因此它们也具有商品的性质。**在市场上交易的非物质形式的产品称为劳务，劳务是指有偿服务**。如理发、唱歌、医疗服务等。**劳务和商品具有相同的性质**。

（2）**价值表示对人们都有效用的、人们都接受的物品或劳务，是社会财富**。当我们说一个物品有价值，不仅是指它对自己是有用的财富，而且还表示它对其他人也是有用的，可以被其他人即社会接受的财富。因此，有价值的物品，即被其他人也需要的物品才能交换。

（3）**货币是价值的代表、交换媒介和计量价值量、记账单位的一种物品**。商品的价值是用货币来计量或表现的，商品或劳务是以货币为媒介进行交换的。因此，货币是价值的代表，或者说**货币本身就是价值的现实存在形式**。用货币表示和计量的商品或劳务的价值量就是价格。它不仅表示该商品具有价值，可以交换，还表示该商品具有多少价值量，可以和多少其他商品交换。

（4）**价格是商品价值量的货币表现**。或者说，用货币度量和表示的商品的价值量就是价格。在商品社会里，**商品和货币（及其他形式的有价证券）是社会财富存在的两种具体形式**。以一台电视机的价值量为例，如果今天的市场价格是2000元/台，今天这台电视机的价值量就是2000元。如果昨天电视机的市场牌价为2500元，昨天这台电视机的价值量就是2500元。可见，在市场经济中，财富或价值量具有相对的性质。

2. 名义价格、实际价格

财富或价值量的相对性质表现为市场价格随时间、地点而波动不定。为了衡量财富的变动，人们提出了名义价格和实际价格的概念作为衡量财富变动的工具。

一种商品的名义价格是指以当年货币表示的现期价格。如1998年鸡蛋的名义价格就是以1998年货币表示的鸡蛋当年价格。**实际价格是指以基年的货币表示的不变价格**。假定考察1980~2000年的价格变动。在这20年中，可以任意选

某一年为基年。例如，如果以 1990 年为基年，那么基年的名义价格和实际价格
是一致的。以基年的价格为基准来计算各年的实际价格要借助消费价格指数这个
工具。基年的消费价格指数为 100%，如果 1991 年价格上涨 7%，那么 1991 年的
消费价格指数就为 107%；如果 1992 年价格比基年下降 10%，那么 1992 年的消
费价格指数为 90%，以此类推。然后，用各年的名义价格除以它的消费价格指
数，就得到各年的实际价格。名义价格与实际价格的差距来自价格上涨或下降的
百分比，称为通货膨胀率或通货紧缩率。用消费价格指数将名义价格折算成实际
价格实际上就是排除价格变动的影响，寻求一种相对稳定的不变价格来衡量财富
的价值量。但是，消费价格指数并不是只度量一种物品的价格变动。例如美国的
消费物价指数（CPI）度量的是普通城市消费者购买的几百种有代表性的消费品
的加权平均价格变动的百分比，以 1983 年为基年价格。

第二节　需求和需求曲线

需求和供给是市场竞争的两种基本力量，或者说是市场机制形成的两个基本
方面。本节讨论需求方面。

一、需求的定义

**需求（Demand）是指在一定的价格水平下，消费者愿意而且能够购买的某
种商品或劳务的数量。** 该定义强调两点：一是消费者有购买愿望。二是消费者有
支付能力。经济学所讲的需求，始终是指有货币支付能力的需求。想要一架飞
机，但没有能力购买，这不叫需求，只是欲望。想要一样东西，而且有货币支付
能力购买，才叫需求。因此，一个消费者或一个地区的需求能力，是可以通过该
消费者或该地区的货币收入水平和财产拥有量来度量的。例如，一个消费者月收
入为 2000 元，那么在不考虑该消费者其他财产的情况下，他每月有 2000 元的货
币需求能力。

由定义可知，影响需求的因素主要有：

1) **商品的价格水平**。在消费者收入既定的情况下，某商品的价格下降，消费
者可以购买更多的数量。反之，某商品的价格上升，消费者只能购买较少的数量。

2) **消费者收入水平**。在商品价格既定的情况下，消费者收入提高，可以购买
更多的数量；反之，消费者收入下降，只能购买较少的数量。

3) **市场规模**。以人口数量衡量，在其他条件相同的情况下，一个 200 万人口

的城市对面包或牛奶的需求数量，可能是 100 万人口城市的 2 倍。

4）**相关商品的价格**。相关商品包括替代品和互补品。**替代品是指两种或几种物品可以互相替代来满足消费者同一消费欲望的物品**。如大米和面粉，钢笔和铅笔，等等。当大米价格上升时，人们会减少大米的消费，增加对面粉的需求。**互补品是指两种或几种物品必须同时消费才能满足消费者同一消费目标的物品**。如录音机和录音带，汽车的汽油。当汽油价格上升，会影响人们对汽车的需求量。

5）**消费者偏好或爱好**。是指消费者对某种物品的喜爱。这个因素涉及人们的生活习惯、风俗、宗教等因素。例如，美国人爱吃牛肉，而牛肉在印度则是禁食的食品。人们喜欢食用鸡蛋，但一项研究结果公布说鸡蛋会增加人们的胆固醇，影响身体健康，人们就会马上改变对鸡蛋的偏好，使其需求下降。

6）**其他因素**。季节、环境、对未来价格的预期等因素也会对需求产生影响。如多雨的地区会增加雨伞的需求，多雪的地区会产生对滑雪板的需求。人们如果预期价格会上升，就会产生抢购等。

二、需求定理

我们首先考察**需求量和价格的关系**。如果观察牛奶市场需求量与价格的关系，我们会发现牛奶的需求量与价格呈反方向变动的关系，即价格上升，需求量会下降；价格下降，需求量会上升。由此可以提出一个假说：商品的需求量与价格存在反方向变动的关系。然后通过市场调查进行验证，我们会发现和证明绝大多数商品的需求量与价格存在反方向变动关系。因此，可以将这个假说上升为理论，即需求定理。经济学将需求定理定义为**商品的需求量与价格存在反方向变动的关系**。需求定理也称需求规律。规律反映普遍现象，但不排除个别现象，也就是说个别商品（在一些特殊情况下）的需求量与价格呈同方向变动的现象（如吉芬物品），不能否定需求规律的成立。

三、需求定理的数学表达式：需求曲线和需求函数

需求定理表述了商品的需求量与价格之间的依存关系，两个变量的依存关系用数学语言表述就是函数关系，所以需求定理也可以称为需求函数，并可以用需求曲线（几何工具）直观地表现出来进行分析。例如，将调查的牛奶市场上牛奶的不同价格所对应的需求数量的数值列在表格里，就得到了牛奶的市场需求表。将需求表里的数据标在坐标曲线图上，就得到了牛奶的市场需求曲线。调查方法既可以用直接的市场调查方法，也可以采取问卷调查的方法。例如，用问卷调查的方法调查太原市牛奶市场的需求量。要运用统计学的原理和方法来确定太原市

200万居民中不同收入家庭的调查比例，设计调查表。调查表中列出不同的牛奶价格，让有代表性的不同收入的家庭填写在不同价格水平下，该家庭愿意和能够购买和消费的牛奶数量。然后收回调查表，对数据进行汇总和技术处理，就可以得到太原牛奶市场的需求表。表2-1是我们假定的某城市牛奶市场的调查表。

表 2-1　牛奶的市场需求表

	A	B	C	D	E
价格（P）元/公斤	1	2	3	4	5
需求量（Q）千吨/年	10	8	6	4	2

　　将调查表中的数据标在图2-1坐标曲线图上，就得到了某城市的牛奶市场的需求曲线。

　　图2-1中，横轴代表牛奶的需求数量，纵轴代表牛奶的价格。注意需求量与价格呈反方向变动，它表现为需求曲线 D 向右下方倾斜。依据曲线特征，**需求定理也被称为"需求向下方倾斜规律"**。

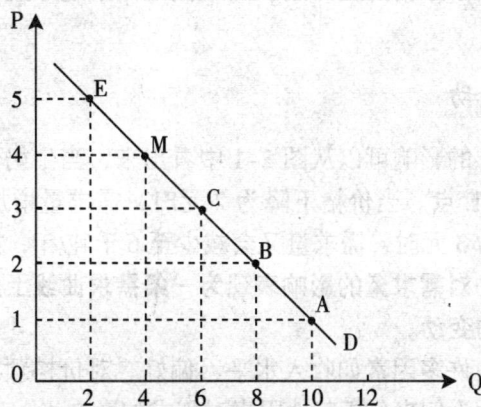

图 2-1　牛奶的市场需求曲线

　　将表2-1需求表和图2-1需求曲线还原成数学公式，可表示为 $Q_d = 12 - 2P$，该式即为需求函数，它的一般表达式为 $Q_d = a - bP$，它表示某商品的需求量是价格的函数。需求量与价格之间的依存关系用数学语言表达就是函数关系。函数关系可以有图表、曲线、数学式三种表达方式。所以可以用数学工具对需求规律进行技术分析。但是，在实际生活中，某商品的需求表和需求曲线是从市场调查中得到的，而不是从需求函数式得到的。相反，需求函数式是从需求曲线得到的。不要颠倒二者的关系，颠倒了二者的关系就陷入了唯心主义的神秘怪圈和陷阱。

实际的需求表和需求曲线，即通过市场调查记录的某商品的价格和需求量的数值不是像图 2-1 中按固定比例变动的，实际的需求曲线是一条不规则的曲线。原因是实际的需求曲线受到各种因素的干扰。但是为了技术分析的简便，假定它是一条直线，就是说，把其他干扰因素抽象掉。只要我们的假定符合需求规律的要求，即需求量与价格存在反方向变动的对应关系，就是合理的假定或抽象。

当价格上升时，需求量为什么会趋于下降呢？简单的答案是，**在既定收入水平下，某种物品的价格升高，消费者能够购买的数量就会减少，消费者会去购买价格较低的替代品，这叫替代效应**。比如，牛奶价格升高可以用豆奶来替代牛奶。第二个答案是以前有能力购买的一些消费者，现在没有能力购买了。就是说，**在收入水平不变的条件下，商品价格上升意味着实际收入水平下降；商品价格下降，意味着实际收入水平上升，这叫收入效应**。比如，在收入既定的条件下，牛奶价格升高意味着实际购买力或实际收入水平下降了，喝不起牛奶了，只能去喝豆奶。反之，如果牛奶价格下降，意味着实际收入水平提高了，又可以喝牛奶了。**需求曲线向下倾斜的更深层次的原因是由于边际效用递减规律**。这一点在下一章讨论。

四、需求的变动

价格变动对需求的影响可以从图 2-1 中看出来，当牛奶价格为 5 元时，需求量为 2 千吨/年，如 E 点。当价格下降为 2 元时，需求量增加至 8 千吨/年，如 B 点。当价格又上升为 3 元时，需求量又会减少至 6 千吨/年，如 C 点。

因此，**价格变动对需求量的影响表现为一条需求曲线上点的位置的移动。经济学称之为需求量的变动**。

除价格外，其他许多因素如收入水平、偏好、对价格预期等也影响需求，下面就以收入水平变动为例来分析其他因素对需求的影响。

一般来讲，人们的收入增加，在每一个价格水平上，人们对某一商品的需求量都会增加，其结果是把整条需求曲线推向右方，如由 D_1 至 D_2。人们的收入减少，在每一价格水平上人们对某一商品的需求量都会减少，其结果是把需求曲线推向左方，如由 D_1 至 D_3。此外，城市人口规模的变动、消费者偏好的改变，对需求的影响与收入变动对需求的影响相同，即会使需求曲线向左或向右移动。因此，**除价格以外，收入及其他因素对需求的影响表现为需求曲线位置的移动。经济学称之为需求的变动**。注意不要混淆需求量的变动和需求的变动。

本节分析了需求规律及其变动。分析中运用了实证方法、几何工具、抽象

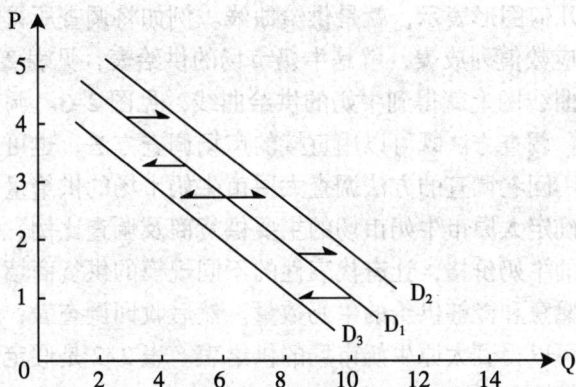

图 2-2　需求的变动

分析方法。你能说明这些方法是怎样运用的吗？学会这些方法，就能开发你的创造力。

第三节　供给和供给曲线

一、供给的定义

供给（Supply）是指在一定的价格水平下，生产者愿意而且能够生产和出售的商品数量。该定义强调两点：一是生产者有供货愿望；二是生产者有供货能力。**供货能力不是指生产能力的大小，而是指生产者的成本低于或至少等于市场价格；如果成本高于市场价格，供货就会亏损，就意味着生产者无供货能力。**

供给的定义表明，影响供给的主要因素是价格和生产成本。此外，一切影响成本的因素如一般工资率的变动，原材料价格的变动，技术进步和革新，交通和生产环境的改善以及政府的政策等，都会通过影响成本来影响供给。

二、供给定理和供给曲线

通过观察市场某产品供给量与价格的关系会发现供给量与价格存在同方向变动的关系，即价格上升，供给量会增加；价格下降，供给量会减少。通过市场调查可以证明，在其他条件不变的情况下，绝大多数商品的供给量与价格存在同方向变动的关系。因此，经济学将这种关系上升为理论并定义为供给定理，或称供给规律。**供给定理是指商品的供给量与价格之间存在同方向变动的关系。**

供给定理用几何图形表示，就是供给曲线。例如将调查所得的牛奶市场的供给量与价格的对应数值列成表，就是牛奶市场的供给表，见表2-2。将供给表中的数据标在坐标曲线图上就得到牛奶的供给曲线，见图2-3。调查方法和需求表的调查方法一样。调查方法既可以用直接的市场调查方法，也可以采取问卷调查的方法。例如，用问卷调查的方法调查太原市牛奶市场的供给量。要运用统计学的原理和方法来确定太原市牛奶市场的主要供货商及调查比例，设计调查表。调查表中列出不同的牛奶价格，让有代表性的不同规模的供货商填写在不同价格水平下，该供货商愿意和能够供给的牛奶数量。然后收回调查表，对数据进行汇总和技术处理，就可以得到太原牛奶市场的供给表。表2-2是假定的某城市调查得到的牛奶市场的供给表。

表2-2　牛奶市场的供给表

	A	B	C	D	E
价格（P）元/公斤	1	2	3	4	5
供给量（Q）千吨/年	0	4	8	12	16

将供给表中的数据标在坐标曲线图上就得到牛奶市场的供给曲线图2-3。

图2-3中，横轴代表供给数量，纵轴代表价格，S曲线为供给曲线。S曲线是向上倾斜的，它体现的是供给量与价格呈同方向变动的关系。**根据曲线特征，供给定理也被称为供给向上倾斜规律。**

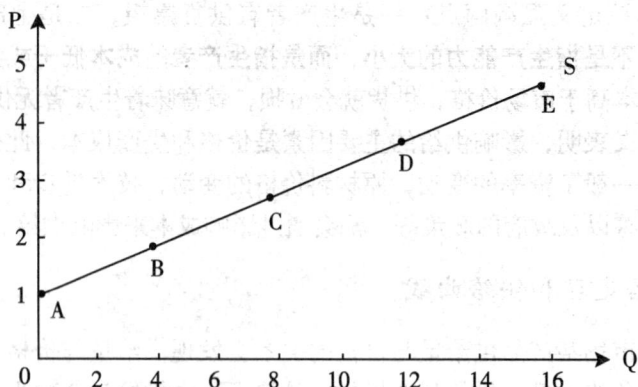

图2-3　牛奶市场的供给曲线

同样，将上述供给表和供给曲线还原为数学式，即为 $Qs = -4 + 4P$，称为供给函数，其一般表达式为 $Qs = -c + dP$。

　　实际的供给曲线，即通过市场调查记录的供给曲线是一条不规则的曲线。原因是实际的供给曲线会受到各种因素的干扰。为了技术分析的简便，假定它是一条直线，只要假定符合供给规律的要求就是合理的抽象。可见，**需求曲线和供给曲线是运用几何工具对需求规律和供给规律的抽象分析概括出来的。**

　　供给曲线为什么向上倾斜？或者说供给量为什么与价格同方向变动？简单的答案是，生产者提供产品是为了获得利润。价格上升意味着生产者可以获得更大的利润，从而扩大生产，增加供货。而且以前没有供货能力的生产者现在也有能力供货了（价格上升至其成本以上），从而供给增加。价格下降，意味着利润减少，生产者积极性下降。而且以前有能力供货的一些生产者现在没能力供货了（价格下降至其成本以下），从而使供给减少。因此，供给量与价格存在同方向变动的依存关系。**供给曲线向上倾斜的更深层次的原因是边际产量递减规律决定的边际成本上升趋势。**

三、供给变动

　　价格变动对供给的影响可以从图 2-3 中看出来。当价格为 1 时，供给量为 0，如 A 点；当价格上升至 4 时，供给量增加至 12 千吨/年，如 D 点；当价格下降至 3 时，供给量又减少至 8 千吨/年，如 C 点。因此，**价格变动对供给的影响，表现为在一条供给曲线上点的位置的移动。经济学称之为供给量的变动。**

　　除价格以外，成本及其他因素对供给的影响见图 2-4 的分析。

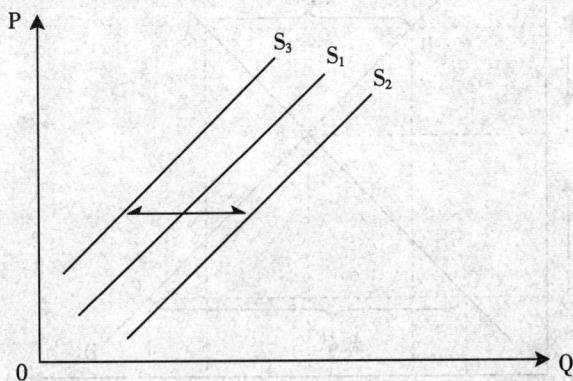

图 2-4　供给的变动

　　一般来讲，成本由于某种原因下降（如技术革新、原材料价格下降，采用新的管理方法等），就意味着生产者在每一价格水平上都比以前能生产和供给更多的数量，其结果是把整条供给曲线推向右方，如由 S_1 至 S_2。反之，成本由于某种原因上升（如战争导致原油价格上升，工资率上升等），则意味着生产者供货能力下降，在每一价格水平上，比以前所能供给数量减少，其结果是把供给曲线推向左方，如由 S_1 至 S_3。可见，**成本等因素对供给的影响表现为供给曲线位置的移动，经济学称之为供给的变动。**

第四节　市场机制

一、市场机制和均衡价格的决定

供给和需求是市场上两种相互作用又相互依存的基本力量。当供求两种力量达到均衡时，即供给量和需求量相等时，就决定了市场的均衡价格水平。反过来，价格又影响供给和需求，即对生产者和消费者具有调节和引导作用。经济学把这种相互依存又相互作用的供求关系及所产生的市场调节力量称为市场机制。

把需求曲线和供给曲线放在同一个坐标曲线图上就得到市场供求机制决定均衡价格的模型，见图 2-5。

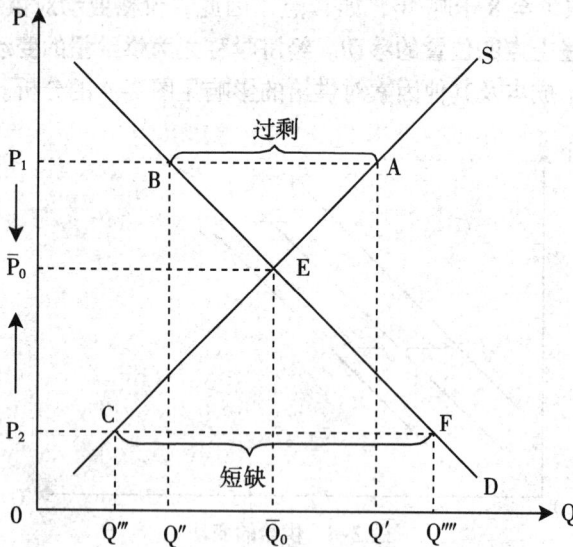

图 2-5　市场供求机制决定均衡价格

图 2-5 中，纵轴表示的是某种商品的价格（P），该价格是在一个既定的供给量时卖方所要求的价格，同时也是在一个既定的需求量时买方所支付的价格。横

轴表示需求和供给的数量。

供给曲线和需求曲线的交点，即供求两种力量达到均衡时的 E 点所决定的价格 $\overline{P}_0$ 和数量 $\overline{Q}_0$ 称为均衡价格和均衡数量。在该点，供给量和需求量恰好相等，产品全部卖出，没有存货，所以均衡价格也称为市场出清价格。

需求的力量是由成千上万个消费者自发形成的。供给的力量也是由成百上千个厂商自发形成的。双方自发地进行交易，二者怎么能就正好相等呢？显然，均衡是一个过程。假定起初的市场价格水平较高，如 P_1，在这个价格水平，厂商供给的数量如供给曲线的 A 点所对应的横轴的 Q'；消费者需求的数量如需求曲线的 B 点所对应的横轴的 Q''。供给大于需求，市场出现过剩现象，产品积压，销售困难，给厂商传递的信息是价格过高，产品过多，需求不足，从而迫使厂商降低价格和减少供给。一些厂商会退出，将资源抽出该种产品的生产。随着价格的下降，需求量会沿着需求曲线增加，直到 $\overline{P}_0$ 的均衡点为止，供给数量和需求数量相等，市场出清，过剩消失。

假定起初的市场价格较低，如 P_2 点。在这一价格水平，厂商愿意供给的数量为供给曲线上的 C 点所对应的横轴的 Q'''，消费者愿意购买的数量是需求曲线上的 F 点所对应的 Q''''。需求大于供给，产品供不应求，市场出现短缺现象。短缺给厂商传递的信息是，现在市场价格过低，需求过多，这是提高价格、增加供货获取利润的好机会，从而价格上升，供给增加；短缺给消费者传递的信息是，市场价格过低，厂商不愿供货，一些消费者愿意出较高的价格购买稀缺的产品。随着价格的上升，又抑制了一些消费者的需求，使需求减少，直至 $\overline{P}_0$ 点，供给和需求量相等，短缺消失，市场达到均衡。可见，自发的供给和需求在市场上起初难免在数量上存在差异，或者过剩，或者短缺；但是市场机制的调节会使二者趋向均衡，这就是均衡价格和均衡数量形成的过程。

有的西方学者用拍卖市场的例子生动描述了均衡价格和均衡数量的形成过程。而且这种描述可以让人体会到一个重要的观点：**均衡价格是在竞争的市场上供求双方都接受的市场价格**。仍以图 2-5 为例，假定在一个自由竞争的玉米拍卖市场上，拍卖人事先不知道什么价格是合适的价格。假定他先喊出 P_1 的价格。这个价格供方很高兴，他们愿意出售 Q' 的数量。但是，这个价格消费者感到太高，不愿意接受，这么高的价格他们只愿意购买 Q'' 的数量。市场上堆满了卖不出去的玉米。拍卖人意识到什么地方出错了，价格不合适。这次他又走到另一个极端，假定他喊出 P_2 的价格。这个价格消费者很高兴，愿意购买 Q'''' 的数量。但是这个价格生产者感到太低，只愿意出售 Q''' 的数量。市场上出现短缺，挤满了排队购买玉米的消费者。拍卖人意识到什么地方又出错了，价格太低。权衡之后，最后喊

出 $\bar{P}_0$ 的价格。在这个价格水平，供给者愿意出售的数量与消费者愿意购买的数量相等，过剩和短缺现象都消失了，市场价格达到稳定的均衡状态。或者说这个价格是供给者和消费者都愿意接受的价格。

通过以上分析得出如下结论：**在一个自由竞争的市场上，市场价格具有趋于均衡或市场出清的趋势；暂时的过剩或短缺现象都会消失。**

现实生活中的市场上有成千上万种商品，这些商品都有不同的价格。**如果市场上没有过剩或短缺现象，那么这些价格都是通过市场供求关系调节形成的相对稳定的均衡价格。**但是，有时候会发现有些商品的价格又不稳定了，又开始变动了，为什么呢？因为，除价格外，需求或需求曲线还受到消费者收入水平、人口规模、偏好等诸多因素的影响；供给或供给曲线还受到成本、原材料价格、油料价格、技术进步、战争等诸多因素的影响，这些因素时时刻刻处在变动之中，因此，**供求曲线不可能是静止不动的，市场均衡价格也不可能是稳定不变的。**下面分析供求变动对均衡价格和数量的影响。

二、供求变动对均衡的影响

因为供给和需求总是在变动的，所以均衡价格也不可能稳定不变。比如，居民收入水平、时尚偏好、人口规模等的变动会使需求曲线左移或右移，在供给不变的条件下，使市场均衡价格和数量在一个较低或更高的水平达到均衡；影响成本的因素如自然灾害、战争、石油电力紧张等因素的变动会使供给曲线右移或左移，在需求不变的条件下，也会使均衡价格和数量在新的水平上达到均衡，下面我们就来分析这种变动的意义。

1. 供给变动对均衡的影响

图 2-6 说明了供给变动对均衡价格和数量的影响。假定恶劣的气候使小麦减产，面包的原料价格上升，成本上升使面包的供给在每一价格水平上减少，供给曲线由 S_1 左移至 S_2。从图中可以看到，在需求不变的条件下，供给减少，使均衡价格上升，均衡数量下降；假定面包烤制技术进步使面包的生产成本下降，成本下降使供给增加，供给曲线由 S_1 右移至 S_3。从图中我们看到，供给增加，使均衡价格下降，均衡数量增加。

2. 需求变动对均衡的影响

图 2-7 说明了需求变动对均衡价格和数量的影响。假定，某城市居民人口增加，从而对鸡蛋的需求增加，鸡蛋的需求曲线由 D_1 右移至 D_3。从图 2-7 中看到，在供给不变的情况下，需求增加会使均衡价格上升，均衡数量增加。再假定，某项研究发现，食用鸡蛋过多会增加人体的胆固醇，影响健康。这项研究改变了人

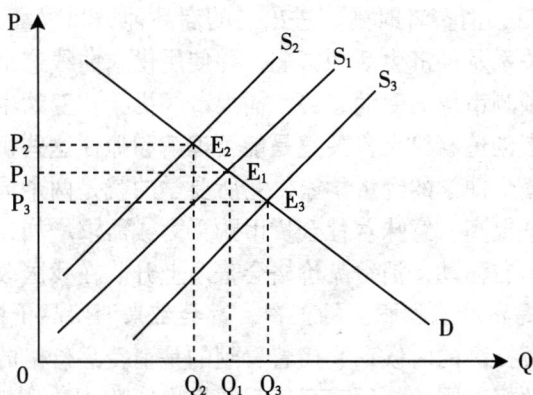

图 2-6 供给变动对均衡的影响

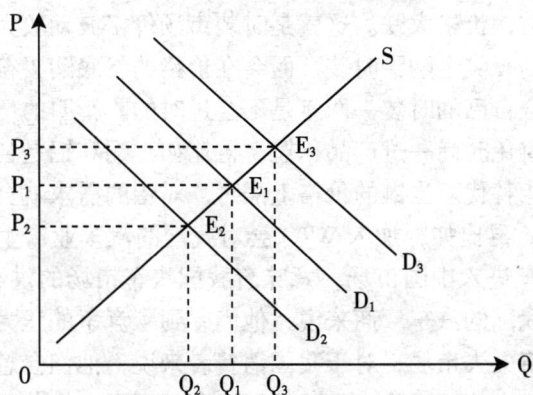

图 2-7 需求变动对均衡的影响

们对鸡蛋的偏好,使鸡蛋的需求下降,需求曲线由 D_1 左移至 D_2。从图 2-7 中我们看到,需求下降,会使均衡价格下降,均衡数量减少。

通过上述分析,我们可以从供给和需求变动对均衡价格和均衡数量的影响中概括出来四条供求规律:

(1)需求的增加引起均衡价格上升和均衡数量增加。

(2)需求减少引起均衡价格下降和均衡数量减少。

(3)供给增加引起均衡价格下降和均衡数量增加。

(4)供给减少引起均衡价格上升和均衡数量减少。

上述四条规律我们不需要死记硬背,只须在坐标曲线图上移动供求曲线就能直观地看到。那么,了解这些规律对我们有什么意义呢?理解了市场供求机制的作用,我们就会理解现实生活中的各种因素,如居民收入水平变动、石油价格上涨、新技术的发明、消费者时尚、进出口的商品种类和数量，加入 WTO 等的变化，对市场供求关系及经济生活的影响，并使用供求曲线这个工具跟踪分析这些影响的后果，来预测市场的变动趋势，捕捉市场机会。**变动中的市场每时每刻都为消费者和生产者创造着机会，关键是能否理解和抓住这些机会**。有人说过，即使鹦鹉也能成为一个博学的经济学家，它所要学的就是两个词：供给和需求。例如，居民收入水平提高，意味着社会货币购买力或需求增加，在供给不变的情况下，需求曲线会向右移动，消费品价格会普遍上升。在我国改革开放的 30 年中，每一次政府普遍提高员工和职工的工资，都会带来消费品价格的一次普遍上升。当人们欣喜于工资提高的时候，紧接着看到的是消费品价格的上升。再如，消费者有追求时尚的偏好。因此，厂商每年都要推出新款式的服装。新时装上市，需求增加，需求曲线向右移动，价格上升，厂商增加供货。时尚一过，需求下降，需求曲线向左移动，价格大跌。这就是时装市场价格波动较大的原因。精明的消费者不会在价格的峰尖上购买时装，而会在价格的谷底购买符合自己气质的质量优良的时装，符合自己的时装一两年是不会过时的。精明的厂商会在市场价格大跌前停止生产，避免时尚一过产品积压。再比如，铜和铝是替代品，在工业用途上，它们可以互相替代。当铜的价格上涨时，对铝的需求就会增加，从而为铝生产业创造了机会。再比如，加入 WTO 会对我国的汽车业产生什么影响？大量低成本、优质的汽车进入中国市场，意味着我国汽车市场的供给曲线会向右移动，价格会下降。对我国的汽车厂商来说，他们感到了竞争的压力，如果再不想办法降低成本，他们将失去市场；对于我国消费者来说，他们会意识到以更低的价格买更好的汽车的机会将要来临，因此持币待购。可见市场范围的扩大，对消费者是有利的。

　　然而，供求机制作用的意义还不仅限于这些。市场供求机制更重要的作用在于对社会经济资源的配置所起的调节和引导作用。下面分析供求变动所引起的均衡价格和数量变动的更深层次的意义。

三、市场机制的作用

1. 需求变动的意义

　　通过需求变动对均衡价格和数量的影响的分析知道，市场均衡价格和数量与需求同方向变动，见图 2-7。因为一种商品的需求上升，价格上升。意味着社会对该产品需求的增加和厂商获利机会的来临，厂商会把更多的资源投入该产品的生产，以增加供给和利润，而在厂商获利的同时，又满足了消费者对该产品的需求。当一种产品的需求下降，价格下降，意味着社会对该产品的需求减少和厂商利润减少，甚至亏损，厂商会减少产量，甚至退出该种产品的生产，即把资源从该种产品的生产上转移到社会需要的产品上，这样厂商才会获利。

可见，从上述分析可以得出如下结论，**均衡价格和数量与需求同方向变动的经济意义在于：市场机制调节生产者朝满足消费者需求的方向配置资源，从而使稀缺的经济资源能更大限度地满足消费者的需要。**

例如，聪明的温州人成功的秘诀在于，紧跟市场需求，不怕利小，生产消费者需求量最大的生活必需品。从纽扣、打火机到服装、鞋帽、日用小五金、小家电，消费者需要什么，他就生产什么。生活必需品尽管利小，但需求量大。例如，温州每年生产 30~40 亿双鞋，为全国人民每人每年生产 3.5 双鞋，为世界人民每人每年生产近 1 双鞋，以"中国鞋都"著称世界。温州的打火机产量占世界总产量的 70%以上。温州有近 10 万家民营企业，资产规模近 3000 亿元。随着企业做大，温州人走向全国和世界。比如，600 多万人口的温州地区，就有 140 万人在全国和世界各地做生意，其中欧洲就有 60 万温州人。他们生产的日用小商品已经对欧洲和美国市场形成冲击。

2. 供给变动的意义

成本和供给的变动对均衡价格和数量的影响有什么意义呢？一般来讲，成本上升，对厂商和社会都没有利益和好处。如图 2-6 表明的成本上升、供给减少，价格上升、数量减少，厂商的利益不变，甚至可能下降。因此，除非不可抗拒的因素如恶劣的气候、战争等使原材料价格上涨，成本上升外，厂商不愿意提高成本。然而，厂商降低成本则是有利可图的。在图 2-8 中，先看单个厂商的行为，假定初始面包市场的均衡在 S_1 与 D 的交点 E_1 决定的价格 P_1 和数量 Q_1 的水平。

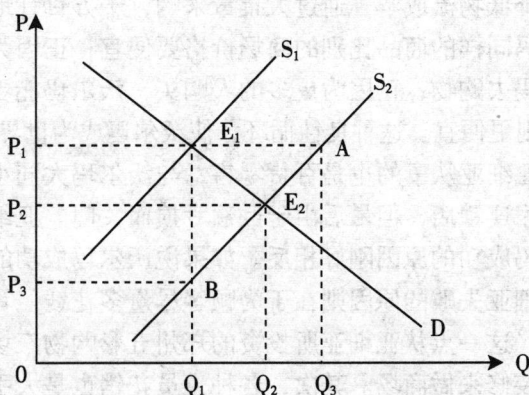

图 2-8　降低成本给厂商和社会都带来利益

　　假定面包行业的一些厂商或单个厂商采用了更先进的烤制技术，降低了面包生产的成本，那么意味着该厂商能以更低的成本和价格 P_3 生产相同数量的面包，如 B 点，厂商将获得更多的收入和利润（P_1-P_3 的差额 ×Q），或者该厂商能以 P_1 的价格提供更多数量的面包（E_1 至 A 点）。这两种情况，厂商都获得更多的利益。可见降低成本会给厂商带来更多的利益，使厂商具有降低成本的动力。

　　一些厂商的获利会引起其他厂商的效仿，随着技术的普及，假定整个面包行业都采用了先进的烤制技术，使行业的成本下降，行业的供给曲线由 S_1 移至 S_2，从图上可以看到，市场均衡价格由 P_1 下降为 P_2，数量由 Q_1 增加至 Q_2，这意味着社会可以以更低的成本生产更多数量的面包，而且消费者可以以更低的价格买到更多的面包。可见成本下降给社会也带来利益。

　　通过上述分析，可以得出如下结论：**市场机制促使生产者降低成本，成本下降意味着追求技术进步和资源有效率的利用，它导致社会经济利益的提高。**

　　例如，我们比较一下美国的沃尔玛和中国的亚细亚成败得失的原因。沃尔玛所从事的是传统的百货零售业，从交易形式上看没有什么特别之处。但沃尔玛却把传统的百货零售业做到了全世界，在全世界开了 8000 家超市，沃尔玛家族也成为世界首富。沃尔玛成功的秘诀在于：**为顾客节省每一分钱，向顾客提供最实惠、最低价的商品。**在美国本土和世界各地的沃尔玛超市，门面非常普通，很少装饰，看上去就像一个大仓库。商场没有专门的办公室，办公室同时又是仓库，经理们经常站着开会；所有的文件纸都是两面都用。沃尔玛处处精打细算是因为他们明白，商业中的一切花费最终都要分摊到商品的价格上，由消费者埋单。为了向顾客提供最低价的商品，除了经营上精打细算，沃尔玛还通过信息技术和物流优化，尽可能降低物流成本；通过大批量采购，千方百计地压低采购成本。正因为这样，沃尔玛同样的商品比别的商场价格要便宜；正因为价格便宜，更多的人都愿意到沃尔玛去购物；正因为更多的人购买，沃尔玛能更大批量地采购，其规模优势使价格则更便宜。这种良性循环，使沃尔玛成为世界最大的零售商。

　　中国郑州的亚细亚从事的也是百货零售，与沃尔玛大同小异。亚细亚也曾在中国建立过十多家连锁店，但最后由于巨额亏损而关门。亚细亚为什么失败？失败的原因与沃尔玛成功的原因刚好相反。如果说沃尔玛成功的原因在于为顾客节省每一分钱，亚细亚失败的原因则在于为顾客尽量多花钱。首先，看一看亚细亚门面的豪华装修，这一点从亚细亚所投资的郑州五彩购物广场就很清楚，恨不得用五星级酒店的装修来做商场。其次，各种人员花销也是大手大脚。亚细亚每天有升旗仪式，有专业歌唱和表演队伍，养了一大批与商业无关的闲人。最后，亚细亚作为郑州的一个零售商场天天在中央电视台做广告，单从商业目的来看，其中大部分是浪费。亚细亚的上述各种排场，最终都要通过商品的价格摊销。因此，亚细亚的商品价格普遍高于其他商场。同样的商品，消费者为什么要到更贵的商场去买呢？这就是亚细亚失败的根本原因。

温州人、沃尔玛和亚细亚的事例告诉人们，市场是在用胡萝卜和大棒教会人们按市场规律办事。如果按市场规律办事，就会得到胡萝卜；如果违背市场规律，就会挨大棒。在市场经济中生活和经营的人们，只要用心去体会，就会发现这些规律。按市场规律去做，不仅自己得到利益，也会促进社会利益的提高。比如温州人和沃尔玛自己得到胡萝卜的同时，也使消费者得到物美价廉的商品和利益。亚细亚之所以挨大棒，是因为它违背了市场规律，它不仅浪费资源，还损害了消费者的利益。

3. 市场机制作用小结

通过对市场机制的初步分析，可以初步将市场机制的作用小结如下：

（1）**市场供求机制的第一个作用是决定市场均衡价格，即决定商品的价值量、社会财富的度量尺度和交易条件。**但这只是价格决定的第一层次。供求一致时，为什么不同商品会有不同的市场均衡价格？为什么供求一致决定的面包价格是2元一个，而供求一致决定的汽车价格是10万元一辆？因此，仅用供求一致说明价格的决定是不够的，还要进一步说明供求曲线背后的原理。这将在第三章和第四章中加以说明，然后对均衡价格理论做出总结。

（2）**市场机制促使生产者降低成本，降低成本的努力导致社会资源有效率地利用和技术进步，导致社会经济利益的提高。**

（3）**市场机制促使生产者向满足消费者需要的方向配置资源。从而导致稀缺资源的利用更大限度地满足消费者和社会的需要。**

现在我们来思考一下市场机制的成就。成千上万的追求自己个人利益的消费者和生产者，自发的交易形成的市场均衡价格自动调节着稀缺资源的配置，成千上万种产品的生产、分配和消费。没有任何人进行统一指导和强制运作，一切都是在供求关系和价格机制的调节下自发、有序地运行着。萨缪尔森说，这是"人类社会真正的奇迹所在"。更重要的是，市场机制的调节促进了稀缺资源的有效利用和社会经济利益的提高。正如亚当·斯密指出的，每个人都力图利用好他的资本，使其产出能实现最大价值。一般说来，他并不企图增进公共福利，也不知道他实际上所增进的公共福利是多少。他所追求的仅仅是他个人的利益和所得。但在他这样做的时候，有一只"看不见的手"在引导着他去帮助实现另一种目标，这种目标并非是他本意所要追求的东西。通过追逐个人利益，他经常增进了社会利益。其效果比他真正想促进社会利益时所获得的效果更好。

　　这位二百多年前哲人的思想至今对后人仍有启迪。尽管今天已看到了垄断等因素对市场竞争机制作用的限制及市场机制的一些缺陷，但它不能否定斯密思想的正确性。本节的初步分析已表明，市场机制的调节确实促进了社会利益的增加。

第五节　弹性理论

　　供求关系是市场的核心关系，因此供求曲线是一个很有用的分析工具。但是，要运用供求曲线这个工具分析具体的经济问题，还需要解决一个技术上的问题，就是供给、需求对价格变动反应的敏感程度问题。例如，有的商品的需求量对价格变动反应很敏感，价格上升 10%，需求量会下降 20%，甚至 50%；而有的商品的需求量对价格变动的反应程度很小，甚至无动于衷，价格上升 10%，需求量只下降 1%~2% 等。如何衡量这种敏感程度的差别？经济学引进了弹性概念和方法。弹性是对供求量、对价格变动反应的敏感程度进行定量分析的方法或工具。后来这个方法和工具的运用进一步扩大，对凡是具有依存关系的两个经济变量，都可以运用这个工具去分析因变量对自变量变动反应的敏感程度。下面就介绍弹性概念的一般含义及这个工具的运用。

一、弹性的概念及其具体运用

　　弹性的基本含义：对于任何两个经济变量，如果这两个经济变量之间存在依存关系（也称函数关系），就可以建立关于这两个经济变量的弹性关系，以反映因变量对自变量变动反应的敏感程度。用公式表示：假定 X 为自变量，Y 为因变量，则：

$$弹性系数 E = \frac{因变量变动的百分比}{自变量变动的百分比}$$

　　因此，可以将弹性的概念定义为：**弹性是指两个存在依存关系的经济变量的因变量变动率（变动的百分比）与自变量变动率（变动的百分比）的比值，它是关于因变量对自变量变动反应的敏感程度的一种度量指标。**

　　依据弹性值的范围，一般将这种指标分为三种（取绝对值）。

　　（1）如果自变量变动 10%，因变量也变动 10%，那么二者比值为 1，它表示二者同比例变动，经济学称为单位弹性。即：

　　e=1　单位弹性

（2）以 1 为中点，如果自变量变动 10%，因变量变动大于 10%，那么二者比值大于 1，它表示因变量对自变量反应敏感，经济学称为富有弹性。即：

e>1　　富有弹性

（3）如果自变量变动 10%，因变量变动小于 10%，那么二者比值必然小于 1，它表示因变量对自变量反应不敏感，经济学称为缺乏弹性。即：

e<1　　缺乏弹性

弹性是两变量变动的百分比之比，正、负号没有意义（即不考虑变动方向），取绝对值，表示敏感程度。

此外，还有两种极端情况：一是因变量对自变量变动的反应趋于无穷大，经济学称为完全弹性；二是因变量对自变量变动完全无反应，经济学称为完全无弹性。即：

e=∞　　完全弹性

e=0　　完全无弹性

了解弹性的含义和方法，就可以运用弹性工具来分析具体经济变量的弹性关系。下面以需求弹性为例来了解弹性方法的应用。

二、需求弹性

1. 需求弹性的概念

需求弹性也称需求的价格弹性或价格弹性，它的定义为：**需求弹性是指需求量变动的百分比与价格变动百分比的比值，它表示一种商品的需求量变动对价格变动反应的敏感程度。**用公式表示即：

$$E_d = \frac{需求量变动的百分比}{价格变动的百分比}$$

当 $E_d = 1$，则称该物品需求具有单位弹性；当 $E_d > 1$，则称该物品需求富有弹性；当 $E_d < 1$，则称该物品需求缺乏弹性等。需求具有完全弹性或完全无弹性的情况比较少见。

2. 需求弹性的意义——弹性和收益

了解商品的需求弹性，具有多方面的意义。例如，从理论意义上讲可以帮助理解市场经济条件下农民贫困和农业衰落的原因，这一点下一节分析。从实践意义上讲，了解商品的需求弹性，对厂商制定销售策略有重要意义。下面就来分析弹性和收益的关系。

厂商的收益是销售量乘以价格，即 $Q \times P = $ 收益。如果某商品的 $E_d > 1$，则价格提高 10%，需求量的减少量大于 10%，厂商的总收益则会减少；如果价格下降

10%，需求量的增量大于 10%，厂商总收益便会增加。不仅不同商品的 E_d 不同，即使是同一种商品，在不同的价格段上，E_d 也不同；而且不同的消费群体，对同一种商品的 E_d 也不同。因此，在实际操作中，运用弹性方法对具体商品、具体情况进行具体分析是很重要的。一般来讲，可以将弹性与收益的关系归结如表 2-3。

表 2-3　弹性与收益的关系及销售策略

	$E_d > 1$	$E_d = 1$	$E_d < 1$
降价	增加	不变	减少
涨价	减少	不变	增加

可见，富有弹性的物品适合降价销售策略，缺乏弹性的物品适合涨价销售策略，但不要忘记具体情况具体分析。

3. 影响需求弹性的因素

（1）缺乏需求弹性的商品。一般来讲，以下几类商品缺乏需求弹性：①**生活必需品**。如食物、衣服、燃料、住房、药品等，因为不管价格如何变动，这些物品都是必须消费的，它们对价格变动反应的敏感程度就比较小。②**没有或只有很少替代品的物品**。如食盐、饮用水、电灯泡等。因为这些物品很少有替代品，即使价格上升，人们也不能不用。③**在家庭预算支出中占很少比例的物品**。如儿童玩具、剪刀、书籍等。因为这些物品占家庭支出比重不大，价格变动人们也不会太在意。缺乏需求弹性的物品最典型的例子是食盐，食盐符合上述三类物品的特征。不能因为食盐价格下降就使劲吃盐，也不能因为食盐价格上升就不吃盐。由于生活必需品需求价格缺乏弹性，比如，价格上升 10%，社会需求量或厂商的销售量只会减少 1%~2% 或 3%~5%。厂商一般采取抬价销售的策略，使自己的销售收入增加（销售收入 = 销售量 × 价格）。因此，在市场经济国家，生活必需品及缺乏需求弹性的商品的价格都呈现不断上升的趋势。

（2）富有弹性的商品。一般来讲，**奢侈品和有替代品的物品以及在家庭支出中占较大比率的物品的价格富有弹性**。奢侈品是人们可用可不用的物品。如果它的价格过高，一般消费者不会购买它，也不会影响人们的基本生活。如果它的价格降到人们可以接受的水平，人们就会大大增加它的购买量以提高生活质量。有替代品的物品如果价格上升，哪怕是很小的幅度，也会引起它的需求量大幅减少，人们会放弃购买它转而购买它的替代品。反之，如果它的价格下降，哪怕是很小的幅度，也会引起它的需求量大幅增加，人们会放弃购买它的替代品转而购买它。由于它们的需求量对价格变动反应较大，比如，价格下降 10%，社会需求量或厂商的销售量会增加 20% 甚至 50% 以上等，厂商一般采取降价销售的策略，使自己的销售收入增加。因此，在市场经济国家，奢侈品和有替代品的物品的价格都呈现不断下降的趋势。

但是要注意：①即使是同一种物品，不同消费群体的需求弹性是不同的，所以还要具体情况具体分析。比如，对飞机票的需求。商务人员对机票的需求弹性较小，因为不管机票价格如何变动，该进行的商务旅行还是要进行的。商务活动对时间要求很严格，商务人员不会因为机票价格上涨而取消该进行的商务旅行。旅游者对机票的需求弹性较大，如果机票价格上涨变得太贵，他们会改乘其他交通工具旅行。正因为如此，航空公司针对各种乘客的需求弹性的差别，对不同乘客推出各种预订票、折扣票等，想出许多办法来提高乘坐率和收益。由于旅游者对时间要求不严格，可以购买预订票享受乘飞机旅行，所以许多航空公司推出了价格低廉的预订票来吸引旅游者乘飞机旅行。**②时间因素也会影响需求弹性。**如有的物品价格变动，短期内消费者难以做出反应，但长期就会做出反应。**③同一商品在不同地区、不同时间、不同价格段的需求弹性是不同的。**这一点通过不同地区的市场调查和观察就可以发现。

在实际经济生活中，如果要了解某一种商品的需求弹性，只需通过简单的市场实验和计算就可以得到。例如，李宁牌服装的销售商想了解李宁牌服装的需求弹性以决定销售策略。因为需求弹性对销售策略有重要影响。需求富有弹性的商品，由于销售量上升的幅度大于价格下降的幅度，适合采取降价销售或薄利多销的策略；需求缺乏弹性的商品，由于销售量上升的幅度小于价格下降的幅度，适合采取逐步提价销售的策略。那么，李宁牌服装的需求弹性是多少只需做个小小的实验。比如，降价10%销售一个月，如果销售量上升的幅度大于10%，那么两者比值大于1，李宁牌服装在目前的价格段和市场状况下是富有弹性的商品，适合采取降价销售的策略。如果相反，销售量上升的幅度小于10%，那么李宁牌服装在目前的价格段和市场状况下是缺乏弹性的商品，不宜采取降价销售的策略。所以要讲目前的价格段和市场状况，是因为前面已经指出的**同样的商品在不同的价格段和市场状况下，其需求弹性是不同的。**销售商也是经过不断的实验，依据不同的价格段和变动的市场状况下需求弹性的变化来调整自己的销售策略的。

通过以上对需求弹性的概念及影响需求弹性的因素的分析知道，影响需求弹性的因素除了不同商品的性质，如必需品、奢侈品、替代品等，还有不同的价格水平、消费者偏好、变动的市场状况等不确定因素。因此，**实际生活中的需求弹性是通过当时、当地的市场实验得到的，而不是通过高深的数学公式的计算得到的。**有的学者把弹性的计算搞得很复杂，把微积分、导数的计算方法都运用到弹性的计算上，这样做是否有实际的意义？弹性的计算依据的是线性需求函数，而实际的需求曲线不是线性的，而是一条弯弯曲曲的曲线，线性需求曲线只是对实际需求曲线的抽象或假定。依据抽象或假定的需求曲线计算需求弹性是否科学？计算的结果是否有实际意义？再比如，从数学的角度考虑，为了计算点弹性，把弹性分为弧弹性和点弹性。需求点弹性的含义是当价格变动趋向无穷小或 0，需求量的弹性是多少？或者说，汽车的价格下降了一分钱或 0.0001 分钱，汽车的需求量有什么变化？这样的计算对经济学有意义吗？数学说到底只是一个工具，经济学运用弹性工具是为了分析经济学的问题，不考虑经济学的意义，只从数学的角度随意发挥，这是不是对经济学的歪曲啊？

4. 弹性和斜率

从需求曲线的特征上，要注意弹性和斜率的不同。从公式上看，

斜率 = P/Q

弹性 = $\Delta Q/\Delta P \cdot P/Q$

从需求曲线的特征上看，当需求曲线比较陡峭时，需求曲线的斜率比较大，但弹性比较小，价格轴上有较大的变动，需求数量轴上只有较小的变动。当需求曲线比较平坦时，需求曲线的斜率比较小，但弹性比较大，价格轴上有较小的变动，需求数量轴上就有较大的变动。

三、收入弹性

如果对收入变动对需求的影响进行定量分析，可以引入收入弹性的概念，**收入弹性是一种物品需求量变动的百分比与收入变动百分比的比值。它表示需求变动对收入变动反应的敏感程度。**用公式表示：

$$E_I = \frac{需求量变动百分比}{收入变动百分比}$$

$E_I = 1$，表明该物品的需求量与收入同比例变动。需求量与收入同比例变动的物品称为正常品。

$E_I > 1$，表明该物品收入弹性较大，需求量的变动大于收入的变动，一般来讲，奢侈品的收入弹性较大。

$E_I < 1$，表明该物品收入弹性较小，需求量随收入的增长而下降。需求量随收入增加而下降的物品称为低档品。

以上划分不是绝对的，对实际情况还要具体分析。比如，食品的消费量达到饱和后就不会随着收入的增加而增加，它只随人口的增加而增加，而且一般来讲，收入增加的速度大于人口增加的速度。因此，随着收入的增加，食物的收入弹性趋于下降，但不能说食物都是低档品。

四、供给弹性

供给弹性或供给的价格弹性的定义是供给量变动的百分比与价格变动百分比的比值，它表示一种商品的供给量对市场价格反应的敏感程度。用公式表示：

$$E_S = \frac{\text{供给量变动的百分比}}{\text{价格变动的百分比}}$$

当 $E_S > 1$，该物品供给富有弹性；当 $E_S < 1$，该物品供给缺乏弹性；当 $E_S = 1$，该物品供给具有单位弹性。可见，供给弹性与需求弹性的定义完全相同，唯一的差别是供给与价格同方向变动，需求与价格反方向变动。

但供给弹性常有两种极端情况：如市场上易腐鲜鱼的供给量一般是固定的，不论市场价格如何，都必须全部出售。这样鲜鱼的供给弹性为零，即供给完全无弹性的极端情况，此时，供给曲线为一条垂直线（如图 2-9）。

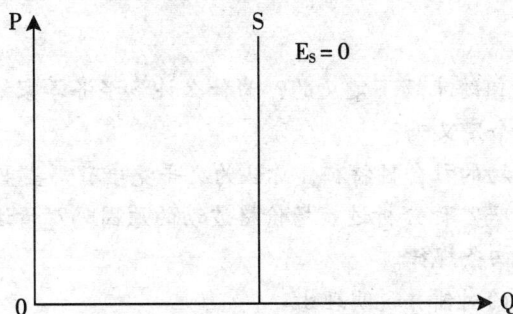

图 2-9　供给完全无弹性

另一个极端情况是价格的微小下降会使供给量降为零。价格的稍许上升会诱发无穷多的供给，这便是供给具有完全弹性的情况，此时供给曲线为一条水平线如图 2-10。

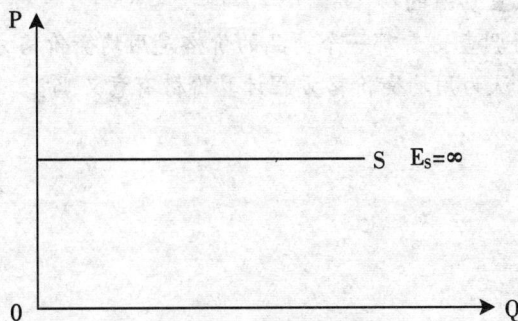

图 2-10　供给完全弹性

影响供给弹性的主要因素有两个：一是产品生产的难易程度。较难生产的产品对价格变动的反应程度较小，容易生产的产品对价格变动反应就灵活。二是生产周期的长短。生产周期长的产品对价格短期难以做出反应，长期就会做出反应等。

本章总结和提要

本章运用实证分析方法、抽象分析方法和数学工具分析了市场供求原理，并初步概括出了市场机制的三个作用。通过本章的学习，重要的是理解市场的定义和竞争性、范围性和社会性特征；供求规律；市场决定价格的机制和配置资源的作用；弹性理论。同时，要学会经济学家观察和分析市场的方法。

思考题

1. 经济学家是如何给市场下定义的？为什么许多经济学家给市场下的定义都不同？你能给市场下个定义吗？

2. 请评价一下市场的社会性特征，你认为公平竞争有哪些重要意义？

3. 你观察过市场吗？你分析过市场价格波动的原因吗？请运用你经历或观察到的事例说明供求的四条规律。

4. 解释下列判断的对错并说明理由：

（1）自然灾害会提高农产品的价格。

（2）大学学费的上升会减少对大学教育的需求。

（3）政府对小麦实行保护价会增加小麦的供给并降低小麦的市场价格。

（4）养路费改为燃油税会减少汽油的需求。

5. 市场是如何配置资源的？

6. 请做一个市场调查，看哪一个商品的价格是用均衡价格方程计算出来并决定的，如果没有，你认为用均衡价格方程计算价格有意义吗？

第三章 需求和消费者行为

本章考察消费者行为，即市场经济系统的消费环节。经济学对消费行为的研究有两个角度，或者说本章的内容有两个方面：一方面，从理性消费者追求效用或满足最大化的角度出发，探讨消费的规律。另一方面，了解消费者在想什么、做什么和将会怎样做，就找到了需求。找到了需求就找到了市场。因此，通过探讨消费模式演变的规律，可以为预测需求和市场的变动提供思路。

第一节 效用理论概述

一、效用的概念

消费者行为理论也称效用理论。西方学者认为，消费者购买商品是因为商品有效用，可以满足消费者的某种欲望。因此，经济学将商品的效用定义为：**效用是指消费者消费物品和服务时所感受到的满足程度。商品效用的大小，不是物品本身的属性，而是以消费者的主观评价为转移的。**消费者购买商品就是购买效用或满足。消费者是根据自己对商品效用大小的评价来决定是否购买和愿意付多少钱来购买的。

商品的有用性，斯密、李嘉图和马克思把它称为使用价值，是物品或商品的属性。现代西方学者把它称为效用，不是物的属性。为什么呢？因为在现代西方学者看来，在消费者消费商品的行为中，消费者是主体。商品是否有用，有多大用途或有什么用途，即效用的大小，是以消费者依据自己欲望和需求的判断和评价为转移的。比如，同样的物品，有的人认为它很有用，对自己很重要，如果用货币来衡量，他愿意支付 100 元来购买；而有的人认为它对自己的用途一般，如果用货币衡量他只愿支付 20 元购买；还有人认为它对自己没用，一钱不值。在拍卖市场上，一幅名画可以卖到几十万甚至几百万美元，这是因为名画欣赏家或收藏家认为这幅画对他很重要，他愿意支付这个价格。这在一般人看来简直不可思议。再比如，日本人认为海蜇是一种美味食品，可以给人带来美味享受；美国人见到海蜇就恶心，认为它一钱不值。许多人认为汽车是个好东西，它不仅可以提高行走的效率，开车兜风也是一种心旷神怡的享受。可是，有些人坐在车里头就晕，汽车一动心就跳，这些人认为汽车就是一种自杀器。可见，同样的物品，不同消费者对它的有用性评价是不同的。而购买决策是由消费者做出的，消费者是主体。

边际革命的一个重要历史贡献就是确定了经济生活中的消费者主体地位。在边际革命以前，经济发展是生产者追求利润、发财致富的手段。生产者眼里看不见消费者，为了发财致富甚至坑蒙拐骗消费者。边际革命指出：**生产的目的是消费，消费者才是经济生活的主体**。生产者只有提供了让消费者满意的产品和服务，消费者才会付钱，生产者的产品和服务才有价值，生产者才能发展、壮大。因此生产者必须把消费者放在心上。这个观念的转变，开辟了一个时代，即消费者主权的时代。从那时起，消费者开始被尊为"上帝"。**这是一个历史的进步，这个进步体现在商品有用性，即效用的定义上，也由以物为主体转变为以人为主体**。现代商家提倡的以人为本、个性化服务就源于这一理念。

效用概念体现的另一个历史进步是随着市场经济的发展，消费者成熟了。市场为人们提供了五花八门、成千上万种商品，它们是生产者为满足各种各样人的需要、愿望而设计和生产出来的。一个盲目的消费者是人家吃什么他吃什么；人家用什么他用什么。从来没有认真考虑过自己的愿望和需要，没有认真考虑过如何在有限收入的条件下使自己的满足最大化。这种现象有的学者把它称为"羊群效应"、"攀比效应"。这是消费者不成熟的表现。**效用概念体现的是一个成熟的消费者已经意识到，各种各样商品的好坏、效用或价值的大小并不取决于物品本身和别人的评价，而是取决于自己的评价，取决于这些商品在多大程度上能有效率地满足自己的欲望**。因此，一个理性的消费者应该是依据自己的欲望和既定收入，在各种各样的商品中进行选择和权衡，就是说选择对自己最优的性价比，以获得自己满足或效用的最大化。《3000美金我周游了世界》的作者朱兆瑞就是一个精明成熟的消费者。所以，**消费者行为理论分析的一个基本前提就是假定消费者都是理性的或成熟的**。

二、效用的度量

由于效用基于消费者的主观心理评价，效用大小的度量问题就遇到了困难。例如，公斤是重量的度量单位，公尺是长度的度量单位。有了度量单位，才能比较重量的大小，长度的多少。那么效用的度量单位是什么呢？没有度量单位又如何度量和比较效用的大小呢？这是一个难题。

一些经济学家认为效用无法直接度量，但是可以间接度量。马歇尔说，经济学家并不能衡量心中任何情感本身，而效用正是这种不能衡量的情感。但是可以通过消费者依据对效用的评价所愿支付的价格间接度量效用。例如一公斤香蕉，消费者愿意支付 8 元的价格，那就表示消费者对一公斤香蕉的效用的评价值为 8 元（或 8 个效用单位）。如果卖者要以 10 元价格出售，消费者就不会购买。一顿晚餐，消费者愿支付 30 元，那就表示这顿晚餐给消费者提供的效用或享受值为 30 元（或 30 个效用单位）。二者的总效用是 8 + 30 = 38（效用单位）。因此，一些经济学家认为，可以用价格间接度量效用，并比较效用的大小，这种比较和分析也是有意义的。持这种观点的学者被称为基数效用论者。基数效用的意思是说效用可以用数字（价格）表示其度量单位，并比较其大小，而且可以加总求和。

另一些经济学家认为，效用是类似于香臭美丑一类的概念，人们可以感受它们程度的差别，而无法度量和用数字表示其大小。比如，当说某人的美丽时，只能说她非常美、很美或比较美，而不能说她有 50 个美、20 个美或 10 个美等。效用也是如此，只能用第一、第二、第三等序数表示效用的等级程度，而不能用数字表示其大小。持这种意见的学者被称为序数效用论者。序数效用论者用几何方法分析消费者行为，基数效用论者用抽象推理的方法分析消费者行为。从经济学的观点看，基数论的方法更有意义。

第二节　边际效用递减规律

一、总效用和边际效用

为了揭示边际效用递减规律，基数效用论者把效用区分为总效用和边际效用。其定义分别为，**总效用（Total Utility）是指消费者消费一定数量的物品所获得的效用量的总和。边际效用（Marginal Utility）是指消费者每增加一单位物品的消费所获得的增加的效用。**可见，**一定数量物品的总效用（TU）就是每单位物品的边际效用（MU）之和。**

西方学者认为，物品的边际效用呈递减的趋势，因为随着物品消费数量的增加，消费者的满足程度逐渐饱和。每增加一单位物品消费所增加的满足程度，即边际效用就趋于下降。例如，戈森在说明他的第一定律"（边际）效用递减规律"时举了一个吃面包的例子。一个饥饿的人，吃第一个面包时，他会得到很大的享受或舒服感，假定他对第一个面包的边际效用评价为 10；吃第二个面包时，他得到的享受或舒服感显然不如第一个面包，因为他的饥饿感得到了部分的满足，他对第二个面包的边际效用评价就比第一个面包低，假定第二个面包的边际效用为6；同样的道理，他吃第三个面包获得的享受或边际效用比第二个面包更低，假定第三个面包的边际效用为 2；如果三个面包吃饱了，那么他再吃第四个面包，就会感到不舒服，就是说第四个面包的边际效用为负值，假定为-4；这样，他消费四个面包所获得的总效用为：$10+6+2+(-4)=14$。下面就用数字和图形的例子来说明总效用和边际效用的关系。注意表 3-1 中的数字是假定的，只是用假定的数字抽象推理来说明二者的关系。

图 3-1 和表 3-1 的例子表明，随着消费者消费某物品数量的增加，其总效用

表 3-1　某物品的效用表

某物品的消费量	总效用	边际效用
Q	TU	MU
0	0	0
1	5	5
2	9	4
3	12	3
4	14	2
5	15	1
6	15	0

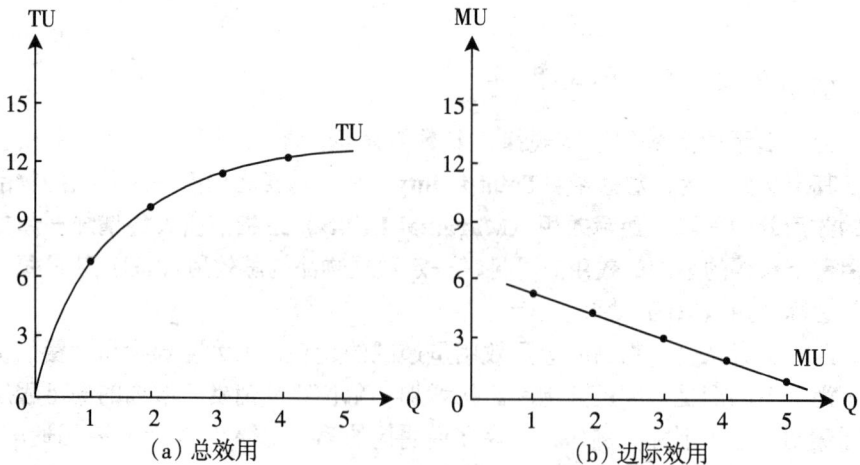

图 3-1　某物品的效用曲线

也在增加，但以递减的速度在增加。因为每增加一单位物品消费所增加的效用，即 MU 是递减的。边际效用递减趋势被称为边际效用递减规律。这是将效用区分为总效用和边际效用，并用抽象推理方法归纳出来的一条重要的消费规律。

二、边际效用递减规律的概念及证明

边际效用递减规律可以表述如下：**当某物品的消费量增加时，该物品的边际效用趋于递减。**

西方学者认为，该规律的证明在经济学上是困难的。经济学者是根据"内省"的方法，即自身消费体验的方法相信该规律是成立的。因为效用是消费者消费物品时感受到的满足程度，这个满足的大小取决于消费者的心理感受和评价。要证明边际效用递减规律是否成立，只有借助于心理学试验。19 世纪 50 年代，心理学家们的实验表明，人对重量、声音、光线的感觉呈现出类似于韦伯—费克纳边际影响递减规律时，经济学者们对边际效用递减规律的成立就具有了更大的信心。萨缪尔森在他的《经济学》第 10 版中描述了这个心理试验的结果。"假设你把一个人的眼睛蒙住，并请他把臂膀平伸，手掌向上，然后把一定的重量置于他的掌上，他肯定会感到重量的存在。当你添加重量时，他也会感到重量的增加。然而，在他的手掌支托相当大的重量以后，当你再加上和开始时加上的相同重量时，他却会告诉你，他并不感到任何重量的增加，换言之，他已经支托的总重量越大，添加的或边际的单位重量对他的影响越小。"

实际上，该规律不仅从心理学试验或自身体验可以感觉到它的存在，而且观察社会经济生活也能观察到它的存在。该规律反映的是社会普遍存在的"物以稀为贵"的社会消费心理现象。当一种物品很稀缺时，人们得到一单位很困难，对它的边际效用评价很高，人们也愿支付很高的价格得到它。当它的数量逐渐增加，人们消费的数量很多时，人们得到一单位很容易，对它的边际效用的评价也逐步降低，人们也只愿意支付较低的价格得到它。例如汽车刚发明时，只有很少的掌握这种新技术的厂家能生产汽车，汽车的产量很少，很稀缺，人们得到一辆汽车很难，汽车的边际效用很高，相对价格也很高（相对价格指相对于收入的价格，例如现在只需几个月或几年的收入就可以买一辆汽车，而在几十年前，则需几十年的收入才能买一辆汽车）。随着技术普及，生产厂家和产量日益增多，人们对它的边际效用评价越来越低，汽车就相对越来越便宜了。大到汽车，小到美容化妆品，每一种新的产品或消费品，从它刚发明很稀缺，到技术普及大量生产，人们对它们的边际效用的评价都呈现出边际效用递减规律。因此，理解这一规律不能仅从消费者一次消费行为中去理解，重要的是从一个较长时期的社会消

费心理的变迁中去理解。

三、边际效用递减规律的意义

西方学者认为，边际效用递减规律是消费行为的一条重要规律。它决定消费者对物品价值的评价及对物品的需求，具有多方面的意义：

1. 边际效用递减规律是需求曲线的基础

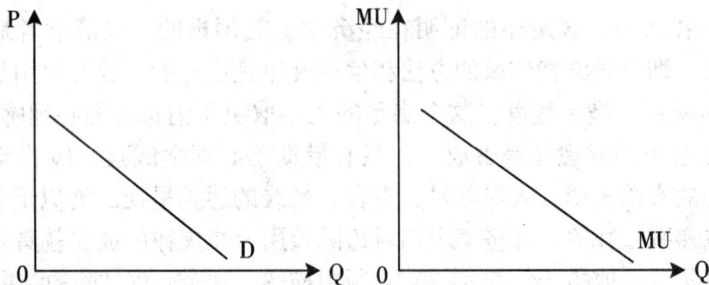

图 3-2　需求曲线的背后是边际效用曲线

图 3-2 需求曲线为什么向右下方倾斜？比较一下需求曲线和边际效用曲线的特征，我们就可以理解更深层次的原因是由于边际效用递减规律的作用。即随着某物品消费数量越来越多，消费者对该物品的边际效用评价越来越低，所愿支付的需求价格也越来越低，因此，需求曲线上的每一点，体现着消费者依据其对物品边际效用的评价所愿支付的需求价格。需求曲线背后是边际效用曲线。边际效用递减规律是需求曲线向右下方倾斜的更深层次的原因。以上结论是逻辑分析的结果。

2. 边际效用决定物品的需求价格（或价值量）

以上分析的另一个直接的逻辑结果是物品的价值量（更具体说是价格决定的需求方面，即需求价格）是由边际效用决定的而不是由总效用决定的。西方学者认为这一结果可以解释亚当·斯密百思不解的价值之谜，即为什么水对人的生命很重要，效用很大，却价值低廉。钻石对人用处很小，效用很小，却价值昂贵。对这一问题，萨缪尔森解释如下：

首先，由于水的供给是相对充足的，在需求既定的条件下，水的供给曲线与需求曲线相交于较低的位置；钻石的供给是相对稀缺的，在需求既定的条件下，钻石的供求曲线相交于较高的位置。

其次，尽管水的总效用很大，但水的价值是由交点 E 的需求曲线背后的边际效用决定的，而不是由总效用决定的；尽管钻石的总效用不大，但它很稀缺，交

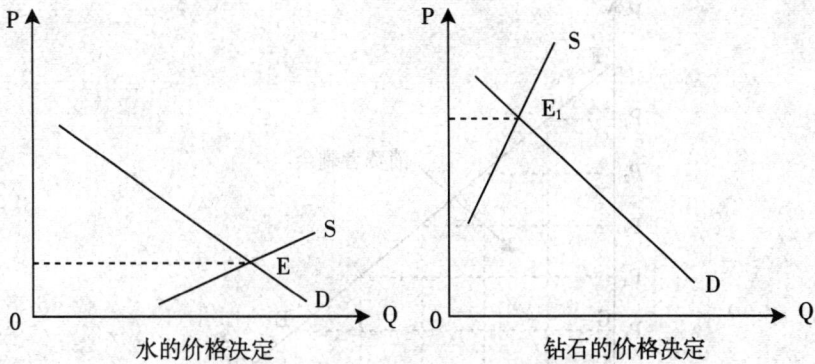

水的价格决定　　　　　　　钻石的价格决定

图3-3　水的供给相对充足，钻石则很稀缺

点 E_1 的位置很高，交点处需求曲线背后的边际效用很大，所以钻石价格昂贵。

3. 消费者剩余

以上分析的又一个直接的逻辑结果就是现代经济社会的消费者购买消费品所获得的总效用要大于他所支付的代价。**物品的总效用与消费者所支付的代价的差额，称为消费者剩余。**

理解消费者剩余的关键是不能从消费者一次消费行为中去理解，而是要从一个较长时期的社会消费行为中去理解。下面以一个社会 50 年间对汽车消费的假定的例子来说明消费者剩余。

图 3-4 中描述的是 50 年间一个社会汽车消费的情况。假定在第一个 10 年时，该社会的汽车刚发明不久，产量很少和稀缺，社会可消费的数量如 Q_1 所示，此时汽车的边际效用很高，价格也很高，如 P_1 所示；随着技术的普及，产量的增加，社会可消费的数量也逐年增加，其边际效用和价格也逐年下降，如 Q_2、Q_3、Q_4 所示的情况；到第五个 10 年，社会可消费的数量达到 Q_5，价格下降到由 E 点背后的边际效用所决定的 P_5。在第五个 10 年，社会的汽车消费者以 P_5 的价格买到 Q_5 数量的汽车，他们支付的总成本或代价是 $P_5 \times Q_5$ 的长方形面积，而他们所获得的总效用是 $0FEQ_5$ 的大梯形面积。因为总效用是每一个单位消费量的边际效用之和。总效用面积减去消费者支付的代价 $0P_5EQ_5$ 的长方形面积就是 FGE 这个三角形，它就是消费者剩余。

消费者剩余反映的是消费者从世世代代人们的努力积累起来的经济社会中得到的好处。萨缪尔森说，为了衡量消费者剩余，人们提出许多巧妙的方法，但在这里那些方法的意义不大。重要的是使人们知道，现代高效率的经济社会的公民们是多么幸运，他们能够以低价购买品种繁多的物品这一事实，说明所有的人都

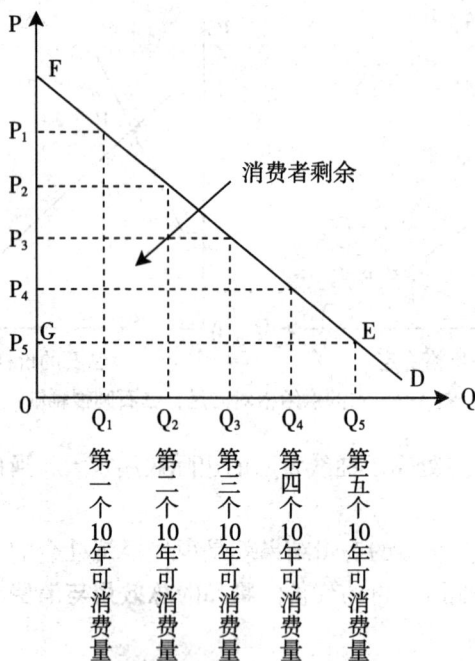

图 3-4　消费者剩余

从他们从来没有建造的经济世界中取得利益。[①] 不要忘记，在早些年代，五年或十年前或 20 世纪，这些物品还是稀缺的和价格昂贵的。

第三节　消费者均衡

　　任何一个理性的消费者都会力图以最小的花费获得最大的效用。消费者均衡问题就是讨论消费者达到效用最大化的条件，或者说讨论消费者如何在各种各样不同价格的众多商品中进行选择和替代以达到最小代价（花费）获得最大效用的均衡。

　　戈森第二定律，即边际效用相等原则是说，一个消费者如果要从他所消费的一组商品（他喜欢消费的各种商品的组合）中获得最大总效用的均衡，他就要在所需消费的各种商品的数量上进行调整和权衡，使每一种商品的边际效用相等。

[①] 萨缪尔森：《经济学》第 10 版，中册，商务印书馆，1982 年版，第 86 页。

但是不同的物品具有不同的边际效用，不同的物品具有不同的价格。那么怎么比较不同物品的边际效用呢？怎样比较一辆汽车和一个面包的边际效用呢？或者说怎样使不同物品的边际效用相等呢？因为只有能进行比较，一个消费者才能判断如何将他的既定收入用于各种不同价格的消费品的消费来使他获得最大总效用的均衡。例如，一个消费者需要购买汽车（X）、面包（Y）、衣服（Z）、住房（E）等各种物品，这些物品各自有不同的边际效用和价格。如何在它们之间比较和权衡呢？显然，首先应把它们还原为同一单位的边际效用，才能进行比较。比如，把 X 商品的边际效用 MU_x 除以它的价格，即 $\frac{MU_x}{P_x}$，就得到每元钱所买到的 X 商品的边际效用。以此类推，$\frac{MU_y}{P_y}$、$\frac{MU_z}{P_z}$…分别表示每元钱所买到的 Y 商品的边际效用，Z 商品的边际效用等。

现在进一步思考就会知道消费者达到最大效用的均衡条件是：

$$\frac{MU_x}{P_x}=\frac{MU_y}{P_y}=\frac{MU_z}{P_z}\cdots=每元钱的边际效用（或每元钱买到的边际效用相等）。$$

这个条件也是戈森第二定律边际效用相等原则更具体的说明。该公式所表达的思想是，或者说消费者均衡条件用经济学语言可表述为：**一个具有固定收入、面临一系列市场价格的消费者，只有当他在购买各种商品上所花费的每元钱买到的边际效用相等时，他才能得到最大总效用的均衡。所以该条件也被称为每元的边际效用相等规律或等边际效用原则。**

如何理解这条规律呢？例如，假定 $\frac{MU_x}{P_x}>\frac{MU_y}{P_y}$，就是说，如果每元钱买到的 X 商品的边际效用大于每元钱买到的 Y 商品的边际效用，那么追求更多效用的消费者就会将购买 Y 商品的钱转移到购买 X 商品，以得到更多的效用。但由于边际效用递减规律，随着 X 商品的购买量增加，其每元买到的边际效用减少；随着 Y 商品的购买量减少，其每元买到的边际效用增加，直至二者相等为止，消费者才会停止转移和替代。这时消费者消费一定数量的各种商品所获得的总效用达到最大。每元钱买到的边际效用相等，更进一步分析它意味着什么呢？每元钱的支出是消费者的边际成本，买到的边际效用是消费者的边际利益（边际收益），所以该条件也可以说是消费者均衡要遵循边际成本等于边际利益的原则。这一原则是西方经济学中的一条重要原则。

消费者均衡条件的分析是纯粹的逻辑分析的结果。在实际的消费行为中，消费者不可能用上述公式去计算每元钱的边际效用，他也不需要这样做。只要他是力图以最小的花费获得最大的效用，他就会有意无意地按这个逻辑行事。上述公

式只是用数学语言抽象地表达了一个经济学的逻辑思想：如果你想把任何有限的资源分配于各种不同的用途，那么，只要一种用途的边际利益大于另一种，把资源从边际利益较低的用途转移到边际利益较高的用途就会使你得到好处——一直到一切边际利益相等时的最终均衡为止。[①] 你的利益总和就达到最大状态。

如果举个实际生活的例子会看到一个理性的家庭主妇如何将有限的生活费用在柴米油盐、瓜果蔬菜上进行分配。如果她是精明的、有经验的，她会把家庭生活安排得在既定收入前提下的最佳状态，即达到效用最大化。而这个主妇可能完全不懂数学式。而且每个家庭的最佳状态所需要的消费品组合都是不同的，因为每个家庭的偏好和生活习惯不同，对物品效用的评价也不同。有的家庭爱吃鸡，有的家庭偏爱鱼。每个家庭的最佳状态或效用最大化只能由该家庭成员自己做出评价。所谓萝卜白菜各有所爱。所以这个问题从理论上说是个逻辑的问题，从生活上说是个经验和观念的问题。**因此可以理解用效用函数求解效用最大化的做法没有什么意义，而用社会福利函数求解所有家庭的效用最大化的想法更是荒谬。**

效用大小的比较只对单个消费者有意义。或者说，单个消费者可以依据自己的感受评价和比较不同物品效用的大小。**效用大小的比较，是不能在不同消费者之间进行的。**因为同样的物品，不同消费者对它有用性或效用的评价是不同的。比如，有人爱吃鸡，依据对鸡的效用的评价，他愿意支付 10 元的价格购买一只鸡。而有的人看见鸡就恶心，认为它一钱不值。那么，如何在两个消费者之间比较鸡的效用的大小呢？什么样的效用函数能计算出这两个消费者的效用最大化呢？因此，用社会福利函数（社会总效用函数）求解所有社会成员的效用最大化的想法是由于没有完全理解效用概念的缘故。

第四节　恩格尔定律

对每个消费者来说消费欲望是无限的，但实际消费行为模式则是受收入水平或购买力水平决定的。收入水平和价格变动对消费者的消费行为有重要影响。

一、恩格尔定律及意义

厄恩斯特·恩格尔是 19 世纪普鲁士的统计学者。他通过对不同收入水平的家庭消费支出的调查统计结果发现，**随着人们收入水平的上升，食物开支占收入的**

---

① 萨缪尔森：《经济学》第 10 版，中册，商务印书馆，1982 年版，第 87 页。

百分比趋于下降。**这一发现被称为恩格尔定律。食物支出占收入的百分比称为恩格尔系数。**恩格尔定律看上去很简单，但它却有重要的经济学意义。

首先，**恩格尔系数已被世界各国用作判断一个地区或社会（国家）经济发展水平或富裕程度的一个指标。恩格尔系数越高，意味着该地区居民或消费者要将收入的较大比例（百分比）用于食物的消费支出，解决温饱问题，而没有能力消费其他更高层次的项目。**这表明该地区经济发展水平较低，居民比较贫困。恩格尔系数较低，则意味着该地区的消费者只用较少比例的收入就解决了基本的生存（食物）需要，而有更多的收入用于其他更高层次的消费项目，比如汽车、娱乐、旅游、教育等，从而为这些项目的市场发展提供了基础。这表明该地区经济发展水平较高。

其次，**恩格尔定律所揭示的消费者消费模式变动的规律，为预测需求和市场的变动趋势提供了线索。**

萨缪尔森指出，任何两个家庭都不是以完全相同的方式来消费他们的收入，然而对各种收入水平的人们所做的千百次家庭消费开支的调查结果表明，人们把收入分配于食物、衣着、住房和其他主要消费项目上的方式，平均说来，是相当有规律性的。图 3-5 表明了家庭消费支出模式随收入水平变动而变动的规律。[①]

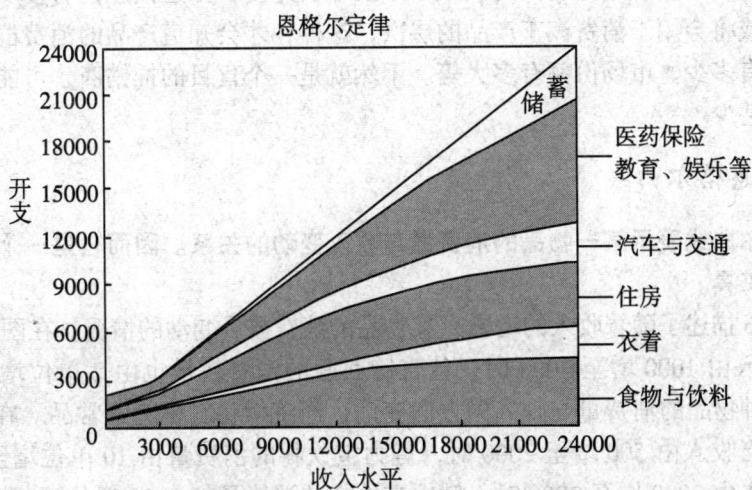

图 3-5　1976 年美国家庭预算开支随收入的不同而表现出有规律的变动

---

① 萨缪尔森：《经济学》第 10 版，上册，商务印书馆，1982 年版，第 294 页。

图 3-5 中,在横轴上的每一收入水平与 45° 线做垂线就可以看到每一收入水平上各消费项目开支的比重。图 3-5 反映的调查结果表明,低收入家庭当然必须将他们的收入主要花费于生活必需品、食物、较低水平的衣着和住房。随着收入的增长,人们会吃、穿得好一些,但更多的消费支出增加在住房、汽车、教育、娱乐、保健等消费项目上。而且在这些项目上消费开支增加的比例大于收入增加的比例,就是说这些项目的收入弹性趋于上升。食物开支所占的百分比则趋于下降,就是说食物的收入弹性趋于下降。可见,收入水平变动是家庭消费模式变动的决定因素。

观察一下成千上万、五花八门的商品市场就会看到一些商品的市场趋于衰落和消亡,一些商品的市场则在兴起和发展,其原因是什么?**一是消费者偏好、时尚、生活习惯、文化传统等的变动。**例如,如果消费者偏好或时尚变化使一些产品成为过时的产品,其市场就会逐步衰落。这种变动一般是无规律可循的。**二是消费者收入水平的变动。**低收入地区,低档饭店、低档服装和房屋租赁市场比较兴旺。随着收入水平的提高,高档食品和服装市场就会兴起。随着收入水平逐步提高到更高的层次,汽车市场、房产市场、娱乐市场、保健市场会逐步兴起和发展,这是有规律可循的。一个汽车制造商或推销商,到一个地方推销汽车产品,那么首先应该调查该地区居民的收入水平及增长速度,知道该地区有多少消费支出会用于或将会用于消费汽车产品的层次,这样,才会知道产品的消费群体有多大、需求有多少、市场份额有多大等。不然就是一个盲目的推销商,可能疲于奔命而收获甚少。

二、恩格尔曲线

恩格尔曲线表示某一物品的消费量与收入变动的关系。因而它是一个有用的市场调查工具。

图 3-6 描述了随着收入的增长,某物品的消费数量变动的情况。在图 3-6(a)中,当收入由 1000 增至 3000 时,仕奇牌西服的消费数量也由 2 单位增至 6 单位。当一种物品的消费量与收入同方向变动,经济学将它称为正常品。在图 3-6(b)中,当收入由 500 增至 2000 时,健力宝饮料的消费量由 10 单位增至 30 单位;当收入由 2000 增至 3000 时,健力宝饮料的消费量却由 30 单位下降至 20 单位。当一种物品的消费量随收入增加而减少时,经济学称它为低档品或劣等品。

从图 3-6(b)中我们还可以看到,正常品和低档品的划分是相对于一定收入水平而言的,因而是相对的。如图 3-6(b)所示,当收入由 500 增至 2000 时,健力宝饮料的消费量随收入增长而增长,它是正常品,当收入水平在 2000 以上时,

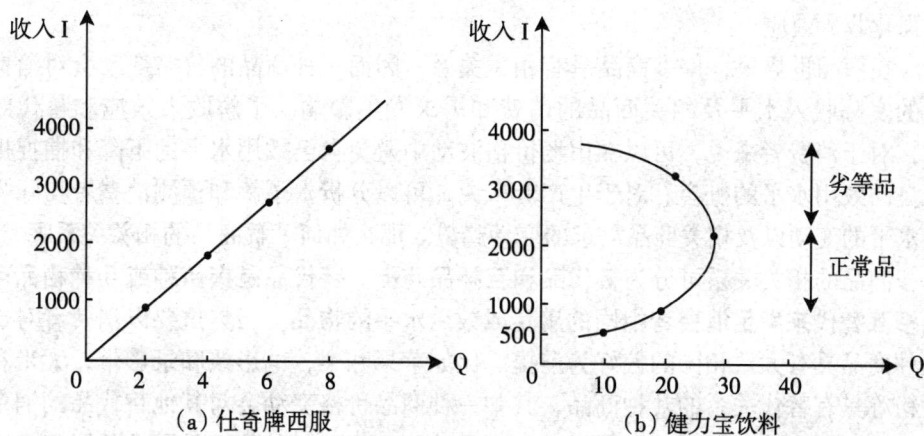

（a）仕奇牌西服　　　　　　　（b）健力宝饮料

图 3-6　恩格尔曲线

它又成了劣等品。以一般的消费行为规律而言，当人们的收入水平较低时，人们更多地消费便宜的低档品；随着收入水平的提高，人们会减少低档品的消费，增加正常品和高档品的消费。但从物品的角度而言，在一定的收入水平范围，它是正常品，到更高的收入水平范围，它又成了低档品。

三、收入效应和替代效应

消费者的收入水平除收入自身的变动外，还受价格水平变动的影响。在消费者收入水平既定的前提下，商品价格变动会对消费者实际收入水平或实际购买力水平和消费方式产生两方面的影响，这种影响分别被称为收入效应和替代效应。

在消费者货币收入水平既定的条件下，物品的价格下降，意味着消费者用该货币收入可购买到更多的物品，即实际购买力水平或实际收入水平提高了。如果物品的价格上升，则意味着消费者用既定的货币收入只能购买到较少数量的物品，或者说消费者的实际购买力或实际收入水平下降了，**经济学家把物品价格变动对消费者实际收入水平的影响称为"收入效应"。**

替代效应是指具有替代关系的商品的价格变动对消费者消费模式的影响。当一种商品价格上升时，其替代品的需求会上升。因为消费者用增加价格相对低廉的替代品的消费来替代价格上升物品的消费，可以排除收入效应的影响（即价格上升对实际收入的影响），使自己的生活水平不至于下降。就是说可以维持相同的效用水平或可以获得更大的总效用。当一种物品价格下降，其替代品的需求会下降。因为这时消费者减少替代品的消费，增加价格下降物品的消费可以提高自己实际收入水平和消费更多的其他物品以提高自己的效用水平。可见替代效应可以强化收入效应。

在商品世界里，许多商品具有相关关系，因而一种商品的价格变动会对消费者的实际收入水平及相关商品的消费和需求发生影响。了解收入效应和替代效应，对于消费者来说，可以在市场价格波动中避免自己效用水平的下降和捕捉提高自己效用水平的机会。对于生产者来说，可以分析、了解和预测消费者实际收入水平的变动以及相关商品需求的变动趋势。那么如何了解商品的相关关系呢？

商品的相关关系可分为**替代品和互补品两类。替代品是指两种或几种物品可以相互替代来满足消费者相同的满足或效用水平的物品。**当然这要以消费者对这几种商品具有大致相同的偏好为前提。比如苹果和梨，电影票和录影带，大米和面粉等具有替代关系的几种商品，其中一种商品价格变动会对其他替代品的消费量产生重要影响，因此可以通过一种商品的价格变动对其他商品需求的影响来判断商品之间的替代关系。**如果一种物品价格上升，会导致另一种或几种物品需求上升，则这些物品互为替代品。**如果一种物品价格变动对另一种物品需求没有影响，则这两种物品互为独立品。

互补品是指两种或几种物品必须同时消费才能满足消费者同一消费目的的物品。比如汽车和汽油、机油，录音机和磁带，课本和笔记本、笔等是具有互补关系的物品。消费者要消费汽车，就必须消费汽油和机油。当价格变动引起一种商品消费量上升，其他相关物品的消费量也会上升，反之亦然。因此，也可以依据一种商品价格变动对其他商品需求的影响来判断商品的互补关系：**如果一种物品价格上升导致另一种物品需求下降，则这两种物品为互补品。**

收入效应和替代效应本来是很简单的概念，有的西方学者要用这两个概念解释"吉芬难题"就使这两个概念复杂化了。1845 年爱尔兰大饥荒，主要的食物就是土豆，土豆价格上涨，需求量也上涨，出现了需求量与价格同方向变动的违反需求定理的反常情况。吉芬发现了这种情况，并要求经济学的需求定理给予解释，这就是所谓的"吉芬难题"。爱尔兰的土豆也就成了"吉芬物品"。规律只反映普遍情况而不排除个别现象。大饥荒中的情况更是例外。大饥荒中食物奇缺，对食物的需求必然会集中在主要食品土豆身上，而且需求增加、价格上升；价格上升，人们不能不吃，需求也会增加。因为，在大饥荒中只有土豆等食物，可以替代的食品很少。即使土豆的价格上升到比平时肉类食品的价格都高，你还得吃土豆，因为没有肉可吃。如果有肉吃，那还叫饥荒吗？这种情况在饥荒中是普遍的，也是正常的，无须大惊小怪，它也不能推翻需求定理。

本章总结和提要

一个理性消费者的行为实际上是要解决3个问题：想要什么（欲望）？能要什么（收入约束）？如何选择？消费者在解决这3个问题的过程中会自觉或不自觉地遵循两条基本的消费规律：边际效用递减规律和等边际效用原则。了解了消费者行为的规律就了解了需求变动的规律。学习本章重点要理解效用的概念、总效用和边际效用的关系、两条消费规律、消费者剩余、收入效应和替代效应和恩格尔定律。

思考题

1. 萨缪尔森说效用是个很奇妙的概念，它奇妙在哪里？你如何评价效用概念体现的两个历史进步？

2. 你是一个理性消费者还是一个盲目的消费者？你在消费中意识到两条消费规律的存在吗？

3. 你同意萨缪尔森对价值之谜的解释吗？

4. 你如何理解消费者剩余？

5. 你注意到身边一些市场在消亡，一些市场在兴起吗？用你观察到的事例说明恩格尔定律。

第四章 生产理论和供给

本章对构成市场经济系统的生产环节进行分析，主要内容包括两方面：一方面从生产者追求产量最大化的行为分析出发，运用生产函数这个工具分析生产的一般规律；另一方面，从生产成本变动规律的分析中说明供给曲线的基础。

第一节 生产理论概述

生产过程是由企业投入各种生产要素：劳动、资本、土地、技术等，产出产品和服务的过程。因此，生产过程也被称为投入产出过程，生产过程的技术关系被称为投入产出关系。

一、生产要素在生产中的特性

1. 各种生产要素在生产上具有相互作用或相互依赖的性质

西方学者认为，物品的产量共同地取决于投入的各生产要素的数量，是各生产要素共同创造的产品和产量。农业时代的威廉·配第把财富生产中的这一特性做了形象的表述：劳动为财富之父，土地为财富之母。产品这个孩子是父母相互作用共同努力的结果。所以，这一特性是亚当·斯密以来西方学者关于劳动、资本、土地、技术四要素共同创造价值的理论在生产论中的具体说明。农业时代只有劳动和土地两种生产要素。在农业生产中，只有劳动，没有土地，或者只有土地，没有劳动，是生产不出任何农产品的，这是一个显而易见的事实。工业革命以后，出现了资本要素（工厂、机器、设备）。同样的道理，只有劳动，没有资本，或者只有资本，没有劳动，也是生产不出任何工业产品的。而且工厂不能吊在空中，必须坐落在土地上，所以劳动、资本、土地共同创造价值和国民财富。20世纪80年代信息技术革命以后，经济学家认为应该把技术作为一个独立的生产要素并入生产方程。现在，经济学家们认为，这四要素是生产中的基本要素，它们相互依赖共同创造产品和产量。

2. 不同的生产要素在一定程度上可以互相替代，因而它们是相互竞争的，但它们不能完全相互取代

西方学者认为，四要素在生产过程中不仅是相互依赖的，而且是相互竞争的。例如，劳动和资本两种要素，如果资本（机器、设备）的价格过高，厂商可以多使用劳动，少使用资本，用劳动替代资本，采用劳动密集型生产方法。这样，劳动的收入会提高，资本的收入会减少。如果劳动的价格过高，则可以多使用资本，少使用劳动，采用资本密集型生产方法。这样，资本的收入会提高，劳动的收入会减少。因此这一特性产生了一个重要的结果：劳动的使用量不仅取决于劳动自身的价格，也取决于资本（如机器）的价格。反过来，资本的使用量不仅取决于资本自身的价格，也取决于劳动的价格。就是说，由于各要素在一定程度上可以相互替代，它们之间存在着激烈的竞争。例如，如果劳动要求的工资过高，厂商可以多使用资本，少使用劳动，就会导致工人失业和劳动收入减少。如果资本（机器）要求价格过高，厂商可以多使用劳动，少使用资本，就会导致资本（机器）过剩和资本收入减少。因此，这种竞争对要素市场各要素的价格决定和平衡有重要影响。但是，尽管各要素在一定程度上可以相互替代，在生产上不能只用劳动不用资本，或者只用资本不用劳动，即它们不能完全相互取代。

上述生产要素在生产上的两个特性是西方经济学生产理论和分配理论的基础。

二、生产函数的概念和性质

由于产出和投入之间存在依存关系，这个关系用数学语言表达就是函数关系，所以，西方学者把投入产出关系称为生产函数。而且可以用生产函数这个工具分析投入产出的一般规律。因此，也可以说**生产函数是表示和分析投入产出一般规律的一个工具，它表示在既定的技术水平和各种生产要素的投入数量条件下，都存在着一个可以获得的最大产品数量。**用公式表示即：

$$Q = f(A)(L, K, \cdots)$$

式中：Q 代表产出量，A 代表技术系数，L，K，…代表劳动、资本等投入的各生产要素的数量。

该定义说明了生产函数的两点性质：**一是一个生产函数代表一定的技术水平的生产，技术进步所引起的各要素生产率提高的百分比称为技术系数。二是生产函数反映的是在既定的技术水平和各要素数量条件下，都存在一个可以获得的最大产量。**

生产函数作为研究生产一般规律的一个工具，就是要说明在生产中如何以最小的投入获得最大产出，从而使有限的生产资源得到最有效率的利用。这个问题既要考虑如何选择各要素的最佳配合比例，因为它涉及生产的技术水平和产出效率，又要考虑各要素的价格，因为它涉及生产成本和投入产出比。这种关系普遍存在于各种各样的生产过程中，因此，可以说每家企业都有自己的生产函数，即自己的投入产出关系。而且不仅一个企业，一个行业或部门，一个国家都有自己的投入产出关系，即总量生产函数。

生产函数只是表示和**抽象**分析投入产出一般规律的一个工具，它只是表示在既定的技术水平和各种生产要素的投入数量条件下，都存在着一个可以获得的最大产品数量。**但并不是说可以用生产函数计算出最大产量。**

例如，柯布和道格拉斯对美国制造业 1899~1922 年间投入和产出的统计资料进行实证分析和研究，发现这一时期资本要素对总产出的贡献是 25%（资本和土地的收入占 GNP 的比重为 25%），劳动要素对总产出的贡献是 75%（劳动的收入即工资总额占 GNP 的比重为 75%），而这一时期美国刚刚进行产业革命不久，技术进步对各要素生产率提高的贡献为 1%多一点，柯布和道格拉斯将这一研究成果用数学式表示出来，即 $Q = 1.01 L^{0.75} K^{0.25}$，Q 为制造业的总产出，1.01 为技术系数，$L^{0.75}$ 表示劳动要素对总产出的贡献为 75%，$K^{0.25}$ 表示资本和土地要素对总产出的贡献为 25%。因此，柯布—道格拉斯生产函数只是表达了美国制造业 1899~1922 年间投入产出的规律，而且这一规律是用对美国制造业 1899~1922 年间 GNP 统计资料的实证分析得出来的，而不是用生产函数计算出来的。

柯布—道格拉斯生产函数的经济学意义：第一，它表明了 20 世纪初美国制造业中劳动和资本两要素在总产出中的贡献比例为 3∶1，这基本上与两要素在国民收入中所占份额是吻合的。第二，技术系数为 1.01，这表明 20 世纪初美国制造业的生产技术水平还是较低的。技术进步使劳动和资本的生产率的提高每年平均在 1%~2%之间。

三、可变要素和不变要素，短期生产和长期生产

考察投入产出的关系，在生产实践中可以观察到，一些要素比较灵活，可以随时或很短时间调整它的投入量来调整产出。比如劳动，厂商可以按照生产的淡季和旺季随时调整劳动要素的投入量来调整产量。经济学一般把短期内可随时调整的生产要素称为可变要素。一些要素一旦投入，就有一个使用周期，长时期在生产中发生作用，而且调整它也需要较长的时期和花费一定的成本，比如资本（厂房、设备等）。经济学一般把短期内相对固定，一般不随时调整的生产要素称为固定要素或不变要素。但是，这只是从生产实际的一般意义上讲的。因为，如果短期内不调整劳动的投入量，只调整资本的投入量来调整产量，那么，劳动就

是不变要素，资本就是可变要素。因此，不变要素和可变要素的划分不是依据要素本身的性质，而是依据在短期内是否调整为转移的。因此可以说，只调整一种生产要素来调整产量的生产称为短期生产，调整的这种生产要素称为可变要素。其他不调整的生产要素称为固定要素或不变要素。

与生产要素的调整周期或方式相适应，经济学把生产分为短期生产和长期生产。短期生产是指在该时期里，企业能够通过调整一种可变要素来调整生产的产量。长期生产是指在该时期内，企业可以调整或改变所有要素的投入量来调整产量。或者说，在长期生产中，所有要素都是可变要素。可见，短期生产和长期生产不是时间概念，而是与生产要素的调整方式相联系的。

因此，**不变要素、可变要素，短期生产和长期生产是依据生产要素的调整方式和周期来划分的。**而不是依据生产要素本身的性质和生产时间的长短来划分的。从理论分析的角度讲，如果考察劳动变动对总产出的影响，假定资本为不变要素，劳动为可变要素；如果要考察资本变动对总产量的影响，可以假定资本为可变要素，劳动为不变要素。相应地，只调整一种可变要素来调整产量的生产称为短期生产。如果要考察劳动和资本的变动对总产量的影响，那么劳动和资本都是可变要素。相应地，调整两种或所有可变要素来调整产量的生产称为长期生产。

第二节　边际产量递减规律

本节考察短期生产行为，即假定企业可以调整一种可变要素的投入量，而不能调整其他固定要素的投入量来调整产出的生产，有的学者把这种生产称为短期生产或一种可变要素的生产函数。如果假定劳动为可变要素，资本等其他要素为不变要素，一种可变要素生产函数式可表示为：$Q=f(L、\bar{K})$，该式表示在资本等其他要素投入既定的条件下，考察劳动投入变动对产量的影响。

一、总产量、平均产量、边际产量

为考察一种可变要素（劳动或资本）的调整（或变动）对产量的影响，把产量分为总产量、平均产量和边际产量。其英文简写顺次为 TP、AP、MP。或者说，为了揭示边际产量的变动规律，经济学将产量分为总量、平均量、边际量，其定义分别如下：

总产量 TP 是指与可变要素的投入量相对应的最大产量。假定劳动为可变要素，其定义公式为：

$TP=f\,(L、\overline{K})$

式中：TP 还是劳动和资本共同创造的。只是 L 为可变投入，$\overline{K}$ 为不变投入。

平均产量 AP 是指每单位可变投入分摊的总产量。 假定劳动为可变要素，其定义公式为：

$$劳动的\ AP=\frac{TP}{L}$$

边际产量 MP 是指每增加一单位可变要素投入量所增加的产量。 假定劳动为可变要素，其定义公式为：

$$劳动的\ MP=\frac{\Delta TP}{\Delta L}$$

二、总产量、平均产量、边际产量的变动规律

当其他要素投入量不变，只有一种要素 L 的投入量变动，会对产量变动产生什么影响呢？以 1 为单位，顺次增加劳动的投入量（1 单位劳动可以代表 100 工作小时或 1000 工作小时等，将工作小时 × 小时工资，就是每单位劳动投入的价值量。假定其他投入不变。比如，资本的投入是 10 个单位，每单位资本可以代表 10 万或 100 万价值的机器、设备、厂房投资等）。根据上述定义公式，我们可以编制一种可变要素的生产函数表，表中产量的数字，每 1 单位数字代表若干数量的产品。

将表 4-1 中的数字标在坐标曲线图上，可以直观地看到产量随劳动投入增加而变动的规律。图 4-1 反映了各种产量随一种生产要素投入量的增加而呈现出的变动趋势。将其要点归纳如下：

表 4-1　劳动投入变动对产量的影响

劳动投入量 L	资本投入量 K	总产量 TP	平均产量 AP=$\frac{TP}{L}$	边际产量 MP=$\frac{\Delta TP}{\Delta L}$
0	10	0	0	0
1	10	8	8	8
2	10	18	9	10
3	10	24	8	6
4	10	28	7	4
5	10	30	6	2
6	10	30	5	0
7	10	28	4	2

1. 总产量的变动规律

当边际产量为正值，总产量一直上升，至边际产量为零时，总产量达到最大值，当边际产量为负值，总产量开始下降。

2. 平均产量的变动规律

平均产量也呈先升后降的趋势，而且也与边际产量相关。当边际产量高于平均产量时，平均产量上升；当边际产量低于平均产量时，平均产量下降。因此，下降的边际产量曲线必然经过平均产量曲线的最高点。

3. 边际产量的变动规律

边际产量上升到一定点后就呈下降趋势，当其小于平均产量时，引起平均产量下降，当其为负值时，引起总产量下降。

因此，总产量、平均产量的变动趋势是与边际产量的变动趋势相关的，是由边际产量的变动规律决定的。

边际量是经济学中最重要的概念，为了强调它的重要性，萨缪尔森说，只要记住是狗尾巴摇动狗身子，而不是狗身子摇动狗尾巴，那么经济学并不难学。这里，萨缪尔森把边际量比喻为狗尾巴，把总量、平均量比喻为狗身子。在经济学中是边际量决定总量、平均量的变动趋势，而不是相反。

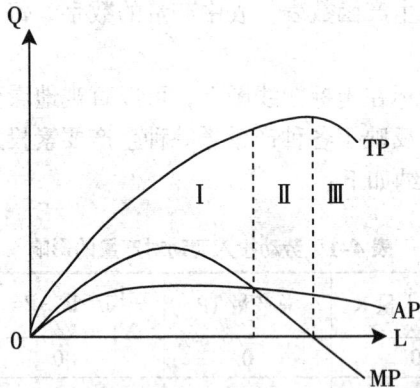

图 4-1　产量随劳动投入变动而变动的规律

三、边际产量（报酬）递减规律及意义

边际产量递减规律可以表述如下：在生产的技术条件不变，其他要素投入量不变的条件下，一种要素的投入量逐步增加，其边际产量上升到一定点后，就呈现出下降趋势。

边际产量递减规律最早是由马尔萨斯发现、提出并证明的。就像所有规律都有例外一样，在实际生产中，该规律也有例外。但是该规律仍是普遍存在于大多数生产过程中的现象。这是可以用实验或实证方法证明的。证明时一定要注意保持技术水平和其他投入不变。从理论上讲，该规律之所以能成立，是因为对于任何产品的生产来讲，各要素都有个最佳配合比例的问题。当可变要素投入为零时，其他要素的投入总是存在的。随着可变要素投入的增加，其边际产量上升，当达到各要素最佳配合比例时，其边际产量也达到最大值。之后再增加可变要素的投入，其边际产量就呈递减趋势了。因为生产要素的组合越来越偏离最佳组合比例。各要素的投入，如资本、土地等都存在这一规律。该规律是生产论说明的第一条生产的基本规律。

该规律的意义是显而易见的。**由于边际产量递减，一种要素的投入不是越多越好，而是有个最佳阶段或与其他要素的最佳组合比例问题，否则就会造成生产资源的浪费**。例如图 4-1 中，可以依据劳动要素投入量的增加，边际产量、平均产量、总产量的变动关系将总产量的增加分为三个阶段。劳动要素最佳投入量在劳动的平均产量达到最大和总产量达到最大值之间（II 阶段）。当劳动的边际产量为负时，再增加劳动的投入量，显然是一种资源的浪费。因为增加的投入不仅不能引起总产量的增加，反而导致总产量的下降（III 阶段）。

第三节　替代规律

由于各种生产要素都存在边际产量递减规律，各种要素的投入就不是越多越好，而是有个最佳阶段和与其他要素的最佳组合比例问题，否则就会造成生产资源的浪费。从长期看，在各种要素投入量都可以调整的情况下，企业如何选择最佳要素配合比例，以最小成本生产最大产量。要说明这个问题，为了技术分析的方便，假定企业只投入劳动和资本两种生产要素。或者说，用两种生产要素代表所有可调整的生产要素，它的道理是一样的。这样，可以使用两种可变要素的生产函数这个工具分析这个问题。所以有的学者将这个问题的讨论称为长期生产函数或两种可变要素的生产函数，即 $Q = f(L、K)$。该式表示在 L、K 两种要素的投入量都可调整的情况下，企业如何选择最低成本的要素组合获得最大产量。

一、替代规律及意义

从生产实践中可以观察到，当劳动的价格（工资水平）较低，资本的价格

（机器、设备的价格）较高时，企业会多使用劳动，少使用资本，即用劳动替代资本，来生产既定的产量；反之，当劳动的价格较高，资本的价格较低时，企业又会少使用劳动，多使用资本，即用资本替代劳动来生产既定的产量。而且还可以看到，厂商总是把劳动密集型的产品迁移到劳动力便宜的地区或国家去生产，而把资本密集型的产品迁到资本比较便宜的地区去生产。为什么呢？因为这样将以更低的成本生产既定产量或更多的产量。可见，追求最大利润的企业在生产中遵循着一条规律，即替代规律，我们可以把它表述如下：**替代规律是指不同生产要素可以互相替代来生产同一产量的规律。该规律的意义在于，它使生产者可以依据不同生产要素的价格，选择各种要素的最佳组合比例，以最小成本生产最大产量成为可能。**

当然，理论分析不能停留在经验的表面，下面就进一步深入分析该规律的性质。根据 $Q=f(L、K)$，可以做出等产量曲线。根据既定成本和两要素的价格，可以做出等成本线。运用等产量曲线和等成本线两个工具，通过分析生产者均衡的条件，说明企业如何以最低成本获得最大产出的问题。

二、替代规律的几何分析

1. 等产量曲线

在产量既定的条件下，企业如何选择各要素的配合比例问题可以用等产量曲线来表示。

表 4-2　产量既定两种要素的不同组合

组合方式	L	K	产量 Q
A	1	5	200
B	2	3	200
C	3	2	200
D	5	1	200

表 4-2 中，我们假定劳动 L 和资本 K 可以有不同的组合方式来生产 200 单位的产量（即 $200=f(L、K)$）。或者说，既可以用 1 单位劳动和 5 单位资本的组合来生产 200 单位的产量，也可以用 3 单位劳动和 2 单位资本的组合来生产 200 单位的产量等。表 4-2 中假定了 4 种组合方式，实际上可以有更多的组合方式供生产者选择。

将表 4-2 中 A、B、C、D 四种组合数字标在横轴代表劳动投入的数量，纵轴代表资本投入的数量的坐标曲线图上，连接各点，就得到一条 Q＝200 的等产量

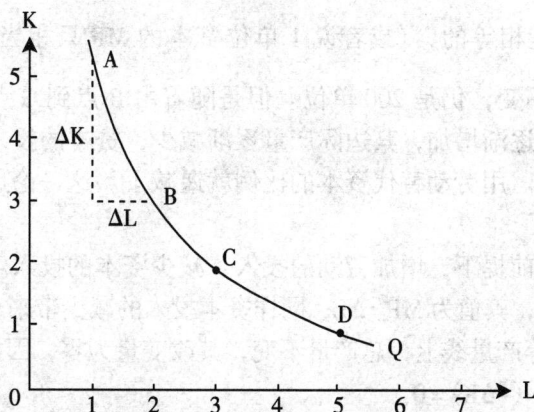

图4-2 等产量曲线

曲线。它表示在该曲线上的任一点所代表 L 和 K 的组合都可以生产 200 单位的产量。

观察等产量曲线，可以看到等产量曲线具有下列性质：

第一，一个坐标平面上可以有无数条等产量曲线。离原点越近的等产量曲线，代表的产量水平越低；离原点越远，代表的产量水平越高。

第二，任意两条等产量曲线不能相交，否则与第一特征相矛盾。

第三，等产量曲线是一条凹向原点，向右下方倾斜的曲线，斜率为负值。等产量曲线斜率的经济学意义有两点：①等产量曲线斜率表示两种生产要素的替代比例，称为两要素的边际技术替代率。记为 $MRTS_{LK} = \dfrac{\Delta K}{\Delta L}$。这里，由于 $MRTS_{LK}$ 只是表示两要素的替代比例，所以取绝对值，不记正负号。例如图 4-2 中，从 A 点到 B 点，表示企业愿意减少 2 单位资本的投入来增加 1 单位劳动的投入。换句话说，用 1 单位劳动替代 2 单位资本，其替代比例为 $MRTS_{LK} = \dfrac{\Delta K}{\Delta L} = \dfrac{2}{1} = 2$。②斜率为负值表示 $MRTS_{LK}$ 递减。如果依次计算从 A 点到 B 点，从 B 点到 C 点，从 C 点到 D 点的 $MRTS_{LK}$，它们分别为 2，1，$\dfrac{1}{2}$，可见边际技术替代率递减。

$MRTS_{LK}$ 为什么递减呢？是因为要素的边际产量递减规律的作用。在 A 点，是 1 单位劳动和 5 单位资本的组合。资本由于投入单位较多，因而每单位资本的边际产量较低。劳动由于投入单位较少，因而每单位劳动的边际产量较高。从 A 点到 B 点，企业用 1 单位劳动的增加替代 2 单位资本的减少，产量不变，这表明增加 1 单位劳动投入所增加的劳动的边际产量与减少 2 单位资本所减少的 2 单位资本的边际产量是相等的，（或者说 1 单位资本的 MP 只相当于 $\frac{1}{2}$ 单位劳动的 MP）所以总产量不变，仍是 200 单位。但是随着由 B 点到 C 点，再由 C 点到 D 点，劳动的投入量逐渐增加，其边际产量逐渐减少，资本的投入量逐渐减少，其边际产量逐渐增加。用劳动替代资本的比例就递减了。这一论点可以用下面的数学方法加以证明：

在产量不变的前提下，增加劳动的投入，减少资本的投入。劳动投入的增加带来总产量的增加，其值为 $MP_L \cdot \Delta L$；同样资本投入的减少带来总产量的减少量为 $MP_K \cdot (-\Delta K)$，在等产量线上，总产量不变，其改变量为零，因此可得：

$$MP_L \cdot \Delta L + MP_K \cdot (-\Delta K) = 0 \qquad \text{①}$$

由①得：$MP_L \cdot \Delta L = MP_K \cdot \Delta K \qquad \text{②}$

由②得：$\dfrac{MP_L}{MP_K} = \dfrac{\Delta K}{\Delta L} = MPTS_{LK}$

可见：两要素的替代比例等于两要素的边际产量之比；沿着等产量曲线，不断用劳动替代资本，资本的边际产量逐渐上升，而劳动的边际产量逐渐下降，其结果是边际技术替代率递减。

2. 等成本曲线

选择最佳生产要素组合比例的问题，是在既定成本和各要素价格的前提下进行的。等产量曲线只是说明了各种生产要素可以相互替代生产同一产量的可能性。在生产实践中，厂商调整各生产要素组合比例是在既定成本条件下，依据各要素的价格及变动进行的。因此，在说明了等产量曲线这个工具的性质后，再来讨论第二个工具等成本线的性质。等产量曲线和等成本曲线与消费者均衡的几何分析运用的无差异曲线和预算线是相同方法。所以，这里可以简化一些。

假定企业的成本为 C，劳动的价格即工资为 W，资本的价格为 r，成本方程：$C = WL + rK$。如果企业将全部成本用来购买劳动，可购买 $\dfrac{C}{W}$ 的数量。另一个极端，如果企业将全部成本用于购买资本，可购买 $\dfrac{C}{r}$ 的数量。据此，可以做出等成本曲线，见图 4-3。

图 4-3 描述了等成本曲线。横轴代表劳动的数量，纵轴代表资本数量。纵轴 A 点表示全部成本用于资本可购买的数量。横轴 B 点表示全部成本用于劳动可购买的数量。连接 A、B 点的线称为等成本线。线上任一点表示在两要素价格既定条件下，用既定成本可购买的两要素的任一组合。

等成本线具有两点性质：①成本和两要素价格变动，等成本线也会变动。

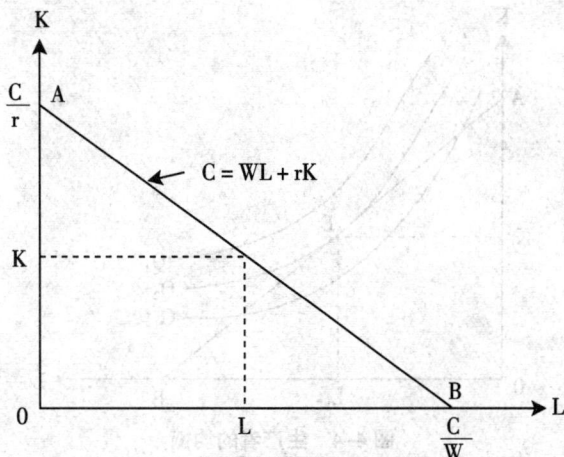

图 4-3　等成本线

②**等成本线斜率的意义为两要素的价格之比。** $\dfrac{C}{r}\Big/\dfrac{C}{W}=\dfrac{W}{r}$ （取绝对值）。它表示两种生产要素在成本约束条件下的替代比例。例如，如果工资率为 5 元/小时，资本的价格为 10 元/每单位，企业用 1 单位资本替代 2 单位劳动，而总成本不变。

3. 生产者均衡

可以用等产量曲线和等成本线这两个工具来讨论生产者均衡问题，也就是讨论企业如何以最小投入获得最大产出的条件。这个条件也称生产者均衡条件，生产要素投入量最优组合条件。等产量曲线代表不同要素的替代规律和企业可能的各种选择；等成本线代表在成本约束条件下，不同要素替代的可能性。企业追求最大产量的均衡，就要在成本约束和替代规律的双重作用下进行权衡、比较和选择。图 4-4 就是对这一选择过程的描述。

图 4-4 中，AB 为等成本线，代表既定成本约束。三条等产量曲线是无数条等产量曲线中的三条曲线。Q_1 与等成本线有两个交点，但这不是最大产量；Q_3 是既定成本达不到的产量。从几何学的意义上只有 Q_2 曲线与等成本线的切点 E 点，可以代表在既定成本条件下最大产量的两要素的最优组合比例。因此，把该点称为生产者的均衡点。在切点 E 点，等产量曲线的斜率等于等成本线的斜率。等产量曲线斜率的意义是两要素的技术替代比例；等成本线斜率的意义是两要素的价格之比。因此，有均衡条件：

$$MRTS_{LK}=\dfrac{W}{r} \qquad\qquad ①$$

①式是从几何学意义上得出的均衡条件。我们还必须把它和经济学的意义联

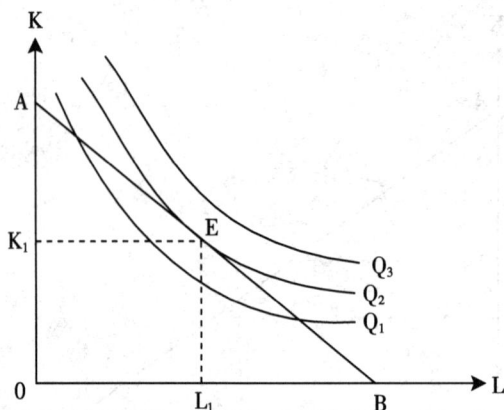

图4-4 生产者的均衡

系起来。由于两要素的 $\mathrm{MRTS_{LK}} = \dfrac{MP_L}{MP_K}$，所以由①式可得：

$$\frac{MP_L}{MP_K} = \frac{W}{r} \qquad\qquad\qquad ②$$

由②式可得 $\dfrac{MP_L}{W} = \dfrac{MP_K}{r}$ =每元钱成本的边际产量相等 ③

①②③式都可看做生产者均衡条件，但③式更具有经济学意义。如果用经济学语言表述，可以把企业以最小成本获得最大产量的条件表述如下：**企业只有在各要素的投入上使每元钱成本带来的边际产量相等，企业才能实现以最小的成本获得最大产量的均衡。**

第四节 规模收益

各生产要素的调整涉及生产规模的变动。因此，调整生产要素不仅要考虑最佳要素组合比例的问题，还要考虑最佳生产规模问题。最佳经济规模才能使各要素的效率得到充分发挥并获得规模收益的好处。

一、规模收益的概念

规模收益（报酬）是指企业从最佳经济规模上获得的好处或收益，它表现为企业投入产出比的提高。

企业的经济规模过小或过大，都会影响所投入的各要素的效率的发挥，从而影响产量最大化的目标。最佳经济规模由于可以使各要素的效率充分发挥，从而提高投入产出比而获得规模收益。

二、最佳经济规模的判断方法

1. 决定企业最佳规模的因素

企业的生产规模不是越大越好，而是有自己的最佳规模。一般来讲，决定企业最佳规模的因素有以下三点：

（1）产品本身的性质。就产品本身的性质来说，飞机产品和豆腐产品所要求的最佳生产规模显然有很大的区别。如果把豆腐厂建造得像飞机制造厂那么大的规模，那么黄豆从工厂这个门进去，豆腐从工厂那个门出来就臭了。

（2）企业面临的市场状况。就企业面临的市场状况来说，一个地域性的产品和一个国际性产品，其市场容量有很大差异，所要求的最佳生产规模显然也有很大差别。工厂确定自己的产量是依据它面临的市场需求状况，即销售量来确定的。所谓以销定产，有多大市场，生产多大的产量，这是决定企业生产规模的决定因素。否则就会造成企业产品积压，经营困难，甚至破产，更不要谈什么规模收益了。企业面临的市场需求状况是经常变化的。一方面，企业自身不断降低成本在竞争中努力扩大自己的市场销售量或市场份额；另一方面，其他竞争对手也在这样做，而且消费者的偏好经常在变化，有许多不确定因素。而且不同企业的市场需求差别很大。因此，企业必须瞄准变化的市场，随时调整自己的生产规模。

（3）技术发展水平。就技术水平来讲，产品和生产的技术水平高低对生产方式和管理模式有不同的要求，而且一些技术水平高、生产工艺复杂的产品本身就要求一定的经济规模，规模过小生产是不经济的。比如，纽扣产品在家庭作坊就可以生产，汽车产品必须要求很大的规模才不会亏损。**可见，最佳经济规模并没有一个固定的模式或公式，而是因产品、市场、技术而异和变动的。**

2. 如何判断企业的最佳经济规模

一般来讲，判断企业最佳生产规模的方法，可以通过企业生产规模变动与所引起的产量变动之间的关系来考察，即通过投入产出比的变动来考察。在全要素投入产出比为既定的条件下，企业规模扩大（各要素投入按相同比例增加）所引起的产量变动有三种情况，分别被称为规模收益递增、规模收益不变和规模收益递减。

（1）规模收益递增是指在既定的投入产出比的条件下，企业规模扩大带来了投入产出比的提高，即产量增加的比例大于各要素投入增加的比例。规模收益递增，表明企业生产规模扩大带来了生产效率的提高。企业获得了规模扩大所带来的收益和好处。或者说企业获得了规模收益。例如，假定原来企业既定的投入产出比为1:1，生产规模扩大使企业的投入产出比提高到1:2。产出增加的比例就是企业获得的规模收益。同时，它也表明企业没有达到最佳经济规模，还可以继续扩大规模。

（2）规模收益不变是指企业规模扩大，投入产出比不变，即产量增加的比例等于各要素投入增加的比例。规模收益不变表明企业产量的增加是由于投入的增加，企业并没有获得规模继续扩大的好处和收益。例如，当企业生产规模扩大使企业的投入产出比提高到1:2后，继续扩大生产规模。但是，企业的投入产出比并没有提高，仍然是1:2。这说明企业并没有获得规模继续扩大所带来增加的收益，出现了规模收益不变。因此，相对来讲，企业已达到最佳规模，或规模经济，不宜再继续扩大生产规模。如果继续扩大生产规模，就可能出现规模收益递减。当然，判断企业是否达到最佳规模的临界点，就是看继续扩大生产规模是否出现规模收益递减。

（3）规模收益递减是指随着企业规模扩大，投入产出比下降，即产量增加的比例小于各要素投入增加的比例。例如，当企业投入产出比达到1:2的规模经济后，继续扩大生产规模，投入产出比没有提高，反而降为1:1.5，出现了规模收益递减。规模收益递减表明企业规模已过大了。规模扩大不仅不能获得规模收益，反而引起生产效率的下降和投入产出比的下降，这被称为规模不经济，因此，企业应缩小生产规模。

一般来讲，企业在从小到大的发展过程中，大都经历了规模收益递增、不变、递减三个阶段。这也为判断企业最佳规模提供了思路和方法。但企业的最佳规模是因产品性质、市场变化、技术发展的情况而变动的，因而是相对的，没有一个固定的模式或公式。企业应随着产品、市场和技术水平的变动随时调整自己的生产规模，以获得最佳规模收益。

以上几节，分析和说明了生产的三条基本规律：边际产量递减规律、替代规律、规模收益规律。下面换个角度，从成本变动规律来分析，说明供给曲线的基础。

第五节　成本理论

厂商的生产活动构成产品市场的供给。生产成本是供给价格的基础。本节通过对厂商生产成本变动规律的分析说明供给曲线的基础，即说明供给曲线背后的原理。

一、成本的概念

成本即生产费用，是厂商购买各生产要素的支出总和。经济学家按生产要素的分类把成本的构成分为四项，即**成本＝工资＋利息＋地租＋正常利润。**

经济学家对成本的分项与企业会计成本的分项是有差别的。企业会计成本分项要复杂细致得多。如工资一项包括企业使用人工支付的工资、津贴、补助等各项开支。利息一项是通过贷款方式使用银行金融资本的费用。在企业中，不仅包括贷款利息，还包括资本品（机器、设备、厂房等）的折旧、支付的股息或红利等。地租一项包括企业租用地皮或厂房、店面所付的费用。**正常利润一项是企业主自有资本的合理利润和企业家才能的佣金报酬。**西方学者认为，投资和经营企业需要承担风险和责任，应得到合理的报酬。企业主自有资本的投资也应该按合理的利润率获得报酬。聘用的企业家的报酬一般是年金或佣金的形式，它数额较大，不同于工资，具有利润分成的性质。**正常利润也构成生产成本的一部分。超过正常利润的部分称为超额经济利润。**

西方学者认为，在企业的生产经营活动中，有些企业主拥有一些自有的生产要素，如自有的土地、资金、设备，自己经营企业等。将这些自有要素投入生产，**并不形成企业成本的账面支出，**所以这部分成本称为**隐成本。**与此相对应，企业从市场上购买各要素的支出，形成企业成本的账面支出，这部分成本称为**显成本。**西方学者认为，在计算企业实际生产费用时，这两部分都应包括在内。从这个角度看，企业成本又是隐成本和显成本之和，即**成本＝隐成本＋显成本。**

机会成本是比较成本概念而不是实际成本概念。企业在选择生产项目时，要从机会成本的角度比较各种项目所需的成本及可能带来的收益，以做出成本最小、收益最大的项目选择。一旦做出选择和投入，就形成实际的成本支出。但有的经济学家认为，从机会成本的角度考虑，做出一种选择是以放弃其他选择为代价的，这个代价即为机会成本。他们认为机会成本也应作为企业做出一种选择的经济成本考虑在内。

　　例如：一个 19 岁的青年上大学，一年的学费、书本费、食、宿、旅行等费用总计 12000 元。这是不是上大学一年的全部成本呢？经济学家认为不是。因为这个青年用一年时间上大学就意味着放弃了用这一年时间做其他事情的机会和可能得到的收益。假定该青年用这一年时间工作，可以获得 18000 元工资收入。经济学家认为，该青年上大学所放弃的这 18000 元收入的机会成本也应计算在他上大学的经济成本之内，这样他上大学的经济成本就是 12000 元+18000 元=30000元。因此，**经济成本 = 实际成本 + 机会成本**。经济成本是经济学家的一种思想。本节考察的企业成本变动规律是企业的实际成本。

二、成本方程和成本函数

成本方程表示成本的构成。记为：

$C = WL + rK$　（假定生产中只有 L、K 两种要素投入）

成本函数表示成本随产量变动而变动的规律。记为：

$C = f(Q)$

用成本方程做出等成本线，是为了表示在成本约束下，各要素替代的可能性。本节的成本理论是为了考察成本随产量变动而变动的规律，因此，运用成本函数这个工具。

三、成本的分类

为了考察成本随产量变动而变动的规律，与产量的划分相对应，经济学将成本划分为总成本、平均成本、边际成本三大类。其英文简写分别为 TC、AC、MC。

由于在成本中，有一部分成本不随产量变动而变动。经济学又将 TC 和 AC 进一步分类为不变成本、可变成本、平均不变成本、平均可变成本。其英文简写分别为 FC、VC、AFC、AVC。

上述各类成本的概念和定义公式如下：

总成本 TC 指企业生产一定量产品所花费的生产费用的总和。总成本可分为不变成本和可变成本两部分，即 TC = FC + VC。

不变成本 FC 指不随产量变动而变动的成本。如厂房、设备的投入费用和维护费用，保安人员的工资等。这部分费用即使产量为零也存在，而且不随产量增加而增加。而且它只是分摊到单位产品的成本中，因此也称分摊成本。

可变成本 VC 是指随产量变动而变动的成本。如工人的工资、原材料、动力燃料等费用。这部分成本随产量增加而增加，随产量减少而减少。因此称为可变成本。

平均成本 AC 指单位产量所分摊的总成本。即 $AC = \dfrac{TC}{Q}$。

平均成本也分为平均不变成本和平均可变成本。其定义公式分别为：

$$AFC = \frac{FC}{Q}；\quad AVC = \frac{VC}{Q}$$

边际成本 MC 指每增加一单位产量所增加的总成本。其定义公式为：

$$MC = \frac{\Delta TC}{\Delta Q}$$

四、成本变动的规律

明确了成本的概念和分类，现在来考察各类成本随产量变动而变动的规律。

表 4-3 是某厂商的成本函数表。第一栏是产量；第二至四栏是总成本的各项，以后各栏的数字是依据边际成本和平均成本的定义公式计算出来的。

表 4-3　各类成本随产量增加而变动的规律

产量 Q	总成本			边际成本	平均成本		
	不变成本 FC	可变成本 VC	总成本 TC=FC+VC	$MC = \dfrac{\Delta TC}{\Delta Q}$	平均不变成本 $AFC = \dfrac{FC}{Q}$	平均可变成本 $AVC = \dfrac{VC}{Q}$	平均成本 $AC = \dfrac{TC}{Q}$
0	50	0	50	0	0	0	0
1	50	40	90	40	50	40	90
2	50	70	120	30	25	35	60
3	50	90	140	20	$16\frac{2}{3}$	30	$46\frac{2}{3}$
4	50	120	170	30	$12\frac{1}{2}$	30	$42\frac{1}{2}$
5	50	170	220	50	10	34	44
6	50	230	280	60	$8\frac{1}{3}$	$38\frac{1}{3}$	$46\frac{2}{3}$
7	50	310	360	80	$7\frac{1}{7}$	$44\frac{2}{7}$	$51\frac{3}{7}$
8	50	420	470	110	$6\frac{1}{4}$	$52\frac{1}{2}$	$58\frac{3}{4}$

将表 4-3 各类成本的数量标在坐标曲线图上，就可以得到各类成本的曲线，见图 4-5，从而形象直观地从各类成本曲线的特征上看到各类成本的变动规律。

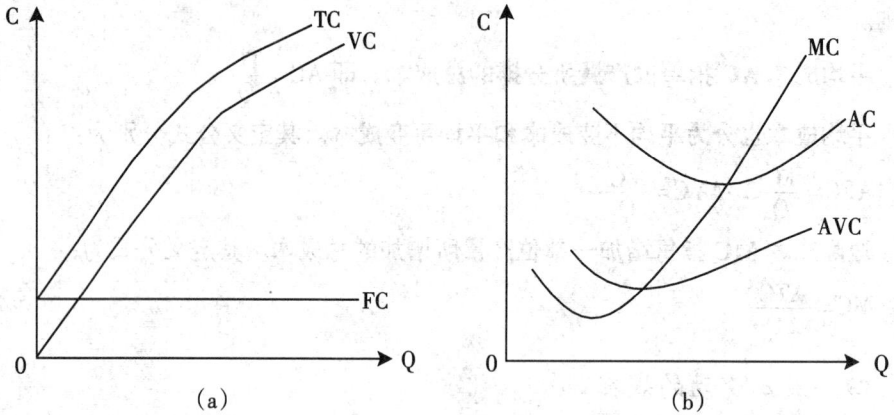

图 4-5　各类成本的曲线

现在来观察各类成本的曲线特征及所反映的各类成本的变动规律。

根据定义 FC 是一条水平线，它不随产量变动。在其上加上随产量增加而增长的 VC 曲线，便得到上升的 TC 曲线。

总成本的变动规律：总成本随产量增加而增长，它表现为不断上升的 TC 曲线。

边际成本的变动规律：边际成本随产量增加呈现出先下降后上升的变动趋势。它表现为 MC 曲线先下降再上升，呈 U 形特征。

平均成本和平均可变成本的变动规律：**平均成本和平均可变成本随产量增加也呈现出先下降后上升的变动趋势。它表现为与 MC 相应 AC 和 AVC 曲线也呈先下后上的 U 形特征。**

经济学关注的是 U 形的 MC 曲线在其上升过程中依次经过 AVC 曲线和 AC 曲线的最低点，这不是偶然现象。其原因在于，当边际成本 MC 小于平均成本 AC 时，MC 会使 AC 降低。当边际成本 MC 等于平均成本 AC 时，MC 便不再使 AC 下降。当边际成本 MC 上升到大于平均成本 AC，MC 必然使 AC 上升。因此，在上升的 MC=AC 之点，必然存在 AC 的最低点。同样，当 MC 曲线通过 U 形的 AVC 曲线的最低点时，在此点以前，MC 使 AVC 下降，因为 MC<AVC，在此点以后，MC 使 AVC 上升，因为 MC>AVC，可见，AC 和 AVC 曲线的变动是与 MC 曲线相关的，是由 MC 曲线决定的。

现在我们来思考为什么 MC 曲线呈现 U 形特征。边际产量 MP 曲线的特征可以理解与边际产量上升阶段对应的是边际成本下降阶段，与 MP 下降阶段对应的是 MC 上升阶段。因为当增加一单位要素投入所增加的产量 MP 是上升的，那么从产量的角度看，增加一单位产量所增加的成本 MC 就是下降的；反之，当增加一单位要素所增加的产量 MP 是下降的，那么从产量的角度看，增加一单位产量所增加的成本 MC 就是上升的。因此，**边际产量递减规律决定了 MC 曲线的 U 形特征和上升趋势。**

五、MC 曲线的意义

上升的 MC 曲线依次经过 AVC 曲线和 AC 曲线的最低点意味着什么？

从供求理论我们知道，成本是企业制定产品供给价格的基础，如果价格低于企业的成本，企业就会亏损而无能力供货。那么企业是依据哪一类成本制定它的供给价格呢？

沿着上升的 MC 曲线上行，到 MC 与 AVC 的交点。如果企业在该点定价，它只能收回它的 AVC，还不能收回 AFC，存在亏损。继续上行至 MC 与 AC 的交点。如果企业在该点定价，它能收回它的全部成本，从而收支相抵。继续沿 MC 上行，超过 AC 最低点，企业不仅能收回它的全部成本，还可获得经济利润。可见，企业是按它的 MC 制定供给价格的，上升的 MC 曲线就是厂商的供给曲线。这一结论在下一章完全竞争市场的均衡分析中还会验证。

以上分析得出成本理论分析的一个重要结论：**即 MC 曲线是供给曲线的基础。或者说，上升的 MC 曲线就是厂商的供给曲线。**MC 是经济学的一个重要概念，具有多方面意义。

六、关于长期成本的变动

长期中，厂商可以根据各要素价格的变动、市场变动、技术的发展等，选择更好的要素组合比例和最佳经济规模。如果企业选择了更好的要素组合比例和经济规模，从而获得规模收益，那么企业的各类成本将水平下降；反之，企业的各类成本将水平上升。因此，**长期中，要素组合比例变动或生产规模变动只影响各类成本的水平上升或下降，并不影响各类成本的变动规律或曲线特征。**

生产同一产品的众多厂商构成一个行业。行业的供给曲线则是各个企业上升的 MC 曲线的水平加总。对于一个自由竞争厂商构成的行业，行业的成本水平上升或下降与单个厂商的成本水平上升或下降是同样的，并不影响各类成本的变动规律或曲线特征。如果一个行业中的个别厂商由于采用了更先进的技术或其他原因，使自己的成本大大低于该行业其他厂商的成本。那么在竞争中，他将把其他厂商挤出该行业，成为该行业的垄断者或寡头。即使如此，也只是他的各类成本水平下降，并不影响他各类成本的变动规律或曲线特征。

　　我们运用生产函数这个抽象分析的工具揭示了边际产量递减规律、替代规律、规模收益这三条生产的基本规律，并分析了其意义。运用成本函数这个工具揭示了边际成本曲线是厂商供给曲线的基础；从而说明了供给曲线背后的原理。

本章总结和提要

　　本章说明了边际产量递减规律、替代规律和规模收益 3 条生产的基本规律，要在生产经营中以最小成本获得最大产量和收益，就要按这 3 条规律行事。边际产量递减意味着边际成本上升，通过对成本变动规律的分析说明了供给曲线的基础。此外，还要理解生产要素在生产中的特性、生产函数的含义和边际量的意义。

思考题

　　1. 仔细说明边际产量递减规律的意义。

　　2. 你能说明劳动密集型产业和资本密集型产业在世界各地流动和分布的原因吗？

　　3. 边际成本有什么重要意义？

　　4. 去一些企业做调查，了解用生产函数能计算出最大产量吗？了解它们是怎样做到使产量最大化的。

　　5. 你如果经营一个企业，你怎样获得规模收益？

第五章 市场论

本章主要内容是对市场机制配置资源的效率进行分析。分析的理论思路是从厂商追求利润最大化的行为出发说明市场机制对追求最大利润厂商的调节和引导，最终会导致一个怎样的资源配置效果。因此，厂商均衡分析不是目的，说明市场配置资源的效率才是本章的目的。

第一节 市场论概述

市场作为经济活动的中心，生产资源的配置和调节、社会财富的生产和分配，以及财富的社会尺度——价格的形成，都是在市场竞争中自然而然解决和决定的。竞争性是市场机制起作用的关键因素。本章进一步讨论市场机制配置资源的效率问题，仍然要抓住竞争性这根主线，并且经济学讨论的市场是指单个商品的市场，有多少种商品就有多少个市场。

一、市场的分类

市场是可以从不同角度分类的。比如，从产品市场划分可以分为：耐用品市场、非耐用品市场、低档品市场、奢侈品市场等。从要素市场划分可以分为：劳动力市场、资本市场、技术市场、土地市场等。由于本章考察和分析的是市场配置资源的效率，而市场竞争程度的强弱对市场配置资源的效率有决定性的影响，所以本章依据市场竞争程度的强弱对市场进行分类。首先，经济学将市场分为两大类：完全竞争市场和不完全竞争市场。对于不完全竞争市场，又依据竞争程度的差别依次分为三个市场类型：垄断竞争市场、寡头市场、完全垄断市场。

西方学者认为，影响市场竞争程度的具体因素主要有以下四点：①同一种产品市场上厂商的数目；②同一种产品的差别程度；③厂商对价格的控制程度；④厂商进出一个行业的难易程度。因此，依据上述因素的差别划分的各类市场的特点如表5-1所示。

表5-1　市场和厂商类型的划分和特点

市场和厂商的类型	厂商的数目	产品的差别程度	对价格的控制程度	进出一个行业的难易程度	市场类型的例子
完全竞争市场	很多	无差别	没有	很容易	金融市场，农产品市场
垄断竞争市场	较多	有差别	有一些	较容易	服装、糖果市场等
寡头市场	几个	有或无差别	相当程度	较难	钢铁、汽车市场等
完全垄断市场	1个	唯一产品	很大程度	很困难	公用事业，水电市场

市场类型和厂商类型是相联系的。例如，如果一个产品的市场是完全竞争市场，那么生产该产品的厂商就是完全竞争厂商。

1. 完全竞争市场

完全竞争市场是众多小厂商生产无差别的同一产品的市场。例如小麦市场。种植小麦的农户众多，而且小麦产品没有什么差别。所以，小麦的价格完全是由市场供求关系决定的。任何一个麦农都无能力控制市场价格。而且进出小麦行业是很容易的。今年可以种小麦，明年可以改种其他作物等。因此，**完全竞争市场是没有垄断、没有管制、没有干扰造成的变形的纯粹的自由竞争市场状态。**

2. 垄断竞争市场

垄断竞争市场是众多厂商生产有差别的同一产品的市场。例如，服装市场。尽管生产服装的厂商众多，但服装产品在质量、花色、款式、品牌等方面存在差别性。所以服装的价格尽管仍是由市场供求关系影响和决定的，但厂商在一定程度上可以依据自己产品在质量、款式等方面的优势控制价格。比如甲的服装比乙的质量好、款式新，甲就可以比乙卖更高的价格。西方学者对垄断下的定义是：**垄断是对价格的控制。**由于产品的差别性使厂商在一定程度上可以控制价格，该类市场就含有了一些垄断因素，是既有垄断又有竞争的市场。但是由于众多厂商之间的竞争，进出一个行业也是比较容易的，竞争性是主要的。现实生活中的大部分市场是垄断竞争市场。该类市场的主要方面是自由竞争的。

3. 寡头市场

寡头市场是指几个规模很大的厂商垄断一个行业的市场。比如，各国的钢铁市场、汽车市场都是几家大厂商垄断的市场。大厂商被称为寡头。寡头之间的竞争一般会导致它们联合起来控制市场价格和瓜分市场。因此该类市场比垄断竞争市场垄断因素更强，竞争程度更低。

4. 完全垄断市场

垄断市场是指独家厂商垄断某种产品的生产和供给的市场类型。由于在同一产品的生产商中没有竞争对手，厂商在很大程度上可以控制产品价格。该类市场垄断程度最高，竞争程度最低。独家垄断市场只是排除了同一产品生产厂商之间的竞争，它还不能完全排除市场竞争。垄断厂商面对的竞争来自：①生产相关产品或替代品的厂商；②不同地域的市场竞争；③消费者。由于消费者的竞争，垄断厂商的垄断价格常常受到政府管制。

二、完全竞争市场模型的意义

尽管完全竞争市场在现实生活中是不多的，但是完全竞争市场模型的分析却具有重要的方法论意义。**因为要考察市场机制配置资源的效率，首先，应该选择一个没有任何垄断因素和干扰的完全竞争市场，才能在一个纯粹的市场状态下说明市场竞争机制对追求最大利润厂商的引导和调节会达到一个怎样的资源配置效果。其次，在说明了完全竞争市场资源配置的效果，才能通过比较说明各类不完全竞争市场中垄断等因素对资源配置效率的损害。最后，现实的市场活动中尽管各种竞争的不完全性经常干扰市场，但是竞争性始终是市场上长久地、持续地起作用的因素。许多竞争的不完全性是转瞬即逝的，因此完全竞争模型的分析有助于理解和说明复杂多彩的现实世界。**从方法论的意义上说，从完全竞争到不完全竞争的分析正是从抽象到具体的分析方法。

萨缪尔森在谈到完全竞争市场模型分析的意义时说："完全竞争模型是假设没有垄断、没有不完全性、没有动态的技术革新及政府的干扰造成的变形等。因此该模型类似于物理学者没有阻力的模型……虽然工程师都知道阻力的存在，他却发现无阻力的模型是个有价值的工具，它有助于说明有阻力的各种情况。我们的理想化的竞争模型也是如此，它有助于理解和说明复杂的现实。因此，它是可以大致描绘现实的。"[①]

正如物理学者运用没有阻力的模型分析建立一种标准，用来测定和说明有阻力的各种情况一样，完全竞争市场模型分析的意义在于**在一个纯粹的市场状态下说明市场竞争机制资源配置最佳效率的标准。**从而帮助人们理解竞争的不完全性和垄断对市场效率的损害。

---

① 萨缪尔森：《经济学》第 10 版，中册，商务印书馆，1982 年版，第 354 页。

第二节　完全竞争市场

一、完全竞争市场厂商面临的需求曲线

根据完全竞争市场的特征，完全竞争厂商是既定市场价格的接受者，他不能控制和影响市场价格。这意味着该厂商所面临的需求曲线是一条水平的需求曲线，沿着这一条线，他可以卖掉任何数量的产品，而不会影响价格。就是说，**在完全竞争市场，市场均衡价格是由供求关系决定的。这个价格对于单个厂商来说，就是一个既定的价格。他只能按这个价格出售他任何数量的产品，他既不能影响市场价格，也不能控制和决定自己产品的价格。因此，这个既定的市场价格，就是单个厂商面临的一条水平的需求曲线。**图 5-1（a）中 $\overline{P}$ 为市场供给曲线决定的均衡价格水平，图 5-1（b）表示这一既定的价格水平就是单个厂商面临的水平的需求曲线。之所以要说明单个厂商面临的水平的需求曲线，是因为水平的需求曲线对完全竞争厂商的收益规律有决定性影响。

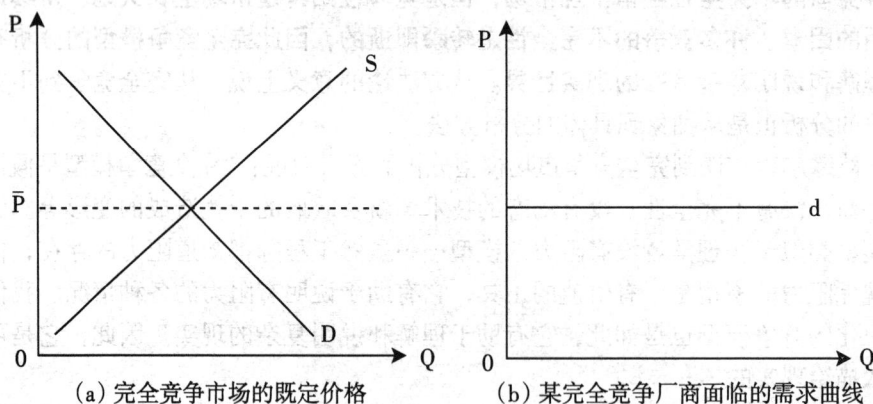

（a）完全竞争市场的既定价格　　　　　（b）某完全竞争厂商面临的需求曲线

图 5-1　完全竞争市场厂商面临的需求曲线

二、完全竞争厂商的收益规律

1. 厂商收益的概念

厂商收益即厂商的销售收入，是销量与价格的乘积，即 Q·P。为分析厂商的收益规律，经济学把厂商收益分为总收益、平均收益、边际收益。其英文简写分

别为 TR、AR、MR，其定义公式分别为：

$$TR = Q \cdot P; \quad AR = \frac{TR}{Q}; \quad MR = \frac{\Delta TR}{\Delta Q}$$

2. 完全竞争厂商的收益曲线

依据完全竞争厂商面临的水平的需求曲线和各类收益的定义公式，可以编制某完全竞争厂商的收益函数表。假定该厂商面临的既定市场价格为 P=5 元。这个价格就是厂商面临的水平的需求曲线，在这个价格水平他可以销售任意数量的产品，表 5-2 中假定他销售了 50~250 单位的产品。后面 TR、AR、MR 各栏的数据是按各种收益的定义公式计算出来的。

表 5-2　某完全竞争厂商的收益函数表

价格 P	销售量 Q	总收益 TR=Q·P	平均收益 AR=TR/Q	边际收益 MR=ΔTR/ΔQ
5	50	250	5	5
5	100	500	5	5
5	150	750	5	5
5	200	1000	5	5
5	250	1250	5	5

将表 5-2 的数字标在图 5-2 坐标曲线图上，就得到完全竞争厂商的收益曲线，它可以形象直观地反映完全竞争厂商的收益规律。

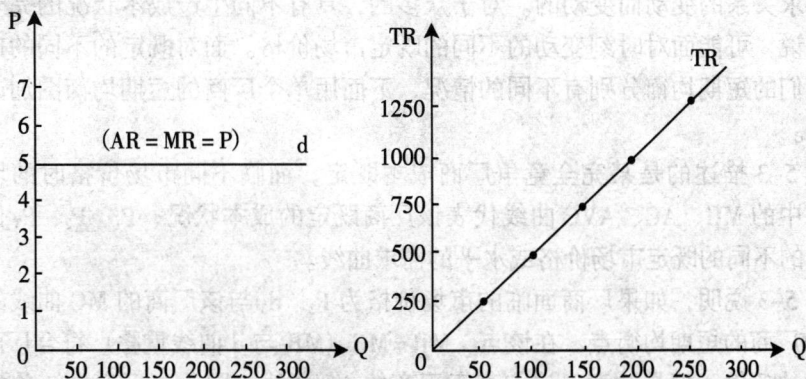

图 5-2　完全竞争厂商的收益曲线

完全竞争厂商的收益曲线具有如下特征：第一，AR 曲线、MR 曲线与需求曲线 d 是重叠的。其意义为，对完全竞争厂商来说，在任何销售量上都有 AR = MR = P。第二，TR曲线是一条由原点出发呈上升趋势的直线。其意义为，对于完全竞争厂商来说，只有通过增加销售量来增加收益。因此，可以把完全竞争厂商的收益规律概括如下：**完全竞争厂商只有通过增加销售量来增加收益，而且在任何销售量上都有 AR＝MR＝P。**

三、完全竞争厂商的均衡分析

1. 厂商实现最大利润的均衡条件

生产论中讨论了产量最大化的条件，这里进一步说明利润最大化的均衡条件。产量乘以价格是收益。收益减去成本是利润。那么厂商如何实现利润最大化呢？很简单，只要厂商销售一单位产品所获得的收益即 MR，大于生产该单位产品所花费的成本即 MC，厂商的利润总额就在增长。直到厂商销售一单位产品所获得的收益不再带来利润的增加，即 MR＝MC，厂商的利润总额就达到最大量。这个道理就和当边际产量 MP 为零时，总产量 TP 达到最大值是类似的。因此，**MR＝MC 是厂商实现最大利润的均衡条件。这一条件适用于完全或不完全竞争的所有厂商。**

2. 完全竞争厂商的短期均衡分析

了解了完全竞争厂商的收益规律和厂商实现利润最大化的均衡条件，现在可以讨论市场机制对追求最大利润的厂商的调节会导致一个怎样的资源配置效果。说明这个问题要通过短期和长期均衡的分析，先讨论短期均衡分析。

我们知道，在一个完全竞争的市场上，市场价格是由供求关系决定的，而且是随供求关系的变动而变动的。对于众多的，具有不同生产成本状况的完全竞争厂商来说，可能面对时刻变动的不同的既定市场价格。面对既定的不同的市场价格，他们的短期均衡分别有不同的情况，下面用单个厂商的短期均衡图加以分析和说明。

图 5-3 描述的是某完全竞争厂商成本既定，面临不同市场价格时的均衡情况。图中的 MC、AC、AVC 曲线代表该厂商既定的成本状况；P_1、P_2、P_3 代表厂商面临的不同的既定市场价格或水平的需求曲线。

图 5-3 说明，如果厂商面临的市场价格为 P_3，d_3 与该厂商的 MC 曲线的交点 E_3 即为厂商的短期均衡点。在该点，MR＝MC（MR 与 d 曲线重叠）符合厂商利润最大化的条件。但是注意，该点高于厂商的 AC 曲线，因此，厂商在该价格销售他的产品，可获得超额经济利润。

如果该厂商面临的市场价格为 P_2，d_2 与该厂商的 MC 曲线的交点 E_2，即为该厂商的短期均衡点。因为在该点，同样有 MR＝MC 的均衡条件。但是注意，该点正好与 AC 曲线相切。厂商在该价格水平销售掉他的产品，正好收回他的全部成

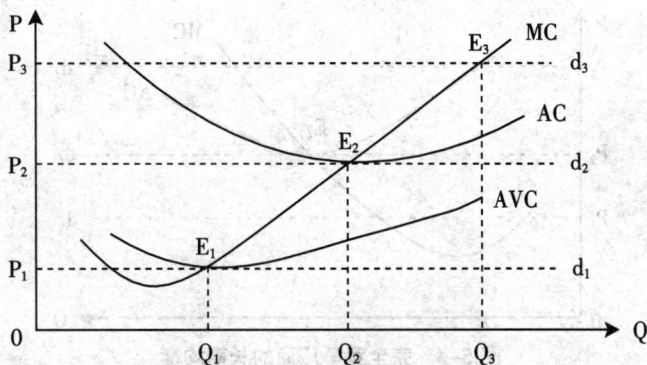

图 5-3 某完全竞争厂商的短期均衡

本，既不亏损，也无经济利润。

如果该厂商面临的市场价格为 P_1，d_1 与该厂商的 MC 曲线的交点 E_1，即为该厂商的短期均衡点。因为该点同样有 MR＝MC 的均衡条件。但是注意，该点正好与 AVC 曲线相切。因此，厂商在该价格水平销售掉他的产品，只能收回他的 AVC 成本。就是说厂商只能补偿他的工资支出，还不能补偿他的设备损耗，厂商存在亏损。

通过上述分析，可以得出以下两点结论：

（1）面对既定的市场价格，完全竞争厂商的短期均衡分别有盈利、持平、亏损三种情况。图 5-3 分析的是单个厂商的成本既定，面对不同市场价格的情况。反过来，在市场价格既定，对于众多的不同成本状况的厂商的均衡分析，道理是同样的。

（2）均衡点 E_1 表明厂商均衡存在亏损，厂商必须采取降低成本的措施。如果无力降低成本，厂商必须停业或退出该行业。因为厂商不能在亏损状态下长期经营，所以该点也称为厂商停止营业点。均衡点 E_2 表明厂商能收回全部成本，所以该点称为厂商收支相抵点。超过该点沿着 MC 曲线上行，厂商获得经济利润，上行越高，利润越大。在每一均衡点上，都有 MC＝P，而且都对应相应的均衡数量 Q_1、Q_2、Q_3。因此，**上升的 MC 曲线确实构成厂商的供给曲线。单个厂商的供给曲线水平加总，就构成行业的供给曲线。**

3. 完全竞争厂商的长期均衡分析

完全竞争厂商的短期均衡分析表明，无论是单个厂商，还是同行业众多的其他厂商，在既定的市场价格下的短期均衡都可能存在盈利、持平、亏损三种情况。但是在一个完全自由竞争的市场上，竞争机制对追求最大利润的厂商起着充分的调节作用。下面用图 5-4 来说明这种调节的结果。

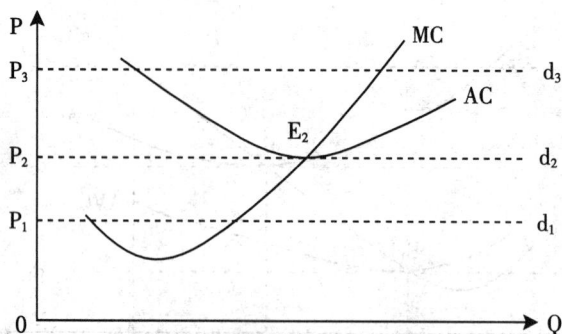

图 5-4　完全竞争厂商的长期均衡

图 5-4 中，MC、AC 代表厂商或行业的成本状况，P 代表价格。假定生产某种产品的同行业的众多厂商最初面临的既定市场价格为 P_3，在该价格水平销售掉产品，许多厂商或整个行业都存在经济利润。厂商是追求最大利润的，该行业的超额经济利润会吸引其他行业的厂商进入该行业，从而使该种产品的产量和供给量增加。根据供求规律，在需求量为既定的情况下，供给量增加，会压低市场均衡价格水平，从而使 P_3 的价格下行，直到 P_2 为止。这时市场均衡价格与 AC 曲线相切，整个行业的超额经济利润消失，其他行业的厂商也就停止进入该行业。因此，经过一个较长时期的调节，该行业的供给量、需求量和价格就达到稳定的均衡状态。

假定生产某种产品的众多厂商最初面临的既定市场价格为 P_1，在该价格水平销售掉产品许多厂商或整个行业存在亏损。在这种情况下，追求最大利润的厂商面临两种选择：一是降低成本以扭亏为盈，二是如果没有能力降低成本只有退出该行业。这样，随着一部分厂商退出该行业，该种产品的产量和供给量减少。根据供求规律，在需求为既定的情况下，供给量减少会使市场均衡价格上升，从而 P_1 会上升至 P_2。这时，市场均衡价格水平与 AC 曲线相切，全行业厂商的亏损情况会消失，厂商也会停止退出该行业，该行业的供给量、需求量和价格达到稳定的均衡状态。

上述分析描述的是完全竞争市场厂商均衡的动态过程。在一个完全竞争的市场上，市场价格是由供求决定的，对每个厂商都是一个既定的价格，众多厂商的成本状态又各不相同，因此短期看各个厂商的均衡难免有盈利、持平、亏损三种情况。但从长期看，随着一些厂商的进入和退出，市场竞争机制会调节生产某种产品的众多厂商都达到既无亏损又无盈利的均衡状态。

通过上述分析，可以得出如下结论：

（1）在完全竞争市场，市场竞争机制会使生产某种产品的众多厂商最终都达到在 E_2 点的均衡。在该点：MR＝MC＝P＝最低的 AC，该行业及厂商既无经济利润也无亏损。

（2）在完全竞争市场，竞争机制不仅能使全行业的厂商以最低的 AC 进行生产，而且通过竞争和某些厂商的进入和退出，竞争机制还可以使该行业能够以数目合适的厂商进行生产。从而可以避免一个行业厂商数目过多所导致的资源浪费。也就是说，可以避免社会资源在生产某种产品上的配置的不合理或低效率。

（3）全行业的厂商都以最低的 AC 进行生产，那么就意味着生产某种产品的社会成本达到最低状态。因此，完全竞争市场，竞争机制会使社会以最低的成本生产某种产品。与第（2）点结合起来，可以说完全竞争机制可以使社会在生产某种产品上的资源配置效率达到最佳状态。这个最佳状态的条件是：厂商的 MR＝MC＝P＝最低的 AC。

以上分析，证明了在没有干扰的情况下，市场竞争机制可以将一个经济社会的资源合理地、最有效率地分配于各种产品的生产上。**最有效率是指：一方面，资源的配置没有浪费（厂商数目合适），社会生产成本最低（最低的 AC）。另一方面，消费者能以最低的价格（P＝MC）获得尽可能多的消费品，从而实现了社会的最大经济利益。**这样，就证明了亚当·斯密那只"看不见的手"的原理的正确性。以上证明过程是萨缪尔森做出的，这是萨缪尔森对市场机制研究的一个重要贡献。

第三节 不完全竞争市场

一、不完全竞争的含义

不完全竞争市场是指多少含有垄断因素，从而对市场竞争机制造成干扰、限制的、竞争性不完全的市场。依据垄断程度的差别，反过来是竞争程度的差别，经济学家将不完全竞争市场分为三种市场形式，见表 5-1。

1. 垄断的定义

西方学者给垄断下的定义是：**垄断是对价格的控制。**通过对完全竞争市场的分析知道，完全竞争厂商是没有经济利润的。原因是完全竞争厂商是既定市场价格的接受者，是受市场价格支配的人。显然，追求最大利润的厂商是不甘心这种状况的。他们在竞争中总是千方百计开发新材料、新资源、新技术或者开发出独一无二的新产品等，努力使自己的产品能比别的竞争对手质量更好，设计更有特色，从而能在一定程度上控制自己产品的价格。就是说比别的厂商卖出更好的价格。这些努力既是厂商追求最大利润的手段，又是使市场竞争出现差别性和产生垄断的原因。可见，**市场竞争一方面促使厂商千方百计降低成本，促使厂商千方百计制造出千差万别、丰富多彩的产品，丰富人们的物质生活；另一方面又使竞争出现差别性和产生垄断。因此，竞争的差别性或不完全性是在市场竞争中自然发展形成的。**

2. 垄断形成的原因

（1）**产品的差别性。**产品的差别性不是指不同产品的差别，而是指同一种产品在质量、款式、花色、品牌等方面的差别。张伯伦认为，"如有差别，则垄断发生，差别的程度越大，垄断的因素也越大"。因为厂商可以根据自己产品的差别性和优势制定较高的价格，从而在一定程度上控制自己的价格。一定程度是说他制定价格仍然要受到供求关系的影响，受到同种产品厂商和消费者的竞争。他制定的价格要与其质量、花色、款式等方面的差别相适应，否则消费者是不接受的。这就是千差万别的同种产品市场上既有不同价格差别，又有激烈的竞争的原因。

（2）**自然垄断。优胜劣汰是竞争的法则。**一些在竞争中开发出新技术、新产品或在其他方面具有优势的厂商在竞争中会逐渐扩大自己的经济实力和生产规模。一旦获得规模收益的优势，他就会以更低的成本优势把其他厂商挤出该行业，自然形成几家大厂商或一家大厂商垄断一个行业的情况。这就是自然垄断。**自然垄断包含的另一层意思是，**从技术上讲，一些行业的生产要求较高的技术水平和较大的生产规模。比如汽车、钢铁、通信等行业。一些在竞争中具有优势的企业，以自己雄厚的经济技术实力优先涉足这些行业，形成规模收益和低成本的优势。一般小厂商是很难与他们竞争的，从而自然形成行业壁垒和垄断。

（3）**对某种生产资源的独占或某种新技术和产品的专利权的独占。**在竞争中，如果企业开发出某种新材料、新资源，那么一定时期中用该材料或资源生产的产品就成为企业独有的产品。企业开发的新技术和产品申报专利，就会受到专利权的保护。在这种情况下，就排除了经济中其他厂商生产同种产品的可能性。独家厂商可以在一定时期内垄断某种产品的生产和供给。

（4）**政府特许。**一些公共服务行业，如自来水、电力行业，需要稳定的供给和价格。政府将这些行业委托给有经济实力和信誉的一家或几家大厂商垄断经营，并根据消费者要求对其价格进行管制。

以上分析表明，垄断因素或竞争的不完全性是在市场竞争的发展中自然形成的。因为，创造出比竞争对手质量更好、设计更有特色的产品，开发新材料、新资源、新技术或者开发出独一无二的新产品等正是厂商竞争和获取最大利润的手段。在竞争中获胜的厂商自然会取得经济规模的优势并走向垄断。**但是，经济学更关注的是垄断因素对资源配置效率的影响。**

二、不完全竞争厂商的收益规律

1. 不完全竞争厂商面临的需求曲线

依据不完全竞争厂商的特征和定义，不完全竞争厂商是在一定程度上能控制自己产品价格的厂商。就是说，面对市场需求状况，不完全竞争厂商可以在高价少销或低价多销的策略上做出选择，控制或确定自己产品的价格。市场需求状况就是市场需求曲线，因此，**不完全竞争厂商面临的需求曲线就是市场需求曲线。它是一条非水平的向右下方倾斜的需求曲线。**说明不完全竞争厂商面临的需求曲线是一条非水平的向右下方倾斜的需求曲线的意义在于，向右下方倾斜的需求曲线对于不完全竞争厂商的收益规律具有决定性的影响。

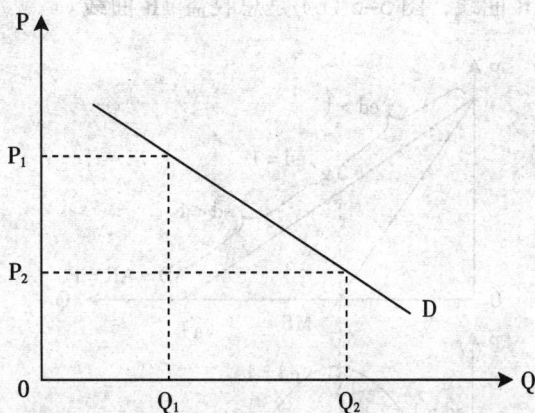

图 5-5 不完全竞争厂商可以在价格和销量上选择

2. 垄断厂商的收益规律

由于不完全竞争厂商都是面临向右下方倾斜的市场需求曲线，他们具有相同的收益规律。下面以垄断厂商为例说明不完全竞争厂商的收益规律。

依据向右下方倾斜的需求曲线和厂商的收益公式，可以编制某垄断厂商的收益函数表。注意，表 5-3 中假定的商品价格 P 和商品销量 Q 两栏的数字是反方向变动的，它代表向右下方倾斜的市场需求曲线。其余各栏的数字是依据各种收益定义公式计算的。

观察该表：①价格和销量的数字反方向变动，代表向右下方倾斜的需求曲线。各栏收益的数字是依据收益公式计算所得。②当价格为 11 时，销售量为 0。这表明，即使是完全垄断厂商，他也不能随心所欲地制定高价。消费者不购买他的产品，他就没有任何收益。

将表 5-3 的数据标在坐标曲线图上，可以得到该垄断厂商的 TR、AR、MR 曲线，它可以形象直观地反映不完全竞争厂商的收益规律。

表 5-3　某垄断厂商的收益函数表

商品价格 P	11	10	9	8	7	6	5	4	3	2	1
商品销量 Q	0	1	2	3	4	5	6	7	8	9	10
总收益 TR=P·Q	0	10	18	24	28	30	30	28	24	18	10
平均收益 AR=TR/Q	0	10	9	8	7	6	5	4	3	2	1
边际收益 MR=ΔTR/ΔQ	0	10	8	6	4	2	0	−2	−4	−6	−8

图 5-6 中的横轴表示商品的需求和销售数量 Q。纵轴表示商品价格 P。图 5-6（a）是 AR 和 MR 曲线，图 5-6（b）是总收益 TR 曲线。

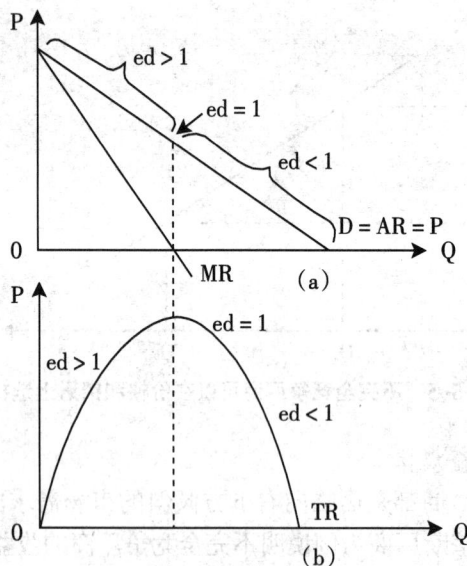

图 5-6　某垄断厂商的收益曲线

　　该垄断厂商的收益曲线表现出如下特征：第一，AR 曲线与需求曲线重合。这意味着在每一销售量上，AR 都等于商品价格。第二，厂商的 MR 曲线也向右下方倾斜，且位于 AR 曲线的左下方。这意味着在每一销量上，厂商的 MR 都小于 AR。第三，厂商总收益 TR 曲线是先上升到最高点后再下降。TR 曲线这一特征的原因在于每一销售量上的MR 值都是相应的 TR 曲线的斜率，即 $MR = \Delta TR / \Delta Q$，因此，当 MR 为正值时，TR 曲线斜率为正，TR 曲线是上升的；当 MR 为负时，TR 曲线斜率为负，即 TR 曲线是下降的；当 MR 为零时，TR 曲线斜率为零，即 TR 达到极大值点。

　　此外，结合需求弹性知识，从图 5-6 中还可看到，当 ed > 1 时，MR 为正值，TR 与销量同方向变动；当 ed < 1 时，MR 为负值，TR 与销量反方向变动。

　　依据曲线特征可以把不完全竞争厂商的收益规律概括如下：**不完全竞争厂商的总收益变动决定于边际收益的变动。当边际收益为正值时，总收益增加和上升；当边际收益为零时，总收益的增加达到最大值；当边际收益为负时，总收益下降。而且，在每一销售量上都有：平均收益等于销售价格，边际收益小于平均收益。**

三、垄断厂商的均衡分析

1. 垄断厂商均衡对资源配置效率的影响

　　依据垄断厂商的收益规律和成本规律，现在来分析追求最大利润的垄断厂商的均衡对资源配置效率的影响。

　　图 5-7 是一个典型的垄断厂商的均衡图形。图 5-7 中的 AR、MR 曲线代表垄断厂商的收益规律。MC、AC 曲线代表垄断厂商的成本规律。厂商依据利润最大化的均衡条件 MR = MC 选择均衡点 E 点所对应的产量 Q_1 和价格 P_1。厂商在 P_1 的价格水平销售掉 Q_1 的产量，可获得垄断利润或经济利润为 P_1HFG 的长方形面积。

　　当然，垄断厂商在市场竞争中也可能会因为种种意外情况出现亏损、持平等情况。如市场需求发生变化，需求曲线降到厂商平均成本 F 点以下，厂商就会出现亏损等。但是，从长期看，厂商都可以通过调整自己的成本或市场份额获得垄断利润，否则他就会被挤出市场。因此，凡是在市场竞争中能生存下来并发展壮大到垄断地位的厂商，其典型的情况是获得垄断经济利润。正如图 5-7 所表现的情况。

　　从图 5-7 中可以看到垄断厂商的均衡具有下列特征：①垄断厂商的价格高于其边际成本，即 P > MC（G 点与 E 点的垂直距离）。②垄断厂商的平均成本 AC，不是最低的 AC（即 F 点不是 AC 曲线的最低点）。

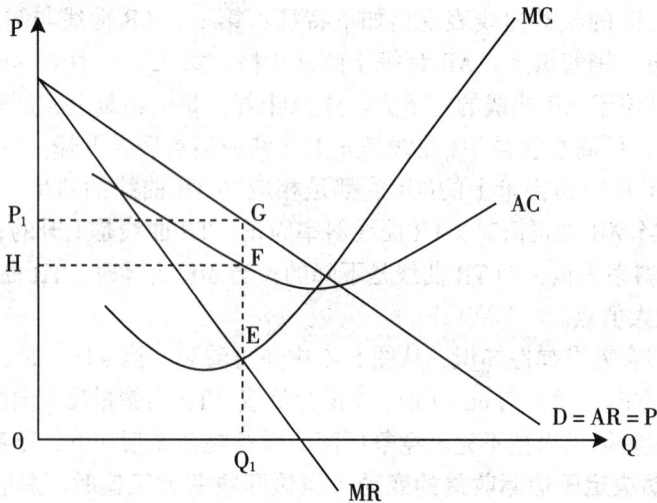

图 5-7 垄断厂商的均衡

上述两点特征表明，对于具有某些垄断势力的厂商来说，通过 MR=MC 取得最大利润的均衡，一方面不会以最低的 AC 进行生产，另一方面又会制定高于其 MC 的市场价格。那么这对社会又意味着什么呢？完全竞争市场均衡分析所揭示的社会资源最佳配置效率的条件：MC＝P＝最低 AC，**上述两点特征意味着一方面社会需要花费较高的成本生产较少数量的产品；另一方面消费者要支付较高的价格，获得较少数量的消费品。所以垄断一方面意味着对社会资源的浪费和利用的低效率；另一方面意味着对整个社会的剥削。**

2. 垄断的危害

萨缪尔森在谈到垄断的危害时说："垄断的最大祸害并不是它榨取垄断利润，而是它规定的垄断价格远远高于社会按照边际成本所决定的价格。"就是说，"垄断的真正祸害是人为造成的 P 与 MC 的背离"。这种背离，一方面造成生产者以较高的成本（高于 AC 的 U 形曲线的最低点）生产较少数量的产品（没有达到产量最大），这就意味着社会资源的浪费和缺乏效率的分配。另一方面，消费者却要为得到过少的产品而支付过高的价格，这意味着对整个社会消费者的剥削。因此，"受到剥削的是整个社会，改变这种状况是反托拉斯政策的一个任务"。[①]

图 5-8 说明垄断造成的社会效率的损失。假定完全竞争市场依据 MC＝P 决定的价格为 P₁，其市场均衡点为 I 点。在该点每个彼此大致相同的消费者都享有马

---

① 萨缪尔森：《经济学》第 10 版，中册，商务印书馆，1982 年版，第 171~193 页。

歇尔所说的消费者剩余。如三角形 P_1IF 的面积所示。当垄断者将价格 P 提高到最大利润的 G 点时，价格为 P_2。消费者损失给垄断者的那部分消费者剩余为表示利润的长方形面积 P_1EGP_2。而消费者得到的消费者剩余仅为三角形 P_2GF 的面积。三角形 GEI 代表什么？它代表无谓的损失，即社会每个人都得不到的好处。因此，消费者所失掉的东西，大于垄断利润。即使用整笔征税的办法来把 P_1EGP_2 取回，还是要损失掉由于缺乏效率而导致的"无谓的损失的三角形"。这对社会及每个人都没有好处。对垄断危害的认识是西方国家反垄断政策的依据。

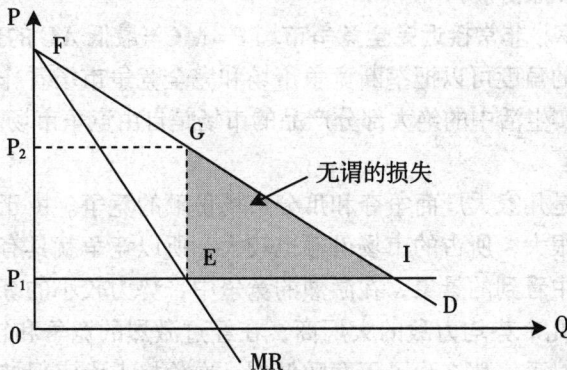

图 5-8　垄断造成的危害

四、不完全竞争的形式

1. 垄断竞争市场

垄断竞争市场的竞争是生产有差别的同一产品的众多厂商争夺一个市场份额的竞争。比如食品市场、服装市场、日用消费品市场等。一般来讲，由于厂商众多，每个厂商所占的市场份额都很小，厂商依据自己产品在质量、品种、花色、款式等方面的差别所制定的较高的价格也只是一定程度上偏离在完全竞争条件下所能决定的市场均衡价格。而且由于竞争激烈，厂商经常要以低于其 MC 的价格抛售过时或过剩的产品。最典型的是服装市场，新品种、新款式上市，厂商把价格定得很高（高于 MC），一过时或到年底，降价抛售（低于 MC）。因此，在有众多厂商竞争的垄断竞争市场上，厂商为争夺市场份额所进行的价格战，从一个较长的时期看，是垄断竞争厂商的价格围绕着完全竞争条件下所能决定的市场均衡价格上下波动，它不会长久地、较大程度地偏离 P=MC 的价格。**这里起决定因素的是垄断竞争市场，是众多厂商之间的竞争。他们不可能在价格上保持一致。**那么取一个较长时期的价格平均值，可以说垄断竞争市场是比较或很接近完全竞争市场 P=MC=最低的 AC 的市场效率的。因为垄断竞争市场尽管多少含有一些垄断因素，但主要还是一个自由竞争市场。垄断因素对自由竞争的市场效率损害程度是较小的，最后可以把垄断竞争市场竞争形式的一些特点归结如下：

（1）**竞争形式。有差别的同一种产品市场上，众多厂商争夺市场份额的竞争。**

（2）**竞争手段。以提高产品质量和创造千差万别的花色、品种、款式展开价格战。**

（3）**竞争结果。市场价格围绕均衡价格上下波动。为消费者提供高质量的、丰富多彩的产品和服务。**

（4）**市场效率。非常接近完全竞争市场 P＝MC＝最低 AC 的效率。**

从市场效率的角度可以把垄断竞争市场和完全竞争市场看作一类，统称为自由竞争市场。现实生活中的绝大部分产品的市场是自由竞争市场。

2. 寡头市场

寡头的竞争是几家大厂商争夺和瓜分市场份额的竞争。由于厂商的数量只有几个，且规模都很大，所占的市场份额也较大。所以竞争就具有了新的特点。正如在现实大商战中看到的景象，在激烈的竞争中，势力较小的寡头会被打败，挤出该行业。最后几个势力均敌的大厂商，在经过激烈的竞争和较量后会意识到，既然谁也打不败对手，那么为了不两败俱伤，在价格上大家保持一致，各占据自己的市场份额，对各方都是有利的。因此，寡头之间的竞争最终会形成几个大厂商联合起来，以默契或公开的形式共同维持垄断价格瓜分市场的局面。这个局面一旦形成，也就和独家厂商垄断一个行业基本上是一样的。但寡头之间的联合或合作也受到许多因素限制。如果寡头之间的联合不能形成，那么寡头之间的竞争将导致完全竞争的效果。

寡头之间的竞争是真正意义上的商业战争。实力强大的寡头们力图以价格为武器，击败对手，占据对手的市场份额。因为寡头只要使自己产品的价格比其他对手哪怕低 1 元钱，就会将其他寡头的生意抢走，占据其市场地盘。**决定战争胜负的因素很多，概括起来，主要有以下几个方面：**

（1）**武器，即价格。**为了降低成本和保持价格优势，寡头们很重视资源、技术的开发和人才的争夺，这就是大厂商都有自己庞大的开发研究中心的原因。除开发新材料、新资源、新技术外，寡头们也很重视技术专家、管理人才的争夺和高素质员工队伍的培养。

（2）**人心。**即了解和满足消费者的愿望和要求，以获得消费者的好感。大厂商都有自己庞大的市场调查机构，广告宣传队伍及售后服务系统。这些机构是在做争取消费者人心的工作。

（3）**战机。市场运行的起伏为厂商提供不同的机遇。研究和预测市场运行规律，则为捕捉战机的重要条件。**

（4）**阵地。精明的厂商都会将自己的实力不断地从夕阳产业转移至朝阳产业，以在商战中占据有利的阵地。**

了解上述商战战略四要素，就能观察到现实中许多的商战实例，并分析它们成败得失的原因。除战略以外，还有战术方面的问题。西方学者用博弈论试图解释和分析寡头市场商战中的战术和策略问题以及对竞争各方的影响。

博弈论主要是由约翰·冯·诺伊曼（1903~1957）创立。博弈论这个术语本来是用在棋弈、桥牌和战争中的。下棋的双方，当一方走一步时，如果他是高明的棋手，他就会猜测和考虑到对方会有怎样的反应，以及采取怎样的策略走下一步。双方都如此较量，就是博弈。**萨缪尔森将博弈论的实质概括为，"两个（或两个以上）自由意志者，可以自行选择影响到双方的策略"。**[①]下面我们就引用萨缪尔森的图形，举一个商战的例子，了解博弈论的一般意义。

图 5-9 说明寡头之间的价格战。长虹和康佳是我国彩电业的两大巨头，占据我国彩电业市场的绝大部分市场份额。它们之间曾经的价格战是有目共睹的。在长虹公司宣布大幅度降低长虹彩电的价格后，康佳公司为了不失掉自己的市场份额紧接着也宣布康佳彩电降价，幅度与长虹公司差不多。图 5-9 中的垂直箭头表示长虹公司的削价，水平箭头表示康佳公司与此相抗衡的削价。正像长虹和康佳在下棋，轮到长虹走时，它在上下方向移动；轮到康佳走时，它在左右方向移动。结果下完这盘棋，双方都归于破产，因为价格降到零。

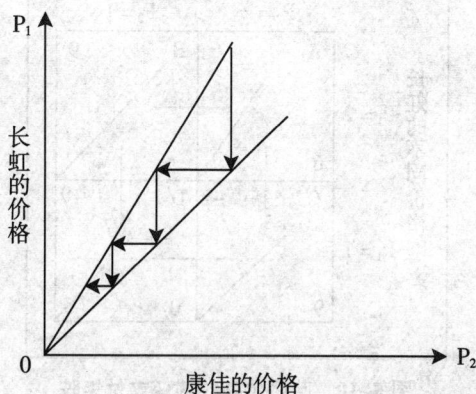

图 5-9　长虹和康佳的削价战

[①] 萨缪尔森：《经济学》第 10 版，中册，商务印书馆，1992 年版，第 171~173 页。

　　当然，一种情况是双方不会走到这一步就会聪明起来。长虹会意识到，当它降低 P_1 时，对手的 P_2 不会保持不变，会随着 P_1 而降低。原先以为降低 P_1 就会获得更大的市场份额和利润的想法是不明智的。事实上，当康佳做出同样的削价反应时，双方都会向左下方移动，结果双方都只获得更少的利润。因此，明智的办法是双方在价格上能达成一致，把价格抬高到垄断水平。使双方的利润都达到 $P > MC$ 的最大点的均衡。另一种情况是双方在价格上的联合或合作难以达成，一直竞争下去，结果双方的利润都降为零，达到完全竞争市场的均衡。

　　上述竞争策略的结果还可以用"博弈支付矩阵"来表示和说明。图 5-10 中，长虹可以选择不同的 P_1 所代表的策略，即选择某一个竖行。康佳可以选择不同的 P_2 所代表的策略，即选择某一个横行。在 A、B、C、D 四个方框中，左下方的数字表示长虹在不同的价格下所能取得的利润。右上方的数字表示康佳所能取得的利润。例如在 A 方框中，双方的共同利润为 6+6（万元），代表在共同的垄断价格（2 元 = P_1 = P_2）下所能取得的最大利润。假定，A 方框的情况是不稳定的，因为如果长虹以为康佳只会停留在这个方框中，它会把 P_1 降低到 C 框，从而占有市场的大部分份额，得到的利润为 9，它给康佳设定的利润为-2。然而实际上，康佳不会不做出反应，将自己的市场份额让给对方，它当然也会将 P_2 降为 1 元，使自己进入 B 框。在 B 框，康佳为自己设定的利润为 9，为长虹设定的利润为-2。结果双方都进入 D 框。

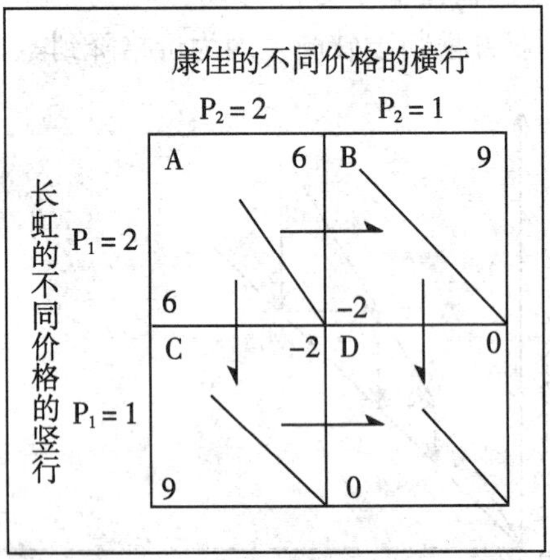

图 5-10　萨缪尔森的博弈支付矩阵
（公司名称改为我国读者熟悉的长虹和康佳）

　　在 D 框，康佳选定的横行里，0 是长虹所能得到的最大利润。而在长虹选定的竖行里，0是康佳所能得到的最大利润。结果双方的利润都为零。处在完全竞争条件下的均衡状态。

上述博弈理论的分析表明，寡头之间的竞争最终会导致两种结果：

第一种结果是，D框中的均衡是不稳定的。因为寡头们不会不明智到这个地步，以致谁也得不到利润。他们最终会勾结或联合起来，在价格上达到默契和一致，从而使均衡从D框移到A框，实现最大垄断利润的均衡。在这种情况下，就会看到寡头市场与垄断竞争市场的一个重要差别：**寡头市场的价格不会围绕完全竞争条件下决定的市场均衡价格上下波动，而是稳定地、长久地偏离均衡价格，即P＞MC。**因为寡头们在竞争中一旦达成价格上的默契和一致，该价格就是难以变动和伸缩的。就是说具有刚性。如果哪一个寡头轻易改变价格，就意味着对其他寡头宣战，会引起新的价格和市场争夺的战火。因此，"和平共处，不要轻易发动战争"是寡头市场"价格刚性"的重要原因之一。

第二种结果是，寡头之间难以达成默契和合作，一直竞争下去，结果就是D框中的均衡，双方的利润都为零，达到完全竞争条件下的均衡。萨缪尔森和诺德豪斯认为，"在现实生活中，存在许多阻碍有效勾结的因素。①勾结是非法的。②企业可能通过对所选择的顾客降低价格以增加其市场份额来欺骗协议中的其他成员。在价格保密，产品有差别，企业数目不止几个，或技术变化迅速的市场上，秘密降低价格的可能性更大。③随着国际贸易的不断深入，许多公司不仅要应付国内竞争，还要迎接外国企业的激烈挑战"。因此，"在不完全竞争领域，一些重要的结论如下：①随着不合作或竞争性寡头的增加，一个产业的价格和产量趋向于完全竞争市场的产出情况。②如果企业决定相互勾结，而不是相互竞争，市场价格和数量将接近于垄断所产生的价格和数量。③在许多情况下，不存在寡头的稳定均衡……战略的相互作用可能导致不稳定的后果"。①第③是说，寡头之间竞争的两种结果都不是长期稳定的。两种情况都可能互相转化。所谓合久必分，分久必合，只是时间长短的问题。

寡头竞争形式的一些特点如下：①竞争形式，同一产品市场上，几个大厂商争夺和瓜分市场份额的竞争。②竞争手段，以雄厚的经济实力展开价格战。③竞争结果，第一种情况，勾结性寡头，即寡头之间达成联合，那么寡头垄断价格长期稳定地偏离完全竞争的均衡价格；第二种情况，竞争性寡头，竞争的价格和产出将接近完全竞争市场。④市场效率，勾结性寡头与完全垄断基本相同，即P＞MC。竞争性寡头则接近完全竞争的市场效率。

---

① 萨缪尔森、诺德豪斯：《经济学》第16版，华夏出版社，1999年版，第142~144页。

依据以上特点，从市场效率的角度，可以把勾结性寡头市场与完全垄断市场看做一类，统称为非竞争市场。非竞争并不是没有竞争，而是竞争程度很低。竞争性寡头则可以归到自由竞争市场。

本章总结和提要

本章用完全竞争市场和垄断市场的比较分析证明了市场制度是最有效率的社会经济制度，并说明了垄断对市场效率的危害。依据以上研究，经济学家认为，应该尽量限制垄断因素危害，提高市场的竞争效率，这也是反垄断法的经济学依据。

思考题

1. 萨缪尔森是如何证明市场制度效率的？你认为他的证明是否成立？

2. 在市场竞争没有干扰的情况下，市场竞争会使经济效率达到最优，这个最优状态的标准和条件是什么？它对生产者和消费者意味着什么？

3. 什么是垄断？垄断的危害是什么？反垄断符合谁的利益？

4. 为什么寡头之间的竞争最终会导致两种不同的效率结果？

第六章　要素市场的价格决定和财富分配

本章对构成市场系统的分配环节，即要素市场的供求关系及价格决定进行分析。正如我们在市场系统循环图中所看到的，在要素市场上，劳动、资本、土地、技术等各要素的所有者（公众）以要素供给者的身份出现在市场上，厂商则作为要素的需求者出现在市场上，通过要素市场供求双方的竞争、比较、权衡及所决定的要素价格和交易数量，各要素的所有者依据要素市场决定的各要素价格和自己提供的要素数量获得收入，社会财富自然而然以工资（劳动的价格）、地租（使用土地的价格）、利息（货币资本的价格）、利润（企业资本的价格）等形式分配给各要素的所有者。例如，美国制造业劳动力市场供求关系决定劳动的价格为 17 美元/小时（劳动的价格以小时工资表示），如果你是一个美国制造业的工人，你一年提供 1500 工作小时的劳动供给（每周工作 35 小时，一年工作 43周），你一年可获得工资收入 $17 \times 1500 = 25500$ 美元。就是说，市场以工资的形式把 25500 美元的财富分配给你。可见，社会财富的分配问题，也就是各要素价格的决定问题，因为各要素价格的不同或变动，每个社会成员分得的财富就有很大的不同，而这些又都是市场经济系统自然而然调节和解决的。本章只是从理论上说明市场系统对社会财富的分配是依据什么原则进行的，以及存在一些什么问题。

社会财富的分配问题是涉及全体社会成员（各要素所有者）的切身利益问题，也是社会最敏感的问题。劳动与资本的对立和冲突的根本原因就在于财富分配上的巨大差距。是谁在分配社会财富？是社会的统治者或管理者吗？不是，是市场。那么市场又是依据什么原则分配社会财富的呢？为什么有人富有人穷？它公平吗？怎样促进社会财富的公平分配？这些问题不仅是社会成员关注的问题，也是经济学家深入探讨的问题。

第一节　生产要素的需求

生产要素的价格也是由要素市场的供给和需求决定的，本节分析要素市场的需求方面。

如上所述社会财富分配问题也就是讨论工资、地租、利息等要素价格的决定问题。但问题并不这么简单，财富分配问题是直接和财富生产相联系的。在社会生产函数 $Q = f(L, K\cdots)$ 中，我们只知道社会总产品 Q 是劳动、资本、土地、技术等各要素相互依赖、共同生产的，但不知道在总产品 Q 中，各要素各自的贡献份额是多少。如果我们知道在总产品 Q 中各要素各自的贡献份额是多少，那么各要素按各自的贡献在总产品 Q 中获得各自的份额，即谁创造多少财富，谁获得多少收入，那么财富的分配就是公平合理的，社会成员也不会在财富分配问题上产生分歧和争论。正是由于我们不知道在总产品 Q 中，各要素各自的贡献份额是多少，那么，市场机制或供求关系又是依据什么原则将总产品 Q 分配给各要素呢，它公平合理吗？这是长期困扰经济学家的一个难题，被称为分配之谜。19 世纪末，美国经济学家约翰·B. 克拉克提出了各要素依据其边际产品或边际产出率得到各自在总产品 Q 中的相应份额的理论，即边际生产率分配论。或者说，市场机制是依据各要素的边际产出率将总产量 Q 分配给各要素的，对这个难题提出了一个解释。这个解释被西方经济学界认可，克拉克也因此享有盛誉。从此，克拉克的边际生产率分配理论成为要素需求曲线背后的原理和基础。

一、要素需求的两个特征

西方学者认为，在要素市场上，厂商对要素的需求与在产品市场上消费者对产品的需求相比，有两个不同的特征。

1. 厂商对要素的需求是"引致需求"

"引致需求"的含义是说厂商对要素的需求是由消费者对产品的需求引起的。因为要素不能用于消费，只能用于生产产品。如果消费者不需要产品，厂商也就不会需求要素。所以，要素的需求曲线可以直接由产品的需求曲线派生出来，见图 6-1。要素需求的这一特征还引起了一个重要的经济后果，即厂商对要素的需求量取决于该要素的边际产品价值与厂商购买一单位该要素所需支付的价格（要素的边际成本）之比。例如，如果厂商增雇一个工人每小时增加生产的产品价值是 4 元，而支付给该工人每小时工资为 5 元，那么厂商就不会雇用该工人了。

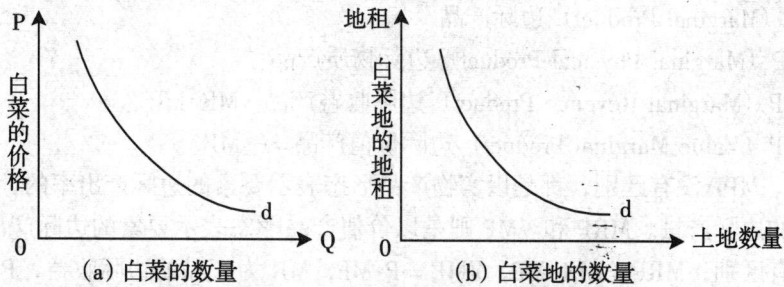

图 6-1　对商品的需求引致对生产要素的需求

图 6-1 表明，白菜地的需求曲线是由白菜的需求曲线引致的或派生的。当白菜的需求曲线向上移动时，白菜地的需求曲线也会向上移动。

2. 厂商对要素的需求是"共同的相互依赖的需求"

这个特征来自生产的技术要求。**它的含义是，由于各种生产要素在生产上是相互依赖和相互竞争的，每种要素又是不可缺少的，所以厂商对要素的需求就是共同的和相互依赖的需求。**这一特征产生了一个重要的经济后果，即厂商对每一种生产要素的需求量，不是单独取决于该生产要素自己的价格，而是取决于一切生产要素的价格。例如，一个厂商在考虑对劳动的需求量时，它不仅要考虑劳动的价格，还要考虑资本的价格，如果资本价格便宜，他就会增加资本需求量来在一定程度上替代劳动，减少劳动的需求量。可见，**这一特征直接影响各要素参与产品的分配，即在财富分配上，各要素是相互竞争的。**如果资本（机器）要求的价格过高，厂商会减少资本的需求量，增加劳动的使用量，资本得到的收入或分得的财富反而会减少。同样的道理，如果劳动要求的价格过高，厂商会减少劳动的需求量，增加资本的使用量，劳动得到的收入或分得的财富也会减少。因此，在社会财富的分配上，不是哪个生产要素要求多高的价格，就可以分到多少财富的。市场供求机制在各要素价格之间有一个协调和均衡的作用。

要素需求的两个特征决定了厂商使用要素的两个原则。这两个原则也是影响要素需求的两个因素。

二、厂商使用要素的两个原则

1. 两个概念

（1）要素的边际产品和要素的边际产品价值。它是指在其他条件不变的情况下，每增加一单位某种生产要素所增加的产品或产品价值。要素的边际产品和边际产品价值用下列符号表示：

MP（Marginal Product）边际产品

MPP（Marginal Physical Product）边际物质产品

MRP（Marginal Revenue Product）边际收益产品 $= MR \cdot MP$

VMP（Value Marginal Product）边际价值产品 $= P \cdot MP$

MP、MPP 没有区别，都是以实物产品形态表示要素的边际产出率的，也即生产论中的边际产量。MRP 和 VMP 则是以价值产品形态表示要素的边际产出率的，但二者有区别，$MRP = MR \cdot MP$，$VMP = P \cdot MP$，MR 为产品的边际收益，P 为产品的价格。如果是完全竞争市场，有 $MR = P$，则 $MRP = VMP$；如果是不完全竞争市场，有 $MR \neq P$，则 $MRP \neq VMP$。有的西方学者认为分配问题也要考虑不完全竞争的影响，所以有了 MRP 和 VMP 的区分。但是我们认为，讨论市场机制分配社会财富的一般原则，也要在没有干扰的纯粹的市场状态下进行。因此本章的分析和讨论的基本前提是完全竞争市场，这是本章的重要假定，所以 $MRP = VMP$。

（2）**要素的边际成本。它是厂商增加购买一单位某种生产要素所支付的价格或代价。**由定义可知，MFC=要素的价格。

2. 两个原则

（1）**第一原则：MRP = MFC。**即厂商使用的要素的边际收益产品要等于要素的边际成本。如何理解这一原则的意义呢？厂商收益最大化的条件是 MR=MC，这一条件也支配着厂商使用要素的原则，当厂商使用某要素的边际收益产品 MRP 大于其边际成本 MFC 时，厂商增加使用该要素的数量会使企业的总收益增加，但由于要素的边际产量或边际收益递减，随着该要素使用数量的增加，直到 $MRP = MFC$ 时，厂商的总收益达到最大化的均衡点，这时，厂商再增加使用一单位该要素，不会带来收益的增加，厂商就不会再增加该要素需求量了，这一原则表明，厂商对要素的需求量是和厂商利益最大化的均衡目标相联系的。$MR = MC$ 的条件适用于完全竞争和不完全竞争的所有厂商，所以 MRP=MFC 也是如此。买方垄断的情况有所不同，但我们讨论的是市场机制分配财富的一般原则，这种一般原则只有在完全竞争的条件下才能体现。从抽象分析方法的角度讲，对这种极个别的情况没有必要展开分析了。

（2）**第二原则：$\dfrac{MRP_L}{W} = \dfrac{MRP_K}{R}$。**厂商使用要素的第二原则是各要素的边际收益产品与其价格之比要相等。该原则是由要素需求的第二特征引起的，该等式的含义是，厂商花在购买各要素上的每元钱所带来的边际收益产品相等。否则，替代规律会使厂商重新调整对各要素的需求数量。

上述对厂商使用要素两个原则的分析表明，厂商对各要素的需求数量是与厂商最大产量的均衡或最大利润的均衡相联系的。

三、要素需求曲线的基础

要素需求特征的分析，说明要素的需求曲线是直接从产品的需求曲线派生出来的；使用要素的原则分析说明厂商对要素需求的数量是和厂商最大产量和利润的均衡相联系的。下面讨论要素需求曲线的基础，即克拉克的边际生产率分配理论。该理论说明了要素需求曲线背后的原理。

克拉克的思路是这样的：对一个既定的生产函数，$Q = f(L、K\cdots)$，只知道总产品 Q 是各要素共同生产的产品，但不知道各要素各自的贡献份额是多少，那么市场供求机制是依据什么原则把总产品分配给各要素的呢？它公平合理吗？

为分析简便，假定只有 L、K 两个要素来分配这个总产品，即生产函数为 $Q = f(L、K)$。先讨论工资，即劳动份额的决定。依据劳动的边际产品或边际收益产品递减规律，以及厂商使用劳动要素的原则，MRP = MFC 和 MFC = W 的关系，可以编制下列劳动的边际产品和边际收益产品表（见表 6-1）。

表 6-1　劳动要素的边际产品或边际收益产品

要素数量 L	L 的边际产品 MP_L	产品价格 P	MRP 或 VMP=MP·P	要素价格 W
1	10	2	20	20
2	9	2	18	18
3	8	2	16	16
4	7	2	14	14
5	6	2	12	12
6	5	2	10	10
7	4	2	8	8
8	3	2	6	6

表 6-1 中，要素数量 L 一栏，假定厂商对劳动要素的使用或需求由 1 单位增至 8 单位。劳动的边际产品 MP_L 一栏，依据边际产量递减规律，假定当劳动使用量为 1 单位时，其边际产品为 10 单位，当劳动使用量增至 2 单位时，增加的这一单位的劳动的边际产品为 9 单位，当劳动使用量增至 3 单位时，增加的第三单位的劳动的边际产品为 8 单位，以下类推。产品价格 P 这一栏，假定在完全竞争的产品市场上，劳动要素的产品为一个既定的市场价格 2。劳动的边际收益产品 MRP 和边际价值产品 VMP 一栏，由于完全竞争市场 MR = P，所以 MRP = VMP = MP·P，即该栏的数字是边际产品与产品价格的乘积。要素价格 W 一栏，由于使

用劳动要素的 MFC＝W，在完全竞争市场，厂商需求要素的原则为 MRP＝MFC＝W，该栏的数字与 MRP 一栏相同。

将表 6-1 中劳动的 MP 和 MRP 的数字与劳动需求量或使用量的对应数字标在坐标曲线图上，就得到劳动的边际产品曲线和劳动的边际收益产品或需求曲线。

从图 6-2 中看到，劳动的 MP 曲线（a）乘以价格 2 就得到劳动的 MRP 曲线（b），而且 MRP 曲线与劳动要素的 W 线重叠。这表明：要素的边际产品或边际收益产品递减规律是要素需求曲线的基础，或者说要素需求曲线背后是要素的边际产品或边际收益产品曲线。图中 S 曲线代表 5 单位（或 5 个人）劳动使用量或供给量，即劳动的供给曲线。

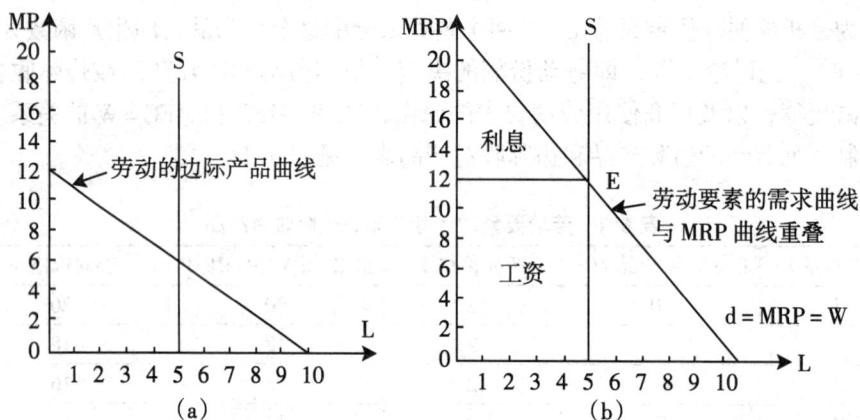

图 6-2　劳动的边际产品曲线和 MRP（需求）曲线及国民产品的分配

现在继续讨论工资份额的决定，假定厂商雇用或使用了 5 个工人，从图 6-2（b）上可以看到，第一个人的 MRP 很大，是 20 元（10 单位 MP×2）；第二个人的 MRP 为 18 元；第 5 个人的边际收益产品为 12 元。那么如何确定这 5 个人的工资呢？因为他们都是同样的人，只能得到相同的工资，是第一人的 MRP，还是第 5 人的 MRP？克拉克和萨缪尔森认为，在自由竞争的条件下，如果厂商支付给第 5 个人的工资超过他的 MRP，他就不会雇用第 5 人，所以一切被雇用的工人只能得到最后一人的最少的 MRP 作为工资。即 6 单位 MP 乘以 2 元的产品价格等于 12元（MRP）。该厂商支付的工资总额为 5×12＝60 元（见图 6-2（b）中的长方形面积）。

同样的道理可以说明国民生产总值中的工资份额的决定，假定全国工人总数为 500 万人，那么工资总额为 500 万×12＝6000 万元。

那么，第一人或其他人超过最后一人的 MRP 部分哪去了？它留在厂商手里，构成利息或利润，即资本的收入，见图 6-2（b）中三角形的面积。那么这不是资本剥削劳动吗？不要着急，让我们换一下图 6-2 中的符号，来考察资本份额的决定。假定图 6-2 中横轴代表资本的数量，纵轴代表资本的 MP 或 MRP。资本的边际产品或边际收益产品递减，构成图中资本需求曲线的基础。假定资本的使用数量（供给量）也为 5 个单位，那么同分析劳动一样，现在图中方框部分就是根据第 5 单位资本的 MRP 所决定的利率水平及所有资本所得的利息收入部分。图中的三角形面积则是前面几单位资本多的 MRP 部分构成的工资收入，那么这是不是劳动剥削了资本了呢？显然都不是，这只是以一种抽象的方式来说明，各要素的收入是由它们的边际产品或边际收益产品决定的。

这样，克拉克用这种简单的方法抽象地说明了各要素的收入是依据其边际产品（或边际收益产品）得到它在总产品 Q 中的相应份额的。由于在完全竞争条件下，P 是个常量，可以省略掉。这样 MRP 也可省略为 MP，克拉克的结论可表示为：

工资 = 劳动的边际产品 MP_L

利息 = 资本的边际产品 MP_K

……

以下以此类推。

克拉克的说明方法过于简单，以致人们疑惑这个结论是否成立。为了消除这一怀疑，西方学者用欧拉定理证明了克拉克的结论是成立的。证明过程如下：

克拉克的结论可表示为下述公式，假定 $Q = f(L、K)$

$$Q = L \cdot MP_L + K \cdot MP_K \tag{1}$$

即总产量等于劳动要素的投入数量乘以劳动的边际产品加资本要素的投入数量乘以资本的边际产品。如果能够证明该式两边正好相等，那么克拉克的结论就能成立。

由于 MP_L 可以表示为 $\frac{\partial Q}{\partial L}$，$MP_K$ 可表示为 $\frac{\partial Q}{\partial K}$，所以（1）式可表示为：

$$Q = L \cdot \frac{\partial Q}{\partial L} + K \frac{\partial Q}{\partial K} \tag{2}$$

在完全竞争和其他条件不变情况下，欧拉证明（2）式等式两边相等。该式表明，总产量 Q 百分之百分配给各要素，不多也不少，因此（2）式被称为产量分配净尽定理或欧拉定理。

这样，欧拉定理证明了克拉克的要素边际生产率分配理论是成立的。它说明市场机制是按各要素的边际产品或边际产出率来分配社会总产品的。

至此，我们就完成了要素需求方面的分析，我们可以把本节分析的结论总结如下：

（1）要素的需求曲线是直接从产品的需求曲线派生出来的。

（2）要素的需求数量是和厂商最大产量和利润的均衡相联系的，或者说是生产函数决定的。

（3）要素需求曲线的背后是要素的边际产品或边际收益产品曲线，要素的边际产品递减规律是要素需求曲线的基础。它表明市场机制是按照各要素的边际产出率来分配社会总产品的。

综上所述，决定要素需求曲线的因素有：产品的需求、生产函数、要素的边际产出率。以上三点适用于所有要素需求曲线的说明。

第二节　劳动的供给及工资的决定

一、工资的定义

工资是劳动的价格，或劳动要素的价格。工资可分为名义工资和实际工资。名义工资是以当年货币额表示的工资。实际工资是指货币工资在一定时间和地区的实际购买力。

例如，美国 1966 年到 1976 年名义货币工资增长了 100%，而这一时期物价水平上涨了 50%，那么以货币工资指数比价格指数 200/150＝4/3，表明实际工资只增长了 1/3。

二、劳动的供给曲线

劳动的供给曲线受到以下三个因素的影响：

1. 人口数量及劳动力占人口的比例

人口数量过多，会使劳动要素的供给大于需求而压低一般工资水平。这也是世界上人口密度大的国家一般工资水平较低的原因。

2. 劳动力的质量

劳动力质量包括劳动力的技术水平、工作态度、受教育程度等多方面因素。一个高质量的劳动力相当于几个、几十个一般劳动力的供给。

3. 周或年工作小时

在前两项为既定的前提下，劳动的供给数量是以工作小时来衡量和计算的，而且这一项对经济学特别有意义，是因为一方面劳动的供给和需求决定一般工资水平，另一方面工资水平对每年的工作小时的供给会产生增加或减少两方面的影响。

假定一个劳动者每周愿意提供 35~40 小时的劳动供给，那么其余的时间就是闲暇时间。经济学家把公众对劳动的供给看做是在劳动和闲暇之间做出选择。劳动可以获得工资收入，但要受累；闲暇可以获得享受（效用），但要付出代价，即放弃收入机会（机会成本）。一般来讲，工资水平较低，公众会选择增加劳动供给替代闲暇，以获得更多的收入，经济学家把它称作替代效应。工资水平较高时，人们收入高，比较富裕可能会使人们倾向于减少工作时间、多享受闲暇的选择，经济学家把它称作收入效应。但另一方面，小时工资率较高，意味着每小时闲暇的机会成本也较高，这也可能使人们减少闲暇时间，增加劳动时间。一般来讲，随着收入提高，人们有能力享受更多的闲暇，收入效应会大于替代效应。这也是经济学家把劳动的供给曲线画成先上升后弯曲形状的原因。

如图 6-3 所示是一般的劳动的供给曲线。在 C 点以下，替代效应大于收入效应；在 C 点以上收入效应大于替代效应。

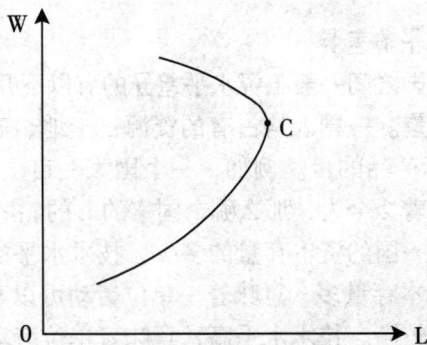

图 6-3 劳动的供给曲线

三、一般工资水平的决定

劳动的需求曲线与供给曲线的交点，即劳动市场的均衡点，它决定一般工资水平和就业的劳动数量，见图 6-4。

我们不要忘记供求曲线背后的因素。这些因素通过影响供求曲线的变动来影

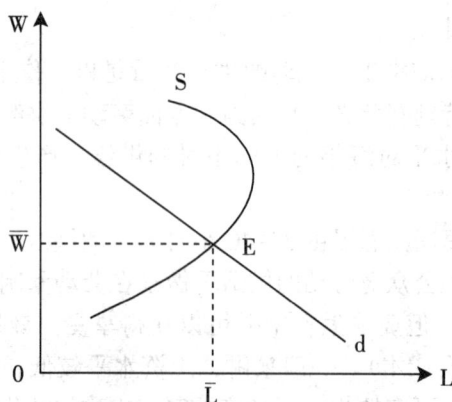

图6-4　一般工资水平的决定

响一般工资水平的变动。

四、工资的国民差异

以上我们只是说明了一般或平均的工资水平的决定。现实的经济生活中工资的差别是很大的，不仅各国的一般工资水平不同，而且一国之内，不同地区、不同岗位、不同职业、不同人群的工资差别也很大。工资理论需要对这些差别做出解释。

1. 各国一般工资水平的差异

一般来讲，造成各国之间一般工资水平差异的有以下几个因素：

（1）**人均资源占有量**。一国人均占有的资源：土地、矿产、森林等的量，直接影响单位劳动的边际产品的量。例如，一个国家一亩土地上站着10个人，另一个国家一亩土地上站着2个人，那么哪个国家的L的MP高是很明显的。

（2）**资本和技术**。一国的资本存量的多少，技术水平的高低，对劳动的边际产出率有重要影响。资本存量多，意味着一单位劳动可以和较多的资本共同发生作用，其MP自然也比较高。技术水平高，意味着单位劳动的质量高，其生产率水平也高。

（3）**人口的数量**。前面我们已经谈到人口数量过多，在劳动需求既定的情况下，会压低一国的一般工资水平。自第一次世界大战以来，美国人担心大量移民涌入美国，会降低他们的生活水平，所以美国实行了严格的限制移民的政策。萨缪尔森认为，这是在工资市场上干扰自由竞争的显著例子。通过限制劳动供给数量，移民政策把美国的工资保持在高水平上。由此可以得到这样一个基本原理："相对于所有其他生产要素而言，如果对任何级别的劳动供给加以限制（或者是

表 6-2　各国一般工资水平的差异

制造业的一般工资水平	
地区	美元/小时 1995 年
德国	31.88
日本	23.66
美国	17.20
意大利	16.48
英国	13.77
韩国	5.25
墨西哥	1.51
印度	0.71

资料来源：U.S. Burean of Labor Statistics Monthy Labor Review 1996。

自然条件造成的限制），会提高该级别劳动的工资率；在其他条件相等的条件下，供给的增加往往压低工资率。"[1]

2. 国民工资差异

现在我们来讨论一国之内不同职业、不同岗位的工资差别。如果所有的工作岗位都是相同的，人们在工作能力和质量上也没有差别，那么一个完全竞争的劳动市场的竞争会使人们都得到相同的工资。因此，萨缪尔森认为，造成国民工资差异的主要原因有以下几方面：不同工作岗位的差别；人们工作能力和质量的差别以及劳动市场竞争的不完全性。

表 6-3　美国不同的主要工作部门的工资差异

产业	1996 年全日制工人的平均工资 （美元/年）	1997 年 1 月平均小时工资 （美元/小时）
农业	18709	—
采矿业	48329	16.05
制造业	37165	13.02
零售业	18821	8.23
餐饮业	—	5.93
服务业	29935	12.25
计算机编程	—	22.74
金融和房地产业	44629	13.16
政府机构	35300	—

资料来源：美国劳工部。

---

[1] 萨缪尔森：《经济学》第 10 版，中册，商务印书馆，1982 年版，第 273 页。

不同工作岗位的差别是指工作条件的差别。有的岗位工作条件较好，比如办公室的工作，应征者多，供大于求，工资水平会由于竞争而被压低。有的岗位工作条件差，如野外工作、高空作业、脏累的工作，等等，应征者较少，供不应求，工资水平就会提高。所以一般蓝领工人的工资要高于白领工人的工资。这种单纯用来补偿不同工作岗位、工作条件差别的工资差别，被称为"补偿性的工资差别"。

劳动者教育和训练的程度不同，工作能力和质量也是不同的，这种劳动质的差异，在不同岗位和职业的各个等级上都是明显的。这种由于劳动质的差别造成的工资差异称为"非补偿性工资差别"。

现实生活中有许多因素制约着劳动市场的竞争，这种竞争的不完全性也造成一些工资上的差别。概括起来，劳动市场竞争不完全性的表现有：①地区性的工资差别。由于信息不完全、居住习惯、交往范围等因素，劳动者从一个地区迁移至另一个地区并不是很方便的。这是经济发展水平不同地区存在较大工资差异的一个重要原因。②种族、性别歧视。这种现象是社会文化、心理对劳动市场竞争的干扰。随着社会文明程度的提高，这种干扰会减少。③厂商的工资政策等。

3. 劳动市场的一般均衡

尽管工资存在着种种差异，但由于不同的工作之间具有流动性，在竞争的作用下，萨缪尔森认为："市场往往造成这样一种工资差别的均衡形式，在这种形式下，每一类别的劳动的总需求正好等于其竞争的供给。只有这样，才会出现工资差别既不缩小，也不扩大的一般均衡。"因此，在了解了造成国民工资差异的各种因素后，我们仍不难理解供求原理仍是各种工资决定的基础。

第三节　地　租

本节讨论土地这一生产要素的价格决定。

一、地租的概念

土地作为生产的一种重要资源，其本身是否具有价值，在西方学者中的认识并不一致。例如萨缪尔森认为，土地本身没有价值，土地的价值是由土地产品的价值引起的。这种看法与西方学者对于价值质的规定是矛盾的。既然价值质的规定是社会财富，那么土地本身是能给人们提供各种效用的（如种植作物、盖房屋，等等），被人们视为重要财富并可以交换的物品，所以土地本身也具有价值。

土地的价值量的决定在于土地资源的稀缺性和供求关系。乡村的土地和城市的土地相比，价值量（或价格）差别很大。原因在于城市的土地与乡村的相比更为稀缺，有更多的需求。

土地可以直接在市场上交易，交易价格称为土地的价格。

土地租借出去所获得的收益称为地租。所以地租是土地服务的价格。

这两种价格都是由土地的稀缺性、边际产出率及供求关系决定的。

二、土地租借市场的特点及地租的决定

土地的需求曲线与其他要素相同。土地的供给具有新的特点：**土地的供给来自大自然的赋予，其数量是既定的、不变的。**就是说，土地的供给量不以市场价格的高低增减供给量，因此土地的供给曲线是一条完全没有弹性的垂直线。**土地供给的这一特点决定了地租水平的变动完全取决于土地需求的变动，**如图 6-5 所示。

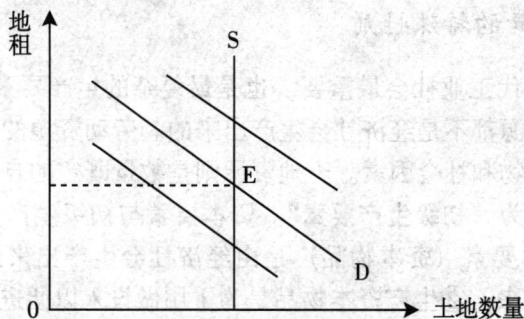

图 6-5 地租的决定

图 6-5 说明地租的决定。需求增加，则地租上升；需求下降，则地租下降。

三、土地收益的性质："自然剩余"

西方学者认为，地租收益是不花费任何代价和成本的纯经济收入。被称为"纯粹经济地租"，它具有**"自然剩余"**的性质。**"自然剩余"**的含义是指它是大自然恩赐的收益。地租收益的这一性质产生了两个问题：①它被私人占有是否合理？这个问题一直是西方分配论中争论的一个焦点。②对地租收益征收重税会不会影响生产的积极性或效率？西方学者认为，"自然剩余"完全被私人占有是不合理的，应该对地租收益征收重税，而且由于土地的供给是既定的，征收重税不会影响生产效率和积极性。因为征收重税并不会使土地的供给减少。就是说，土地的

供给没有弹性，征收重税只是使土地所有者不花代价得到的面包大一点和小一点而已，土地所有者不会因为面包小一点就把土地荒废而不出租。社会的土地供给量不会因为征收重税而减少。

由于地租是自然恩赐的、供给不变的土地的收益，西方学者认为，一切具有上述两个特征：自然恩赐、供给不变的稀缺资源的收益，都具有地租的性质，可以称为一般化的地租或准租金。例如，具有天赋才能的歌星的收益就具有地租的性质。西方学者认为，**对具有地租性质的收益征收重税既不会影响生产效率，又能为增加公共收入和收入再分配提供资金**。这是赋税政策在调节分配和效率方面的一个重要原理。

第四节　资本和利息

一、资本要素的特殊性质

资本资源是现代工业社会最重要，也是最复杂的生产要素。西方学者认为，劳动资源、土地资源都不是经济社会生产出来的。劳动资源的数量不取决于经济情况，而取决于生物和社会因素。土地资源则是数量既定的自然资源。因此，**这两种生产要素被称为"初级生产要素"**。资本要素与初级生产要素相比，其特殊性质在于：①资本要素（资本物品）是由经济社会生产出来的，而且能不断地生产出来和积累起来。②生产资本物品是为了用做投入以便进一步生产更多的消费品。就是说，资本物品既是产出物，又是投入品，其寿命长短不一。③资本物品的投入会带来收益，而收益率又反过来调节资本物品的生产和积累数量。由于以上特性，**资本要素被称为"中间生产要素"**。

资本具有两种形式，实物形式和价值形式。资本物品是资本的实物形式，它是指各种建筑、机器、设备、工具，等等。这些资本物品可以直接投入生产，也可以在竞争的市场上交易或出售。资本物品还可以被租借出去，以获得一定的租金收益。租金率一般比照货币金融资本的年利息率。**资本的价值形式表现为货币形式，称为金融资本**。

由于资本要素的上述特殊性质和复杂形式，资本和利息理论是分配论中最复杂的部分，理解利息的性质，要从讨论资本要素的本质入手。

二、资本的本质：资产的资本化和资本化的价值

在任一时期（比如说一年）人们从事劳动或其他经济活动取得的收入（income）用于个人消费后的余额，构成人们积累的财富（wealth）或称资产（assets）。

对于这些资产人们可以有两种处置方式，第一种处置方式是继续用于消费，即购买日用消费品、服务、娱乐等，那么这些资产的价值就会被逐步消费掉，以致你就没有了任何资产。第二种处置方式是将**这些资产或其中的一部分用于投资，以获得更多的将来的收益。这就是资产的资本化。投入的资产的价值，就成为资本化的价值。**

资产资本化的方式很多，你可以将这些资产购置房产，出租以获得租金收益；如果有好的项目，也可以购置机器、设备进行生产以获得更多的利润。如果没有好的项目，你可以把它存入银行，让银行代你去投资，而你可以获得利息收益，还可以购买股票，以获得股息收益等。一旦你这样做了，你的这部分资产就变成了资本，资产的价值就成为资本化的价值，它可以不断地给你带来收益。

经济学认为：**凡是能提供财产收入的资产（如一笔提供年利息收入的存款，一张提供年金收入的契约，一幢或一块提供租金收入的房产或地产，等等），其价值都是资本化的价值。**正是从这个意义上，我们可以理解资本的本质：**资本是带来收益（价值）的价值。**换句话说，不能带来收益的资产就不是资本。

在经济学家看来，资本不论采取何种形式（实物形式、货币形式），不论转移到哪一个人的手里，它总能带来收益，而且永远能带来收益，这正是从资本本质上讲的。所以资本价值也被称为永久性收入的价值，或称永久性的资本化价值。其公式可表示如下：

$$V = \frac{N}{R}$$

式中：V 为资本化的价值（如果现在要兑现现金，也称作"现在的贴现值"）；N 为永久性的年收入（资本按百分比所得的年收益）；R 为利息率（资本收益率的百分比）。

永久性收入的价值的最典型例子是提供永久性年金收入的契约。假定某人一生劳作和经营积累了 500 万元的资产，但他的子女既不善经营，也不会理财，只会吃、喝、玩、乐。那他去世后，这笔财产就会在他子女手上消费一空，他的子孙后代就会受穷。为了避免这种后果，他把这笔财产永久性地抵给银行，就相当于把 500 万元永久性存入银行一样。他和银行签一张契约，契约规定，他的子孙

后代的任何人都不得从银行提取这笔财产，但他的子孙后代都可以凭这张契约每年从银行获得一笔年金收益。假定某年的利息率为6%，那么该年这笔财产的年金收益为（依据上面的公式）：

500万元×0.06＝30万元

就是说该年他的某一代子孙可以从银行获得30万元的年金收入。这张契约可以被他的子孙后代代代继承，而他的子孙后代世世代代每年都可以从银行获得一笔年金收益。这笔财产就成为永久性资本化的价值。一般来讲，银行的平均年利率为5%，每年25万元年金，20年就可以收回500万元的本金，以后就是该资本价值为子孙后代创造的纯收益了。所以，资本化价值的本金，也被称为20年收益的价值。

三、资本的净生产率

为什么资本价值会带来收益呢？因为资本物品具有一个净生产率，人们节省一些眼前的消费，把收入的一部分用于生产资本物品，人们可以得到更多的将来的消费品。

资本的净生产率是指，在扣除一切折旧之后，资本具有一个可以用每年的百分比表示的净生产率。萨缪尔森举了两个岛屿的例子来说明资本具有一个净生产率是一个技术上的事实。

为了理解这一点，我们再举一个例子。假设某工厂的原料矿（甲地）离加工厂区（乙地）距离100公里。我们要将10吨的原料货物从甲地运往乙地，我们可以用两种方式完成这个工作量。第一种方式是完全用人力，即劳动。假设一个工人背负20公斤货物，1小时可以走10公里。那么完成这个工作量需5000个工作小时。假定每小时工资为3元，那么完成这个工作量创造价值为15000元。第二种方式是我们用一辆10吨的载重汽车（资本品）完成这个工作量。时速50公里，2小时就可以完成这个工作量。假定该车价值20万元，使用寿命10万公里，即每公里折旧费2元。完成这个工作量需折旧200元，油耗25升×3元＝75元，司机小时工资10元（司机为复杂劳动，工资高两倍）。那么完成该工作量的成本总计200＋75＋10×2＝295元。假定运费价格为0.6元/公里，那么该车运费收入为0.6元×10吨×100公里＝600元，减去成本295元，该车新创造价值为305元。

我们现在来分析用这两种方式完成这同一工作量的差别。

首先，既然完成的是同一工作量，那么两种方式创造的价值应该是相同的，但我们看到它们之间有很大的一个差额。劳动的净收入为15000元，汽车（资本品）的净收入为 305 元，二者差 14695 元。这个差额意味着什么？经济学家把这个差额归结为技术进步给社会带来的好处，称为**"生产者剩余"**。就是说**用资本物品（汽车，它是技术进步的成果）从事生产，它实际创造的价值大于它得到的报酬，它给社会提供了一个"剩余"**。正是由于有"生产者剩余"，才会有"消费者剩余"。消费者才会以较低的价格获得较大的效用。

其次，为什么 2 小时一辆货车可以完成 5000 个工人 1 小时的工作量呢？显然，因为这辆货车的机械力做的功和 5000 个工人的力做的功是一样的，尽管它得到的报酬比 5000 个工人得到的总报酬少得多，只有 600 元，在扣除折旧等成本后，它净生产价值为 305 元，这个净生产价值与资本物品价值的比率称为资本的净生产率，即 $\frac{305}{200000}\times100\%$。理解了资本的净生产率，我们就可以理解西方学者对资本积累的来源和利息率性质的看法。

利息率的性质是资本的净生产率。萨缪尔森给一般市场利息率下的定义为：**市场利息率是任何无风险的借款，或任何无风险的资本资产的价值在竞争的市场上每年所获得的收益的百分比。**

在任何时期，各种风险程度不同的资本都有与一般市场利率相适应的利息率，并随之变动而变动。例如，银行的一笔投资贷款，如果贷款项目风险过高，那么银行会在一般利率水平上再加上风险利率。

资本积累的来源是节俭。即人们减少现在的消费，把收入节省下来用于资本物品的生产。因此，人们现在的收入和消费水平是资本积累速度的限制因素。如果收入高，人们就可以用更多的收入生产资本物品，资本积累速度就快。反之，资本积累就慢。西方学者认为，利息率的作用之一是诱使人们牺牲现在的消费来增加储蓄和资本的数量。但随着资本数量的增加，资本的边际收益率递减，资本的净生产率、利息率也越来越低，这是一个矛盾。

四、利息的定义和利息率的决定

理解了利息率的性质，我们现在可以将利息定义如下：**利息是资本服务的价格。**

与其他生产要素一样，资本的需求曲线由资本的边际产出率和对资本的需求数量决定；由于边际收益递减规律，它是一条向右下方倾斜的曲线。

资本的供给曲线，短期由既定的资本物品的存量决定，由于短期看，既定存量是固定的，所以资本短期供给曲线是一条垂直线。如图 6-6 所示，短期资本供给曲线与资本需求曲线的交点 E，为短期均衡点及所决定的利率水平。短期均衡的含义是该均衡还是变动的。因为如果利率水平比较高的话，会吸引人们把一部分收入储蓄起来，储蓄的增加意味着社会新资本的形成和增加。随着新资本的增加，一方面资本边际产出率递减，另一方面，资本数量增加使资本短期供给曲线逐步向右移动，直到 S′ 点对应的 E′ 点。利率降到很低的水平，人们停止储蓄，新资本形成停止，就达到了长期稳定的均衡。这是对资本市场均衡的一个一般的动态的描述。有许多因素会影响利率的变动。如新技术的发明会抵消资本边际收益率递减规律的作用，使资本需求增加，利率上升；利率上升，资本会由于正储蓄而增长，利率下降，资本会由于负储蓄而减少；等等。因此，长期均衡点 E′ 代表在技术水平不变情况下的稳定、长期均衡。

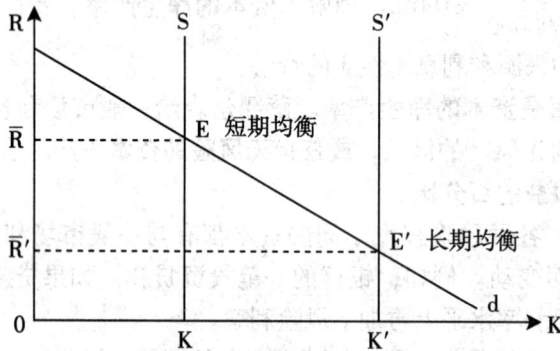

图 6-6　一般利息率的决定

第五节　公平与效率

前面几节，我们已说明了市场制度是如何分配社会财富的。从以上分析中我们看到，各要素通过市场竞争以及要素市场决定的各要素的价格（其背后是各要素的边际产出率）和自己提供的要素数量得到各自在总产品中的相应份额，这似乎看不出有什么不公平。或者说，市场是按照供求关系和各要素的边际产出率来分配社会财富的。**因为市场制度在财富分配上对各要素实行的是同一原则和标准。因此，就制度而言，它是公平合理的。**但是，现实生活中却存在着收入和财富分配的巨大差距或不平等，其原因何在？它公平吗？另外，照顾公平是否会影响市场制度竞争的效率？社会应该如何在公平与效率这对矛盾中做出选择？这是本节要讨论和回答的分配论中的一个重要问题，也是现代经济社会面临的一个重要选择。

一、洛伦兹曲线和收入分配的不均等

洛伦兹曲线是分析和衡量收入分配不均等程度的一个工具。美国统计学家 M. O. 洛伦兹在考察收入和财富在国民之间分配的不均等时，依据统计资料，将一国总人口按收入由低到高排队，分成若干等级，然后将各等级的收入占国民总收入的百分比由低到高累计排队，将人口累计的百分比和收入累计的百分比的对应数值标在图形上，就得到洛伦兹曲线。假定将某国居民的家庭收入分为 5 个等级，最低收入的 20% 人口的收入占国民总收入的比重为 5.1%，第二个 20% 人口的收入占国民总收入的比重为 6.6%（累计为 11.7%），其余依次类推，就得到表 6-4，将表 6-4 所对应的数据标在曲线图上，就得到图 6-7 的洛伦兹曲线。

表 6-4　收入分配的不均等

单位：%

人口累计	收入累计
20	5.1
40	11.7
60	31
80	58
100	100

在图 6-7 中，横轴 OF 表示人口的百分比。纵轴 ON 表示收入的百分比。45°线 OH 为绝对平等线。折线 OFH 为绝对不平等线。弯曲的曲线 OEH 即为洛伦兹曲线。

显然，洛伦兹曲线弯曲度越小，越靠近 45°线，表示一个国家或地区的收入分配越均等；洛伦兹曲线弯曲度越大，越靠近折线 OFH，表明一个国家或地区收入分配越不均等。

洛伦兹曲线将 OFH 的面积分为 A 和 B 两部分。A 为不平等面积，A+B 为完全不平等面积。不平等面积与完全不平等面积之比称为基尼系数。设 G 为基尼系数，则：

$$G = \frac{A}{A+B}$$

基尼系数是表示一个国家或地区收入分配不均等程度的一个指标。显然，基尼系数不会大于 1，也不会小于 0。基尼系数越大表明收入分配越不均等。

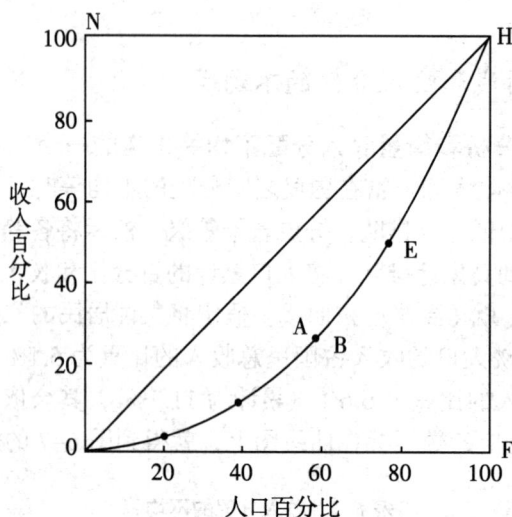

图 6-7　洛伦兹曲线

　　用洛伦兹曲线这个方法和工具可以直观地分析和比较不同国家和地区收入与财富分配的不均等程度。根据萨缪尔森的研究，在发达的市场经济国家中，日本和瑞典的洛伦兹曲线最平坦，收入分配最为平等。美国和加拿大的洛伦兹曲线最不平坦，收入分配最不平等。而且财富占有的不平等远远大于收入分配的不平等。比如，在美国，1% 的家庭占有大约全部财富的 40%。

二、收入分配不均等的原因

　　萨缪尔森在他的《经济学》第 10 版中谈到在自由竞争的市场制度下收入分配的不均等时说："在自由放任的完全竞争下，残废人可能要挨饿，儿童可能会营养不良，洛伦兹曲线所表明的收入和财富分配的不平等在几代人中也许不会消失，或者永远存在下去。""因为人们并没有被赋予相等的购买力，某些人非常贫穷，然而原因并不在于他们本人，某些人非常富有，却未必由于其本人和其先人的美德和努力。因此，按照许多不同的伦理体系的标准，存在于个人需求曲线之后的货币选票的数量未必是公平合理的，甚至是不能容忍的。"但是，"如果以货币财富为代表的选票，天赋的能力，在生命的早期所受到的熏陶和训练这些事物的最初分配是恰当的，那么完全竞争可能导致比许多封建贵族道德的传统所能允许的还要广泛的平均主义社会"。[1]

---

①萨缪尔森：《经济学》第 10 版，中册，商务印书馆，1982 年版，第 114~115 页，第 358 页。

可见，萨缪尔森认为，市场制度分配收入的原则是公平的，但是由于历史的、社会的原因导致了收入分配的巨大差距和不公平。具体讲，导致收入分配不均等的原因有以下几方面：

1. 财产的差别

造成收入差别最主要的因素是由于财产占有的不均等造成的。富人的收入主要是财产的收入，而穷人没有任何财产，只靠劳动获得收入。财富占有上的差别从历史上看主要有两方面的原因：第一个因素是封建社会遗留的等级差别和财富占有的不平等。市场制度并不是从天上掉下来的，是从封建等级社会的解体中产生的。人们在进入市场制度前财富占有已经不平等，就是说在进入市场制度前人们并没有被赋予相等的货币购买力或选票。而这种财富占有上的差别在进入市场竞争后必然导致不平等竞争和收入差距的扩大，因为优胜劣汰是竞争的法则。英国社会的不平等更多的是由于财产差别造成的，因为英国是具有长期的封建等级社会历史的国家。

造成财富占有差别的第二个因素是运气和勇于革新、探索的企业家精神。美国人强调这一点是因为美国是一个没有封建社会历史的国家。美国是从世界各地去的拓荒者新开发的国家。在拓荒时代积累起来的财富中，企业家精神和运气起了决定性的作用。正如萨缪尔森所说，在《华尔街日报》和伦敦的《金融时报》中，这种由于搞革新和交好运而在大约 30 年中发财致富的故事比比皆是。

2. 个人能力的差别

个人能力差别是造成劳动收入差别和不均等的主要原因。人们的能力是有差别的，即使一个家庭内部也存在着明显的体力和智力的差别，这种差别对于人们之间的竞争自然会有影响。人们能力的差别一方面是由于遗传，另一方面是由于社会环境，即成长过程中所具有的政治、经济、文化条件。

3. 教育和训练机会的差别

是否能获得受教育和训练的机会，对于人们的社会能力的发展和培养具有重要意义，从而也对人们在市场竞争中是否具有优势地位和获得更多收入具有重要影响。在封建等级社会，受教育是上层社会的特权。在市场经济社会，是否能获得受教育和训练的机会则取决于经济情况，昂贵的学费是贫穷家庭支付不起的。

除上述主要原因外，种族歧视、性别歧视等社会的不平等也影响收入分配的不平等。以上我们介绍了萨缪尔森对于收入分配不均等的主要原因的看法，此外还有下面第四个重要原因。

4. 市场竞争的不完善或垄断势力的限制

市场制度的基础是参与市场竞争的各方具有平等的地位。正如在商品市场上，生产者和消费者在平等地位基础上的公平竞争，才能决定商品的均衡价格并公平协调生产者和消费者的利益一样，在要素市场上，资本和劳动只有在平等地位基础上的公平竞争，才能决定合理的要素的均衡价格并公平分配社会财富。但是，由于历史的、社会制度方面的原因，资本和劳动地位是不平等的，这是市场竞争不完善的一个重要原因。

德国人认为，传统的资本主义企业制度是资本所有权的企业制度，在这种企业制度中，资本和劳动的地位是不平等的，这是导致资本和劳动收入不平等的一个重要原因。因此，德国人建立了资本和劳动共享企业产权的"合作产权"企业制度，并在这种企业制度基础上建立了德国的"社会市场经济模式"。我们将在第十四章介绍德国模式的重要思想。

法国经济学家让·保尔·菲杜西在《民主与市场》一书中指出，市场需要相互抗衡的势力。例如，劳动市场只有在雇主和雇员都能自由组织起来保卫各自权益的情况下，才能正常运转。《当中国改变世界》一书的作者，法国经济学博士埃里克·伊兹拉莱维奇指出，中国市场经济还处在初始阶段，"法律建设还处在萌芽状态，制衡势力几乎不存在"。[①] 这一点正是我国市场经济发展中，资本和劳动收入两极分化的重要原因之一。作者在书中生动深刻地描述和分析了我国市场经济初级阶段资本和劳动收入两极分化的现状和原因。广东的一位老板说，广东的工资 10 年以来一直没有涨过，10 年以后他也不认为有涨工资的必要。这句话使参加法国驻华大使馆商务处召集的中国投资机会研讨会的法国工业界人士大为震惊。"尽管在至少 10 年以来，广东省的工业生产以每年 20%的速度增长，但工资却基本没动，而且在最近几年也不大可能提高。"而日本、韩国在经济起飞时期，劳动者的工资与 GDP 基本保持同步增长。作者也看到了中国的人口压力，"离开农村的农民、被国营企业解雇的工人、刚走出学校的年轻人，这些人都是目前的工业革命在中国制造出的大量'劳动力后备军'。有几亿人在待命，准备接受任何报酬的工作。这个后备军的存在对工资的影响很大，对工作条件的影响也很大"。但是，人口压力只是影响工资的一个因素，它不是导致劳动力工资低下的必然原因。就人口压力而言，日本的人口密度是全世界最高的，它的人口压力不亚于中国，但是日本的劳动者工资水平居世界第二位，比美国还高。作者指出："在那些最发达的资本主义国家……资本家早已懂得，为了使自己的产品拥有购买者，就必须使职工获得足够的工资。这是汽车制造商亨利·福特在 20 世纪初的天才直觉。……发达国家甚至接受了组织工会的自由，承认他们的职工有通过集体

---

① 埃里克·伊兹拉莱维奇：《当中国改变世界》，中信出版社，2005 年版，第 11、59、61 页。

组织来保卫自己利益的权力。"① 因此，中国劳动力一盘散沙，不能组织起来与资本平等竞争，是资本与劳动收入两极分化、财富分配不公正的主要原因。这里有社会、文化、市场竞争制度不完善等多方面的原因。

过去，我们一直认为市场经济必然导致劳动和资本收入的两极分化，这是必然性，是市场规律。德国人和法国人的思想给了我们很大的启发。市场经济制度的基础是参与市场竞争的各方必须具有平等的地位，在平等地位上的公平竞争，才有完善的市场经济，才能使全体社会成员心情舒畅地充分发挥自己的潜能，才能充分激发市场竞争的高效率。我国尽管进行了 30 多年的社会主义市场经济的改革与发展，但是，由于历史的、文化的、社会的原因，劳动和资本的地位一直是不平等的。资本处于强势，劳动处于弱势，要素市场的这种不平等竞争是劳动者一直处于贫困地位的一个重要原因。因此，增进社会财富的平等分配，需要完善市场竞争制度。这不仅需要社会文化建设，需要劳动和资本都具有现代民主意识，还需要政府为促进要素市场平等竞争的一系列制度建设。**首先**，资本所有者应该明白，财富是劳动和资本共同创造的，资本只有尊重劳动的平等地位，企业才会有长远的凝聚力和竞争力。特别是我国的资本所有者要向亨利·福特先生学习，要懂得为了使自己的产品拥有购买者，就必须使职工获得足够的工资。这是一个富有经济哲理和现代民主意识的思想。**其次**，劳动者也应该明白，创造社会财富只靠劳动是不行的，必须与资本合作。但是，这种合作是在平等地位上的竞争与合作。劳动者要作为一个要素获得与资本平等的地位，必须以工会的形式组织起来形成与资本平等的抗衡势力，来维护自己的权益。这是发达市场经济国家成功的经验。**最后**，政府要承担起自己的社会责任。建设劳动与资本平等竞争和合作的要素市场只靠劳动和资本自身是不够的，还需要政府为促进要素市场平等竞争进行一系列制度建设，这包括企业制度、法律制度、市场竞争秩序、社会财富再分配的制度，等等。在这方面，德国、日本、法国等发达市场经济国家都有很成功的经验。市场经济社会发展具有共同的一般规律，发达市场经济国家的经验对我们后来者是有借鉴意义的。

通过上述分析我们看到，收入分配不均等主要是由于历史的、社会的和市场制度不完善等多方面原因，而不是由于市场制度分配财富的原则。但是市场制度的不完善和不平等竞争会扩大这种不均等的差距。正如我们在第二章说明市场的竞争性特征时指出的，市场竞争遵循优胜劣汰、胜者全得的原则。历史的、社会的原因形成的人们财富占有的不平等必然导致不平等竞争，而市场胜者全得的竞

---

① 埃里克·伊兹拉莱维奇：《当中国改变世界》，中信出版社，2005 年版，第 11、59、61 页。

争原则又必然使收入和财富进一步向竞争的优胜者集中，这是市场经济社会收入两极分化的一个重要原因。由于竞争的优胜者只是社会成员中的少数，所以市场竞争一方面极大地促进了社会经济效率的提高，另一方面又使社会大多数成员处在低收入、贫困的地位，这是不公平和不公正的。收入的两极分化不仅会导致社会成员严重的利益冲突，还会危害社会的安全、稳定和效率，所以公平与效率的矛盾是市场经济社会必须妥善处理的一个基本矛盾。

三、公平与效率的矛盾——一个世纪的选择

工业革命开辟了人类历史的新纪元。从那时起，民主、自由、平等就成为人类追求的崇高理想。但是由于历史文化的差异和工业文明发展程度不同，人们对这个理想的认识和理解上有很大的差异。

对于平等的理解，西方社会更注重政治权力的平等和经济机会的平等。政治权力的平等是指"人人生来平等"，人人应该享有平等的选举权和被选举权，言论和思想自由，等等。经济机会的平等是指人人应该享有平等的机会参与竞争和获得相应的收入，不应该有种族、性别、宗教信仰的歧视，等等。东方社会更注重经济结果的平等，即不论职业、岗位、能力及贡献的差别，人们都应该享有相同的收入和消费水平。

人们在意识和认识上的差异是一个方面，另一方面是经济社会本身发展的矛盾。前面几章已经证明市场制度可以极大地促进社会经济效率的提高，本章也说明了在财富占有不平等和个人能力差别的前提下，市场竞争机制会扩大财富和收入分配的差距和不平等，效率和公平的矛盾由此产生。

在整个 19 世纪，自由竞争的市场制度高效率地促进了西方工业社会财富的巨大增长。但同时，财富和收入分配差距的日益扩大，导致了严重的社会冲突。这种社会冲突最终导致了 20 世纪前半期的两次世界大战和几十个东方国家抛弃了市场制度选择了社会主义。这种结果使西方工业国家意识到社会公平的重要性，开始花大力气增进社会经济平等。这包括累进收入所得税政策，救助社会贫困人口的各种社会福利政策、医疗保险、失业保险，等等。这些努力缩小了收入分配的差距，增进了社会的平等。但是这些增进平等的努力是有代价的，这就是经济效率的损失和经济增长率的下降。到 20 世纪七八十年代，一方面西方工业国家的经济增长率持续下降，政府财政收入减少；另一方面政府为增进平等，每年要维持巨额财政支出，其中各种福利支出占财政总支出的比例平均高达 3/5 以上。这种人不敷出的循环导致西方工业国家几十年间积累了庞大的财政赤字。损失效率的后果，迫使西方社会不得不考虑如何在不使国家破产的前提下，重新设

计和调整反贫困和增进平等的政策。在此背景下，20 世纪 80 年代以来，经济自由主义重新抬头，强调减少政府干预，发挥市场机制的作用以提高效率，减少和调整福利政策以促使人们通过竞争获取收入。至 20 世纪末，这种提高效率的努力，又使缩小了的收入分配差距重新扩大，西方社会仍然处在公平与效率这对矛盾的两难选择之中。

增进社会经济平等，为什么会损失效率呢？让我们来看一个极端平等的社会情况，这就是社会主义半个世纪的实践。社会主义国家确实实现了广泛的社会平等。但是实现广泛的社会平等是以生产资料公有制和社会生产统一计划管理来排除市场机制在资源配置和收入分配等方面的调节作用为前提的。全体社会成员不论岗位、职业及能力、贡献的差别，由国家统一平均分配收入，岗位、技术等级的工资差别是微不足道的。这种广泛平等的经济社会运行几十年的结果如何呢？这是众所周知的。由于经济效率的损失，它导致了广泛的社会贫困。经济效率为什么会损失呢？这主要是由于两个方面原因：一方面，从微观上看，由于全体社会成员不论努力与否，不论贡献大小，都得到而且只能得到相同的收入，这就排除了任何成员通过努力获得更多收入和改善自己生活的可能性。这种可能性的排除，使社会成员从根本上丧失了努力工作的积极性和动力，而这个动力正是一个经济社会经济效率的源泉。而且，人是有惰性的，不努力就可以获得收入，为什么还要去吃苦受累呢？况且吃苦受累并不能得到更多的收入。在这样的状态下，一个经济社会怎么可能有活力和效率呢？另一方面，从宏观上看，要保证社会财富的统一平均分配，就必须对社会生产进行统一的计划安排和管理。那么这对资源配置效率有什么影响呢？全国的资源和数百万种不同品种、规格、花色的产品生产由政府的计划首脑配置和安排，那么，这位首脑有多大的能力呢？他在安排生产计划时，能将社会数亿成员中的每一个人每年想吃些什么、穿些什么、用些什么都考虑得那么周到、安排得那么合适，这可能吗？设想一下，你是计划委员会的主任，你在安排全国的生产计划时，能考虑到数亿社会成员中 A 先生需要一双某种款式的皮鞋，或者 B 女士需要一件某种花色的裙子吗？稍加思考，我们就会理解，这是不可能的。在人类智力和社会技术发展的现阶段，这是人的能力所做不到的事情。就像萨缪尔森说的，这是一个现代最快的超级计算机也无能为力的事情。其结果，就是政府计划安排生产的一些产品，不符合居民的需要，居民不购买，造成局部过剩；居民需要的一些产品，政府却没有安排生产，造成短缺。以至于 20 世纪六七十年代社会主义国家有了一个专有名词"短缺经济"。结构性短缺和过剩并存的现象意味着什么？它意味着社会需要的产品本来可以生产出来，却没有生产出来；它意味着稀缺的经济资源生产了一些社会不需要的产品，造成资源的浪费。这种资源配置的低效率和浪费，使稀缺的资源更加稀缺。在这两方面原因的作用下，社会主义国家的低效率和普遍贫困就不足为奇了。

1978 年，邓小平首先意识到了这种贫困对一个经济社会意味着什么。提出了"贫穷不是社会主义"的口号。在中国发起了引入市场竞争机制的经济体制改革。把社会主义可以集中社会力量办大事的优势和市场机制的高效率结合起来，取得了巨大的成功。30 多年的改革开放彻底改变了中国人的命运和面貌，它所爆发出来的经济能量和取得的巨大成就令世界感到惊讶。它使全世界想起了拿破仑的一句名言："当中国觉醒的时候，世界将为之震撼。"尽管收入分配差距的扩大带来了一些社会问题需要关注和解决，但这一成就的巨大意义怎样评价也是不过分的。正如江泽民指出的，它开始了中华民族的伟大复兴。

然而仅仅滞后了 10 年，1989 年，普遍的社会贫困最终导致了前苏联及东欧国家经济的衰败。这一事实说明了什么？它说明没有效率的经济社会是无法生存的。这一事实所体现的经济学的真理对那些至今对我国的经济体制改革心存疑虑，对平均主义分配理想抱有幻想的人们应该是一个有意义的启示。

纵观人类一个世纪的探索，我们能得到一些什么启示呢？

（1）效率和公平对一个经济社会都是重要的，但二者又是矛盾的。只有效率没有公平社会将发生严重的利益冲突；只有公平没有效率社会将破产和消亡。因此，二者都很重要，必须兼得。二者又是矛盾的，提高效率水平会损害公平程度，提高公平程度又会损害效率水平，因此在二者兼得的情况下，完全的效率和完全的公平都是不可能的，社会必须做出哪个为主、哪个为次的选择。

（2）经济学的理论和历史已经证明，市场制度的竞争性越高、越完善，其资源配置和利用效率越高；资源利用效率越高，社会财富增长越快；财富增长越快，才能越快地为解决社会财富分配不均和贫困提供条件。因此，保证市场制度的效率是主要的，社会应在保证市场制度效率的前提下，兼顾解决公平问题。效率优先，兼顾公平是处理这一矛盾的唯一选择。

（3）本章的分析已表明，市场按各要素的边际产出率和供求关系分配社会财富的制度是公平合理的。现实生活中的不平等主要是由于历史的、社会的和市场制度不完善等原因造成的。这里有合理的因素，也有不合理的因素。不合理的因素如财富占有的不平等、垄断、种族、性别歧视，等等；合理的因素如个人能力的差别、勇于探索、创新的企业家精神，等等。在所有这些因素的前提下，市场竞争会扩大财富和收入分配的差距，这会造成社会的不平等和不公正，是需要解决的。搞清楚造成不平等的原因和机制有利于社会在设计增进平等的政策上更细致、更合理，而且尽量不要损害效率。

（4）基于对公平与效率问题的上述认识，经济学家提出的缓解二者矛盾的对策是：以反垄断政策来限制市场的垄断因素，提高市场的竞争程度，以充分发挥市场配置资源的效率；以税收政策、社会福利和保险政策来兼顾公平，缩小收入分配的差距。这些政策都是有意义的，但是需要改进。增进公平的政策要尽量避免损害效率，如对土地和歌星的收益征收重税，既不损害效率又为增进公平提供资金。提高效率的政策要尽量不损害公平，这是政策最优搭配的设计原则。

（5）最后，我们要明确：现代经济学已经证明市场竞争制度是工业社会最有效率的社会经济制度。但是，这个制度也存在着致命的缺陷，而且这个缺陷是市场制度自身无法克服的。这就需要政府承担起社会责任，制定相应的微观经济政策，弥补市场制度缺陷，促进市场制度更有效率地运行。

本章总结和提要

本章说明了市场是按照各要素的边际产出率和市场供求关系（包括要素市场的供求关系及各要素之间的竞争）分配社会财富的。由于市场在财富分配上对各要素实行同一的规则，因此就市场制度而言，它是公平合理的。现实生活中财富分配的不平等有历史的原因，也有社会原因，还有市场制度不完善的原因。特别是劳动与资本收入的两极分化是由于要素市场的不平等竞争造成的，是不公平的。

公平与效率的矛盾困扰了人类一个世纪。在富裕的市场经济国家，欧洲人选择了公平优先、兼顾效率；美国人选择了效率优先、兼顾公平。在新兴市场经济国家效率优先、兼顾公平是普遍的选择，这可能与市场经济社会发展的一般规律相关。

思考题

1. 要素的需求曲线是由哪些因素决定的？其意义是什么？
2. 你同意克拉克对分配之谜的解释吗？为什么？
3. 你如何理解工资的国民差异？我们现实生活中的工资差别合理吗？
4. 什么是"自然剩余"？为什么说对土地的收益征收重税不会影响生产效率？
5. 为什么把资本称为中间生产要素？什么是资产的资本化和资本化的价值？
6. 什么是"生产者剩余"？它是怎样产生的？
7. 仔细分析书中的例子，你是否认为资本有一个净生产率？
8. 请通过社会调查或到统计部门收集相关数据，做出你家乡地区的洛伦兹曲线。

9. 你同意萨缪尔森对于收入分配不均等原因的分析吗？你对德国人和法国人的思想有什么评价？

10. 你认为应该怎样处理公平与效率的矛盾？为什么？

第七章　微观经济政策

本章将讨论市场制度的缺陷、混合经济、市场失灵等问题，以及针对这些问题的微观经济政策。

第一节　混合经济和市场失灵

一、混合经济

混合经济是萨缪尔森首先提出的概念。它描述和概括了现代西方工业国家普遍具有的特征。**混合经济的含义是指：现代经济社会是由政府经济部门（公共经济部门）和市场经济部门（私人竞争的市场经济部门）两部分组成的混合体。**该特征表明现代西方工业社会与 19 世纪的自由竞争的资本主义社会相比已发生了重大变化。19 世纪的西方工业社会是单纯的自由竞争的市场经济社会。政府不干涉社会经济事务，只是承担"守夜人"的职责。政府从经济社会征收一笔税款，用这笔税款供养政府的职能人员，养一支军队和警察，对外保护国家安全，对内维护社会秩序。除此以外，政府不干涉任何社会经济事务。自凯恩斯主义以来，政府逐渐承担起了管理和服务社会经济发展的责任，并形成了一个重要的公共经济部门。因此，现代西方经济社会已不是单纯的市场经济，而是两部分的混合体。

二、公共经济部门和市场失灵

公共经济部门是政府用纳税人（公众）的钱投资、管理并向公众提供公共物品和服务的经济部门。如公共的道路、桥梁、城市基础设施的投资建设，公共的电视、广播和信息传播系统，气象服务部门，国家和社会的安全服务部门（军队和警察），环境的监测、保护和治理污染，公共资源的保护和开发，公共教育和基础科学技术的研究开发，公共医疗服务等。

公共经济部门是非竞争的经济部门，或者说在该部门市场竞争机制不起调节作用。也就是说，在该部门市场失灵了。混合经济意味着现代西方工业国家已不是单纯的市场经济，或者说市场竞争机制的作用已不是涵盖整个经济社会了，那么不受市场机制调节的公共经济部门的公共物品的生产效率该如何保证呢？或者说，在公共物品的生产上，市场竞争机制不起作用，市场失灵了，公共物品的生产效率问题就成了经济学家关注的重要问题。此外，还有私人市场经济部门和公共经济部门的结合部产生的外部性问题（也称外部经济效果），在这个领域，市场竞争机制也不起调节作用。因此，在公共物品的生产上，以及公共经济部门与私人市场经济部门结合部产生的外部性问题上，市场失灵了。

三、市场制度的缺陷

市场竞争机制是有效率的，同时市场制度也是有缺陷的，归纳起来市场制度有以下几点缺陷：

1. 垄断势力

优胜劣汰是竞争的法则，在市场竞争中胜者全得的规则使优胜者会自然走向垄断。因此垄断势力是市场经济系统内部自然产生的一种因素或势力；另外，垄断又对市场竞争机制效率的发挥是一个限制，垄断势力越大，市场竞争效率的损害和损失越严重。因此，垄断势力是市场制度自身的一个缺陷，因为它损害了市场竞争效率的发挥。

2. 信息不完全性

微观经济学有一个完全信息假定，即在分析市场经济系统运作时，假定参与市场运作的生产者或消费者在面临选择时，具有完全信息。比如，一个消费者在购买物品时，假定他对所需购买的物品质量、性能、价格等多方面的信息完全了解。完全信息的假定从方法论的意义上说，它是抽象分析方法的需要。从理论意义上说它意味着，如果参与市场运作的各方具有完全信息，那么市场系统将更有效率地运作。遗憾的是，市场经济系统从它产生的那天起直到今天，参与市场系统的各方，生产者、消费者的信息都是不完全的。一方面是由于市场系统每时每刻都在产生大量信息；另一方面，人们的认识能力是有限的，任何一个生产者或消费者在有限的时间和各种条件限制下，都不可能完全了解与他有关或有意义的所有信息。这种信息不完全性对市场系统运作的效率是一个限制或损害，因此，我们说信息不完全性是市场经济系统本身的一个缺陷。

3. 收入分配差距的扩大

市场竞争机制一方面会促进经济效率的提高，另一方面又会导致收入和财富分配差距的扩大和经济不平等。收入分配差距的扩大不仅会导致社会利益冲突，它还会导致有效需求不足和生产过剩，从而使经济效率遭到损失。因此，收入分配差距扩大也是市场经济系统本身产生的，是市场经济效率受到损害的一个缺陷。

4. 经济的周期被动（简称商业周期、经济危机）

市场经济系统运行的历史表明，它具有不稳定的、周期性波动的特征。市场经济系统运行的周期性波动或危机使社会财富和经济效率受到重大损失，这是市场经济制度的一个重要缺陷。经过一个多世纪的艰苦探索，尽管周期之谜至今还没有完全解开，但人类已认识到了造成经济周期波动的一些原因和机理，并通过财政和货币政策调节经济运行，以缓解经济波动的幅度，提高市场经济运行的稳定性。针对危机缺陷的一系列反危机的宏观经济政策是宏观经济学的主题。

市场经济系统的四个缺陷限制了市场竞争机制效率的发挥。

四、关于市场失灵的定义

在混合经济中公共物品的生产和外部性问题上，市场竞争机制不起调节作用，从而使经济效率受到损害；市场机制自身的四个缺陷也限制和损害了市场竞争效率的发挥。正是从市场效率受到损害和限制的意义上，西方学者把它称为市场失灵，并认为造成市场失灵的原因或因素有公共物品、外部性、垄断势力和信息不完全性。西方学者关于市场失灵的看法有两个缺陷：第一，在逻辑上，西方学者混淆了一个重要的界限，这就是在混合经济中，市场竞争机制起调节作用的范围和市场机制不起调节作用的范围。严格讲，在公共物品生产和外部性问题上，市场机制不起调节作用，只有在这个范围才可以讲市场失灵了。市场机制的缺陷只是限制了市场竞争效率的发挥，不能说市场机制完全不起作用。第二，西方学者对导致经济效率损失的因素看得不全面。公共物品和外部性，再加上市场机制的四个缺陷，导致经济效率损失的因素一共有六个，而西方学者只看到了四个。

从市场经济效率受到损害和限制的意义上，可以把市场失灵定义如下：**市场失灵是指市场竞争机制不起作用的经济领域，如公共物品、外部性，以及限制市场竞争机制作用的因素，如垄断势力、信息不完全、收入分配差距扩大、经济波动导致的经济效率损失的情况。**

由于这些因素所导致的经济效率的损失是市场经济系统自身无法克服的，所以需要针对这些因素制定一些微观经济政策，以完善市场制度的缺陷，提高经济效率。就是说，针对市场失灵的微观经济政策的目标是促进经济效率的提高，使市场经济系统更完善和有效率地运作。

下面讨论针对公共物品和外部性及市场经济系统三个缺陷的微观经济政策。

第二节　公共物品

一、公共物品的定义和特性

政府公共经济部门向公众提供的产品和服务称为公共物品。萨缪尔森给公共物品下的定义是："**公共物品是指那种不论个人是否愿意购买，都能使整个社会每一成员获益的物品。**"比如公共道路、桥梁、国防安全服务、气象预报服务等。这些物品和服务，不论每一个人是否愿意付钱购买，它都能提供方便和益处，是社会经济生活不可缺少的。为了深入理解公共物品的特殊性质，可以把它和私人物品作一下比较。萨缪尔森指出，"**私人物品恰恰相反，是那些可以分割，可以供不同人消费，而且对他人没有外部收益或成本（外部经济效果或负效果）的物品**"。[1]通过比较，我们可以看到公共物品与私人物品相比有三个不同的特性：

第一，私人物品具有排他性，公共物品是非排他性的。或者说，私人物品是可分割的，公共物品是不可分割的。就是说，私人物品可以按单位分割开来，只有购买者才能消费和享用，不购买的人是不能消费和享用的。公共物品是不可分割的，一旦提供，任何人都可以享用。例如气象预报，一旦广播，谁都可以收听。不论其是否付钱，而且不会因为某人享用了气象服务就排斥其他人享用。一条公路或城市公共设施，一旦建成，谁都可以享用，无法把它分割开来，按单位出售。

第二，私人物品具有竞争性，公共物品是非竞争性的。就是说，一方面，私人物品生产一定的数量要花费一定的成本，增加一个消费者消费一单位产品生产者就要增加一单位产品生产的边际成本。另一方面，公共物品的生产尽管也要花费成本，但公共物品一旦生产出来提供给公众消费，再增加多少消费者消费成本也不会增加。例如气象服务，气象预报一经广播，10 个人享用可以，再增加 1 万个人享用也可以，并不增加气象服务的成本。

第三，私人物品没有外部性，公共物品具有外部性。

---

① 萨缪尔森、诺德豪斯：《经济学》第 16 版，华夏出版社，1999 年版，第 268 页。

二、公共物品生产和消费的机制

由于公共物品的两个特性：非竞争性和不可分割性，公共物品和服务的收费十分困难。仍以气象服务为例，一方面，气象服务部门广播了气象预报以后，它不知道哪些具体的人享受了气象服务，该向哪些人收费；另一方面，如果向公众收费，人们会说我没有收听气象预报，不应该交费，尽管每个人都在收听气象预报。就是说，在公共物品的消费上，人们都想做免费搭车者。可见，在这种情况下，如果哪一个私人投资者投资一个气象站，他连成本也收不回来，只有破产。

综上所述，可以理解公共物品的生产和消费是一个非竞争的经济领域，在这个领域，市场竞争机制无法起到调节作用。或者说，在这个范围市场失灵了。正因为如此，私人投资者不愿意也不可能涉足这个领域。然而，在现代经济社会公共物品的生产和消费又是一个不可缺少的部门，该由谁来承担呢？责任自然落在政府身上。

建设一个气象服务系统、国防和警察系统，投资市政设施和公共道路等，都是要花钱的。既然无法收费，那么这些钱从哪里来呢？来自政府的税收。就是说，政府采取征税的办法一次性向公众征收了公共物品的服务费。因此，在现代政府的税收中有一部分是用于公共物品的生产和管理的；在公众缴纳的税款中，也有一部分是享用公共物品服务的费用。**政府采取征税的办法向公众征收公共物品的服务费，然后用这笔费用投资和生产公共物品，并向公众提供公共物品和服务。这就是公共物品生产和消费的机制。**在这个机制中，政府成为公共物品的生产者和管理者，公众成为公共物品的消费者，市场竞争机制不起作用。

三、公共物品生产的效率

公共物品的生产如何保证以最小的成本和花费获得最大产出或社会效益呢？一方面人们关心政府在公共设施的投资上、在公共物品的生产上是否能精心安排、精打细算，不浪费纳税人的钱；另一方面，人们关心是否能享受到等值的公共物品的服务。

一些学者用虚假的供求曲线来分析公共物品生产的效率问题，这没有意义。到目前为止，人们还没有找到更好的办法来保证公共经济部门的效率，从可行性上讲，以下两个办法可以提高效率。

1. 成本—收益分析

政府在进行公共物品或公共项目的生产和投资上应参照市场机制 MC＝MR 的收益最大化的条件，对公共物品的生产进行成本—收益分析。比如，政府如何来确定某项公共设施或物品是否值得生产以及应该生产多少呢？它首先应估算该项目所需花费的成本以及它可能带来的收益或社会福利，然后把二者加以比较。如果评估的结果是该公共物品的收益大于或至少等于其成本，它就值得生产。因为许多情况下，公共物品的收益或社会福利是无法用货币来衡量的，所以公共物品的收益评估是一项专门的技术，应由专家组成的专门机构进行。

2. 报告—监督机制

政府是用纳税人的钱进行公共物品生产的。因此，政府有责任向纳税人报告公共物品生产的资金使用情况以接受纳税人的监督。在重大公共投资项目上还应采取民意测验的办法让公众参与选择，以减少政府选择的失误率。这个机制在一些发达国家的政府部门已程度不同地建立起来和运作。

以上两个办法都还是被动的或间接的办法，由于公共物品的生产和消费领域缺乏竞争性，其效率问题仍是经济学关注的一个重要问题。

四、政府和公共选择

政府通过向纳税人征税，除了维持政府部门的运转，还要向纳税人提供公共产品和服务。随着经济社会发展的规模越来越大，政府的规模和承担的经济责任、提供的公共产品和服务的规模也越来越大。除了像公共道路、桥梁、公共安全等传统的公共品，又增加了公共医疗、公共教育、公共环境资源保护、基础科学的研究开发、增进社会平等的转移支付等。这样，政府的经济活动（税收和支出）占 GDP 的比重也越来越大。比如，第一次世界大战前，美国联邦、州和地方政府的收支只占 GDP 的 10%，20 世纪 50 年代，占 20%左右。1996 年美国联邦、州和地方政府雇用的人员超过了 2000 万，占总人口的 7%左右；政府支出为 2.4 万亿美元，占 GDP 的比重达到 30%左右。[①]欧洲各国和日本由于建立了更广泛的社会保障制度，政府支出占 GDP 的比重比美国更高。我国的情况，2006 年，我国 GDP 总值达到近 20 万亿元，中央财政收支规模达到近 4 万亿元，占 GDP 总值的 20%左右，加上地方政府收支，我国政府收支规模已占 GDP 总值的 30%以上。我国的政府雇员是多少？这是个很复杂的问题。比如，2005 年 5 月 26 日《经济日报》在《我国公务员规模是否适度——访国家行政学院经济学部副主任王健》一文中，王健教授就认为，"美国、法国的政府公务员与财政供养人员数量相同，所以美国的'官民比'为 1：12，法国为 1：12。财政供养人员或曰广义公务员占总人口的比例：美国仍旧为 1：12，法国为 1：12。中国公务员数量大大超出发达

---

① 迈克尔·帕金：《经济学》第 5 版，人民邮电出版社，2003 年版，第 353 页。

国家。中国公务员'超标'近20倍"。但据人民网相关资料，中国的"公务员"，按照2006年1月1日实施的《公务员法》的界定，大体上是通常所说的"党政干部"，包括了"党、政、群"三大领域，即国家行政机关干部（近650万人）、党派机关专职干部和主要人民团体的专职干部之和，近三年规模约为1100万人。"财政供养人员"，包括了党政机关干部、事业单位干部、两者的工勤人员和退休人员、农村部分领补助的村组干部，目前规模约为5000万人，占总人口的4%。依据"财政供养人员"占总人口的比例，我国有的学者认为，我国公务员的规模还远低于发达国家。

由于政府的规模和政府经济活动规模越来越大，对经济社会的效率和公平的影响也越来越大，以前经济学家的注意力主要致力于理解市场的运作，现在开始关注政府行为对经济社会的影响，这就产生了公共选择问题。约瑟夫·熊彼特在《资本主义、社会主义和民主》一书中开创了公共选择理论。萨缪尔森指出：规范性的政府理论研究政府为提高人民的福利应该采取哪些适当的政策。"但经济学家对政府就像对市场一样了解得很清楚。政府也会做出坏的决定或将很好的计划执行得很糟，正如存在垄断和污染这样的市场不灵一样，也存在政府干预导致浪费或不恰当的收入再分配这样的政府不灵。……有关政府不灵的深入研究，对于我们理解政府的局限性和确保政府计划适度或不造成浪费十分关键。"① 一般来讲，公共选择问题关注以下几个主要问题：如何保证政府为公共利益服务？如何选择适度的政府规模以及政府规模对社会经济效率的影响？如何在政府税收、政府规模和政府提供的公共产品服务之间选择一种有利于经济社会发展的恰当比例？等等。

如何保证政府为公共利益服务？政府本来就是社会公共利益的代表机构，政府的公共权力本来就是为公共利益服务的。但是，这只是从政府机构本身的性质上讲的。在市场经济条件下，每一个人都在追求自己的利益，政府也是由一些人组成的，这些人不可能生活在真空里。如果进入政府机构的人不是为了追求公共利益，而是为了追求自己或小团体的私利，这个社会就很可怕了。例如，2007年3月23日，中央电视台12频道法制栏目报道了山东淄博市罗村镇政府的抗法事件。10多年前，罗村镇政府将一条村镇公路交给承包人修建。路建好后，罗村镇政府拖欠工程款150多万元十几年不还，逼得承包人破产，农民工长期拿不到工资，有的农民工已经死亡。罗村镇政府并不是没有能力偿还工程款。罗村镇政府年收入1000多万元，镇政府盖了豪华办公楼，镇长、书记配有豪华专车。当承

---

① 萨缪尔森：《经济学》第16版，华夏出版社，1999年版，第232页。

包人起诉到淄博市法院，法院执行局到罗村镇政府强制执行时，镇政府竟然纠集20多人暴力抗法。这一事件典型地说明了一旦政府被一些追求自己或小团体私利的人所控制，而且政府权力不受制约，就会对经济社会造成严重的后果。

再比如，我国公民普遍关注的行路难问题。公路本是政府用纳税人的钱修建的，具有纯粹的公共品性质，理应让纳税人无偿使用。贷款修路只是资金融通方式的变通，因为贷款最终还是用纳税人的税款偿还的，它不能掩盖公路是纯粹的公共品性质，也不能成为收费的理由。美国全国的高速和普通公路都是不收费的，因为用纳税人的钱修建的公路再向纳税人收费是不公正和非法的，纳税人是不答应的。公路的养护费用通过汽油税收取，用路多就用油多，用油多缴纳的公路养护费也多，这对社会各方面都是最公平合理的制度。我国的公路由交通部垄断经营，交通部把纳税人的钱修建的公共品变成了本部门的"私产"，不仅重复向纳税人征收养路费，过路还要征收过路费。有些城市的市政部门也不甘落后，你交通部门征收养路费和过路费，我就可以对城市的道路桥梁征收道桥费，中国公路征费名目之多，为世界之最。2009年，中央政府下决心实行了费改税的改革，这表明政府也在进步。

以上事例说明，在市场经济社会中政府也会出现不灵，因为进入政府的人员也可能犯错误，也可能追求自己的私利。实际上，在西方发达市场经济国家早期，上述情况都出现过，有些情况甚至严重得多，有些地方政府无法无天甚至变成了带有"黑社会"性质的利益集团。正因为如此，西方学者认为，选择一种有效的机制，制衡政府的权力，保证政府有效地为公共利益服务是重要的。

如何选择和控制适度的政府规模？这个问题之所以是公共选择理论的一个重要问题，是因为如果政府规模过大，就要征收过多的税收，就要加重纳税人的负担和损害市场经济效率；如果政府规模过大，政府的税收就只能维持政府机构的运转，而无力给社会提供公共品和服务，社会将面临公共品和服务短缺的困扰，这同样会损害社会经济利益。

多大的政府规模才是适度的这是一个很复杂的问题。从西方学者的争论来看，自由主义学者由于反对政府过多干预经济，总是认为政府规模过大；主张政府干预经济的凯恩斯主义的经济学家则认为政府规模应该与社会经济发展规模和政府承担的公共服务规模相适应。从西方发达市场经济国家一百年的发展历史来看，随着社会经济规模的扩大和政府承担的公共服务的规模扩大，政府规模也存在扩大的趋势。但这有一个条件，就是政府规模要与政府承担的公共服务的规模相适应才是适度的。不能只看政府雇员占总人口的比例。以上面提供的材料为例，我国有的学者依据我国政府雇员占总人口的4%（这个数据并不完全准确），就认为我国公务员的规模还远低于发达国家。这个看法不是很科学的，因为它忽略了政府承担的公共服务的规模这个条件。尽管我国的社会主义市场经济体制改革已经进行了 30 年，政治体制的改革却远远滞后，政府的服务观念和职能的转变还远远没有完成，更不要说政府的公共服务的规模了。我国政府现在做的事情和西方发达市场经济国家一百年前政府做的事情差不多。做这些事情，占总人口 1%的政府规模已经是很大的政府规模了，更不要说占总人口的 4%。

　　例如，一方面，我国政府官员多，无事做的现象十分普遍，已经引起社会上下的高度关注；另一方面，我国公民看病难、上学难、行路难、住房难成了一个普遍的社会问题。诸多"难"表明政府提供的公共品和服务严重不足和短缺。比如，政府公共财政投入，公路交通方面只占公路建设资金的 15%，医疗方面只占医疗机构运行费用的 20%，教育方面只占学校经费的 50%，住房方面公共财政没有投入，反而要征收高额的税费和土地金。那么，公共品和服务为什么严重不足和短缺呢？因为政府财政首先要维持政府机构的运转，才有余力提供公共品和服务。那么，公共财政余力不足可以增加税收呀，税收要考虑经济社会的承受能力，税收过重会损害企业和纳税人的生产积极性，从而损害社会经济效率。这就是政府规模、公共服务和社会经济发展的矛盾。如何解决这个矛盾是公共选择的一个重要课题。如果不能较大幅度提高税收，又要解决公共品和服务严重不足的矛盾，一种选择就是缩小政府规模。因此，我国许多经济学家认为，政府机构改革已经成为我们社会主义市场经济改革进一步发展的"瓶颈"，应该按照市场经济的要求精简政府机构和人员，建立小政府、大社会的社会管理机制。所以，公共选择仍然是我们面临的有着十分重大的现实意义的问题。

第三节　外部性问题及对策

一、外部性或外部经济效果的含义

　　外部性是指一个经济单位或人的经济活动对外部，即其他人，社会造成的影响所产生的经济损失或经济利益，不予赔偿或没有得到补偿的情况。萨缪尔森给外部性下的定义是：**外部性是一个经济机构对他人福利施加的一种未在市场交易中反映出来的影响。**

　　什么是未在市场交易中反映出来的影响呢？在市场经济中，两个私人厂商之间，如果 A 厂商的经营给 B 厂商造成损害或经济损失，B 厂商就会要求 A 厂商给予赔偿，而 A 厂商也会按照市场约定俗成的规则（造成多大损失给予多大赔偿）给予赔偿。在厂商和消费者之间或两个私人消费者之间也是如此。因此，在市场经济部门中，私人经济单位之间相互对福利或利益的影响都会在市场交易中得到反映（即补偿）。所以，**市场经济部门内部或私人物品可以说不存在外部性问题，是有效率的**。如果一家企业向天空排放废气，造成空气污染，给周围居民的生活质量造成损害，情况又怎样呢？因为天空是公共的资源，谁都可以利用，所以企业也无须向任何人赔偿这种损失（在环境保护法实施以前，情况就是这样）。比如，某企业是某城市空气污染的大户，由于空气污染，该市市民每年要额外得许多疾病，花许多冤枉的医疗费。但如果找该企业要求赔偿，该企业会说我是向天空排放烟尘的，我又没有把烟筒伸到你们家窗户里，你凭什么让我赔偿呢？这就是企业对周围居民福利造成的损害未在市场交易中反映的情况，这就产生了外部性问题。可见，**外部性问题是私人经济部门和公共经济部门之间（或结合部）以及公共经济部门内各经济单位之间产生的问题。在这个范围内市场机制不起作用或失灵了**。

外部性有多种形式，有些是正的（也称外部经济），有些是负的（也称外部不经济）。例如，企业向公共的河流排放有害废水，杀死鱼类，污染河流，但企业却无须向任何人赔偿这种损失，这就造成外部不经济；贝尔发明了电话，使我们无数人受益，但我们并没有向贝尔付钱，贝尔的发明就造成了外部经济。

二、外部性的非效率

1. 外部不经济对社会效率的损害

外部不经济最典型的例子就是对公共环境和资源的污染和损害，人类的经济活动本身就是不断地污染环境和消耗资源。只是一方面在早期由于人口稀少，经济活动的规模也小，这种污染是大自然自身的净化功能可以承受的。随着人口增长，经济活动规模日益扩大，污染的规模超过了大自然的承受能力，环境问题就成了人类关注的严重问题。另一方面，公共的河流、大气、海洋、森林是人们共有的生活环境和资源，谁都可以利用，谁都可以损害而无须赔偿，正是这种外部性的无效率加剧了公共环境和资源的恶化趋势。

私人企业的有害废水、废气在没有限制的条件下是不会处理就排放的。因为处理这些废水、废气是要花费私人成本的。而企业这样做实质上是把本该由私人承担的治污成本推给了社会。环境污染的日益严重，损害了公众的生活质量，公众就会要求政府治理污染。治理污染是要花钱的，这被称为社会成本，这个成本如果由政府出，等于由纳税人即公众出，这显然是不公平的。然而，经济学家关心的不仅是是否公平，而且还关心这样做对社会经济资源配置和利用效率的影响。因为厂商对环境造成的损害如果不受到追究、补偿和付出代价，它就不会停止损害。而政府不断地花钱治理污染，就意味着无休止地增加纳税人的负担和把社会经济资源不合理地分配和浪费，这就会导致资源配置和利用的无效率和无谓的损失。显然避免这种无效率的损失就要按照市场规则，由污染者承担治理污染的成本。

2. 外部经济的社会效率的损失

外部经济最典型的例子是技术发明。技术发明作为一种资源和公共品一样，是一种不可分割的资源。人人都可以享用和受益，而又不需支付发明的成本。因为技术发明的成本很昂贵，但复制却很低廉。在这种情况下，如果不采取一些措施保护发明人的权益和使发明人的成本得到补偿，就会损害技术创新的积极性和效率。因此专利权保护法和知识产权的保护就是为了避免这种外部经济的非效率。

外部性的非效率另一个典型表现就是公共经济部门和私人经济部门之间的非市场交易行为。政府部门每年要从市场经济部门采购大量物品。采购者个人是用公共部门的钱为公共部门采购物品，他个人没有利益。但这种采购权，却可以为个人谋取利益。售卖者是市场经济的私人企业，它是为个人谋取利益的。他知道如果给采购者个人一些好处就可以高价推销质次的物品。价格和质量是相对的，质次是相对于高价而言的，并非是质量低劣不能用的物品。在这种非市场的交易行为中，得到好处的是采购者个人，受损害的是公共经济部门的公共利益和效率，这是公共经济部门成本高、效率低的一个重要原因，这也是国有企业效率低下的一个致命原因。为了避免这种低效率，许多国家政府采取了集中、统一、公开招标的方式进行政府采购，对公共投资项目进行公开招标等，既降低了成本、提高了效率，又防止了腐败。这种招标采购方式的实质是用市场办法规范公共经济部门的行为。

三、针对外部性问题的对策

外部性的这种非效率是由于市场机制不起作用导致，矫正这种非效率应该按照市场制度边际成本=边际收益的效率原则制定相应的政策进行调节。为此，经济学者提出以下政策建议：

1. 使用税收、罚款和津贴的办法

对于造成外部不经济的企业，政府应采取罚款或征税的办法，追究其经济赔偿责任。例如，上述造成大气污染的例子，政府应该向污染者征税或罚款，其数额要等于治理污染所需的费用。就是说，要让污染者承担治污所需的成本，从而使污染者的边际收益和边际成本相等。这样，企业就会明白，任何给社会或他人造成损害都是要付出代价或成本的，为了避免私人成本的上升，企业就会千方百计减少污染，停止损害，从而避免社会经济资源无效率的配置和浪费，就像市场竞争机制调节的那样。现代的环境保护法就是依据这一原则制定的，它规定了各种废气、废水的排放标准，超标准排放就要受到严厉的处罚和巨额罚款，这种措施也被称为对企业的社会管制。尽管这一措施还有许多问题有待研究，但它大大减少了厂商对环境的污染及政府治理污染的费用，也就大大减少了资源的浪费。

政府用环境保护法规对企业进行社会管制的办法是政府命令而非市场办法的观点是不对的。这个办法实质上是让政府作为公共环境和资源的监护人向私人企业部门宣布公共环境和资源的利益不得侵犯，侵犯了就要赔偿，如此而已。就像私人经济部门中私人企业之间约定俗成的市场规则一样，侵犯了别人的利益就要赔偿。当然，在许多情况下，零排放是不可能的，所以要制定合适的排放标准。至于罚款数额是多少才合适、怎样计算，是否能精确做到边际收益正好等于边际成本，这都是不重要的。许多污染的损害价值是无法用货币来衡量的，私人经济部门中的一些损害也是无法用货币来衡量的，比如精神损害。所以，损害就要赔偿就是市场办法，大致差不多就可以了，要把排放标准、税收数额计算得那么精确，还要做到边际收益正好等于边际成本，就有点不太现实。

对于造成外部经济的企业或个人，政府则可以采取津贴的办法给予补偿。比如上例的技术发明，除专利法、知识产权保护法规以外，政府还应对有重要发明和创新的人给予特殊津贴，以补偿他们对社会做出的贡献。

2. 使用规定财产权的办法：科斯定理

科斯认为，在许多情况下，产生外部性问题是由于财产权不明确，如果国家采取规定或明确财产权的办法，市场机制就会起调节作用。有些外部性问题就不会发生。例如，一条公共河流的污染，由于河流是公共的资源，谁对它也没有财产权。因此，谁都可以向河流排放污水而不受到追究，这就必然导致河流的污染日益严重。如果国家将河流的财产权分段赋予流经地段的当地政府，或水资源开发利用公司之类的单位，那么上游的污染者必然会受到下游被损害者的追究和赔偿要求，就像市场机制在产权明确的私人经济单位之间的调节那样，其结果必然是有效率的。因此，科斯认为，**只要财产权是明确的，并且其交易成本为零或者很小，则无论在开始时将财产权赋予谁，市场均衡的最终结果都是有效率的。这被称为"科斯定理"。**或者可以这样说，在有产权和低交易成本的情况下，就没有外部性。比如私人市场经济部门中的情况，交易各方考虑了所有的成本与利益。对于科斯定理还需要强调一点的是，科斯认为，产权归谁并不重要，只要明确产权，市场机制就会起调节作用，其结果必然是有效率的。科斯定理当然只适用于可以明确产权的情况，比如河流、湖泊等。一些无法明确产权的情况，如上例的空气，则适用上述的成本等于收益的原则。

3. 公开、竞价、招标的办法

矫正公共经济部门或企业与私人经济部门的非市场交易行为的关键是在采购和销售等关键环节上采取公开、竞价、招标的办法避免个人行为，强化企业行为。这样不仅会避免非市场交易行为，防止腐败，而且会避免该行为对价格体系的干扰和造成价格扭曲。这一点对于提高社会主义市场经济国家的效率，特别是国有企业的效率，防止政府腐败尤为重要。竞价、招标办法的关键是公开、透明，禁止暗箱操作。

第四节　反垄断政策

一、反垄断政策的依据和问题

市场竞争自然会产生一些垄断势力，即在竞争中获胜的企业随着规模的扩大自然会走向垄断，但垄断又会对市场竞争效率造成损害。因此，西方学者认为，为了提高经济运行的效率，政府应采取反垄断政策和限制企业规模的办法来限制垄断因素的发展，提高市场的竞争程度和经济效率，这就是反垄断政策的依据。

企业在竞争中走向或形成垄断的方式主要有两种：一种方式是企业间以协议或口头默许的方式，在产品价格、销量（市场份额）等方面达成联合，以垄断市场，这种方式也称为卡特尔式的企业联合垄断，是企业在竞争方式上采取不正当竞争行为形成的联合垄断。另一种方式是企业通过兼并（外部扩张）和企业自身实力的增长（内部扩张）从而占据或垄断一个行业大部分市场份额的情况，这种企业扩张并占据市场统治地位的垄断方式被称为康采恩式的企业集中垄断。在反垄断政策的早期，人们没有注意区分这两种不同方式的垄断，只是笼统地反垄断，特别是反对康采恩式的企业集中垄断，即在企业结构上反垄断。这就产生了一个问题，难道在竞争中发展壮大就是罪过吗？就应该受到管制的待遇？这是否违背了自由竞争的原则呢？这确实是一个矛盾。这个矛盾使西方国家反垄断政策的司法实践经常左右摇摆。

另外，垄断既然是市场竞争发展的一个趋势，这自然应该有它的道理，它是

否是生产社会化的一种形式呢？比如在今天的美国，和众多小厂商并存的是 1000
家大公司垄断和领导着美国主要的行业和产业的生产。这些大公司在生产上更注
意计划性和协调，由于公众持股比例的增大，资本社会化程度也在提高，公司
在生产目标和行为方式上都发生了一些重要的变化，[①] 当然这一趋向的性质还不宜
过早下结论，还有待观察和思考。

二、反垄断政策的实践和矛盾

为了限制垄断因素，提高市场竞争程度，西方各国都程度不同地制定了反垄
断法或反托拉斯法。但是，由于早期的反垄断法律没有注意区分这两种不同方式
的垄断，并且与自由竞争原则相冲突，反垄断政策的实践是在矛盾中发展的。这
里我们以美国为例，作一简单介绍。

从 1890 年到 1950 年，美国国会通过一系列法案反对垄断。如谢尔曼法
（1890）、克莱顿法（1914）、联邦贸易委员会法（1914）、罗宾逊—帕特曼法
（1936）、惠特—李法（1938），等等。这些法律规定，限制贸易的协议或共谋垄
断或企图垄断市场、兼并、排他性规定、价格歧视，不正当竞争或欺诈行为等都
是非法。例如谢尔曼法规定：任何以托拉斯（联合）或其他形式进行的兼并或共
谋，任何与他人联手或勾结起来限制洲际或国际的贸易或商业活动的合同，均属
非法。克莱顿法修正和加强了谢尔曼法，禁止不公平竞争，宣布导致削弱竞争或
者造成垄断的不正当做法为非法。联邦贸易委员会法规定，建立联邦贸易委员会
（FTC）作为独立的管理机构，授权防止不公平竞争以及商业欺骗行为等。

这些反垄断法律只是表达了政府反对垄断、鼓励竞争的意向和决心以及一般
原则，对于许多具体的经济活动没有明确的概念来界定其合法还是非法，因此，
反垄断法的实施和操作是在理论和实践的矛盾中发展的。

在反垄断的早期，人们更关注企业结构造成的垄断，结构性反垄断的司法实
践却处在两难选择的矛盾中。经济理论认为垄断主要产生于企业的结构，即大企
业集团独占一个行业或产业大部分市场份额的情况，因为这种企业或产业结构限
制和排斥竞争。因此在结构上反垄断就要解散垄断组织，限制企业规模。谢尔曼
法颁布后，美国反垄断的第一次浪潮是着力于解散垄断组织。比如，1911 年美国
最高法院命令美国烟草公司和美国标准石油公司等 40 多家大垄断公司分别肢解
为若干独立的小公司。再如，现代著名的美国电话电报公司被肢解的案件：1983
年以前美国电话电报公司（贝尔系统）垄断了美国电信业务的 80%~90%，1984

---

① 加尔布雷思：《新工业国》，商务印书馆，1980 年版。

年被肢解为 7 个独立的电话公司。再就是当代轰动全美的微软公司涉嫌垄断案。

难道企业发展壮大就有罪吗？这也确实从法理上说不过去。例如，1920 年美国钢铁公司（摩根集团）在其高峰时，垄断了美国钢铁市场 60% 的市场份额，但美国最高法院认为，企业规模大小本身并不构成违法问题。然而 1945 年美国铝公司案件则相反，美国铝公司占有 90% 的铝市场份额，但它们达到这一步的手段都是合法竞争，然而法院却判决美国铝公司违法，认为哪怕是合法获得的垄断权力，也会引起经济病态，应当判罪。再就是现代著名的、历时最久的美国国际商用机器公司（IBM）案件。1967 年政府指控 IBM 公司垄断了 76% 的市场份额，IBM 顽强抗诉，此案久拖不决，直到里根政府上台，1982 年此案撤销，不了了之。结构性反垄断司法实践的矛盾，一方面和经济思想潮流的变化有关，例如 20 世纪 80 年代经济自由主义兴起，里根政府撤销了许多企业管制措施，企业又掀起了大规模的兼并浪潮；另一方面也确实是由于理论与实践的矛盾，例如，经济理论认为，垄断会维持高价格，但有的实践表明，集中程度高的产业比集中程度低的产业价格下降更快。

上述种种矛盾，根源于反垄断政策与自由竞争原则的矛盾。美国人在这种矛盾的实践中思考，力图使反垄断政策与自由竞争原则统一起来。特别是经济全球化时代的到来，使美国人的反垄断思想和法律观点发生了重大变化：一是限制企业规模或结构性反垄断既违反自由竞争原则又不利于美国企业参与国际市场的竞争。而且大企业集团雄厚的经济实力是新技术、新发明开发研究的条件，大企业一般是技术创新的承担者，那么"杀掉这种下金蛋的鹅就是愚蠢的"。二是实践表明，只要大企业之间不勾结，就存在激烈的竞争，就是有效率的，只有企业的勾结行为才损害市场竞争效率，才是应该受反垄断法限制的。基于上述认识，美国最新的反垄断思想认为，企业在竞争中发展壮大是不违法的。或者说，反垄断法不再限制企业规模的扩大，而是注重在企业竞争行为上反对不正当、不公平竞争行为。

三、美国最新的反垄断法律观点

美国最新的法律观点认为，下述企业不正当竞争行为为非法：

1. 竞争性企业之间规定价格、限制产量和瓜分市场的协定

这实际上是指传统的卡特尔式的企业联合垄断行为。这表明美国最新的反垄断法律观点从理论上区分了企业在竞争中走向或形成垄断的两种方式，不再认为康采恩式的企业集中为非法。即企业在合法竞争中从小到大从而占有一定的市场份额不再是非法，只有竞争性企业的联合垄断行为才是非法。

2. 低价倾销（即企业以低于其成本的价格销售产品）也称掠夺性定价

企业以低于其成本的价格销售产品，实际上就是企业以自杀的竞争方式掠夺其竞争对手的市场份额。这是大企业打败小企业经常采用的一种不正当竞争方式。但是，在国际市场竞争中，由于不同国家经济发展水平差距较大，不同国家生产要素的价格和产品成本差距也较大。发展中国家低成本、低价格的产品进入发达国家的市场，经常对发达国家的市场造成冲击，发达国家经常怀疑发展中国家存在低价倾销行为。比如，我国"入世"后几年间，产品遭遇了900多起国际上的反倾销诉讼和调查就属于这种情况。在这种情况下，只要企业产品价格不低于企业正常成本就不属于低价倾销的不正当竞争行为。

3. 捆绑销售

购买者只有购买 A 商品企业才出售 B 商品。这是常见的企业推销滞销商品的一种方式。这种方式从企业的角度讲是一种不正当竞争的方式；从消费者的角度讲是对消费者选择权的一种限制，对消费者是不公平的。

4. 价格歧视

企业对不同顾客按不同价格出售相同商品。这种情况就是常见的企业以"会员价"、"内部价"的方式促销商品，这种行为很明显是对消费者权益的侵犯，对消费者是不公平的。因此是不公平的竞争行为。

以上行为都是企业不公正、不公平竞争的行为，不公平竞争对市场参与者公平交易的权利和市场机制的效率造成损害，因此被认为非法。由于美国在经济上和经济学发展上在世界具有领导地位，美国最新的反垄断法律观点也被世界所接受。

四、反垄断法的宗旨和意义

反垄断法的宗旨是保护和鼓励公平竞争，以提高市场经济运行的效率，公正地维护市场参与者的合法权益。只有一个公平自由竞争的市场，才是一个完善的高效率运转的市场，这也是各市场经济国家的共识。但是，由于历史的、社会的原因，垄断因素并不仅仅产生于企业联合垄断，社会权力、政治权力都会造成市场垄断，损害市场公平竞争和市场参与者的合法权益。因此，排除各种垄断势力和因素，建设一个公正、公平、自由竞争的市场是各市场经济国家都坚决实行反垄断政策的目的和意义。

例如，我国由于历史和体制的原因，交通、石油、通信、建筑、医疗、教育等行业都是由政府部门垄断经营的。这些行业提供的产品和服务有的具有纯粹的公共品性质，如交通部门；有的具有纯粹的私人品性质，如石油、通信、建筑部门；还有的具有半公共品半私人品性质，如医疗、教育部门。随着市场化、企业化的改革，中央政府也想了许多办法加快这些部门的改革，促进这些部门的竞争，提高这些部门的效率。但是，由于部门利益的驱使，这些部门在某种程度上维持着垄断经营。这种垄断经营造成了诸多社会问题。

石油、通信和住宅是现代公民的基本生活资料，具有纯粹的私人品性质。随着市场化、企业化的改革，政府想了许多办法促进这些部门的竞争，提高这些部门的效率。比如，为了打破汽油市场中石化独家垄断的局面，政府又组建了中石油等其他油品供给公司，试图促使企业之间展开竞争，形成汽油市场合理的市场价格。但是，中石油和中石化分家后，中石油每公升汽油的价格只比中石化低了1角钱以示"竞争"，几个月后，就恢复了原价，与中石化保持相同的价格，联合起来共同垄断了中国的油品市场。能源部几家企业的联合垄断经营导致中国油品市场的价格只升不降，说是和国际油价接轨，国际市场油价升它也升，国际市场油价降它不降反而升。2006年，国际市场油价上升到每桶70美元，中国的汽油价格也上升到创纪录的每公升5元人民币，比食用油都贵了。可是，国际市场油价下降到每桶50美元，中国的汽油价格仍然维持每公升5元人民币的高价不降。因此，不深化能源部门的企业体制改革，打破能源部几家企业的联合垄断，中国的消费者只能感叹买车易、养车难。

通信部门的情况与石油部门大同小异。尽管国家为了促进通信行业的企业竞争，形成通信市场合理的市场价格做了许多工作，比如组建了中国联通、中国电信、中国网通、中国移动等众多的公司。但是，时至今日，中国的通信市场仍然是企业联合垄断经营的局面，在通信产品和服务上至今维持高价格。美国公民的收入平均是中国公民收入的30~40倍，而中国公民支付的各类通信产品和服务的价格平均是美国公民支付价格的5~7倍。可见我国完善社会主义市场经济的道路还任重道远，特别是反垄断的任务异常艰巨。

问题最多的还是建筑市场。尽管经过多年的市场经济改革，我国建筑行业已经形成了一批数量可观的民营建筑企业，但是，由于土地的国家所有制，由于城市不许居民私人集资建房，建筑资源和项目仍然控制在建设部及相关政府部门手里。建设部及相关政府部门对建筑资源的垄断，导致了民营建筑企业之间的竞争，主要不是在竞争如何降低建筑成本，为居民提供物美价廉的住房产品上，而主要是在如何从政府相关部门拿到土地资源和建筑项目上竞争。这种竞争必然导致回扣之风和非市场交易行为的大量存在，并且形成了建筑行业的潜规则。这种资源垄断和回扣等非市场交易行为不仅产生腐败，而且严重扭曲了我国住房市场的价格。因为建筑商花出去的每一分钱，最终都是由消费者埋单的。这导致我国住房价格高于正常建筑成本几倍甚至 10 倍以上。2006 年，在消费者住房难的呼声中，国家和政府下大力气整顿建筑市场的秩序，希望把不正常的住房价格降下来，但是目前的房价仍未达到广大消费者认为合理的价格水平。

以上分析说明了反垄断政策的宗旨和意义，建设一个完善的市场经济社会离不开政府的反垄断政策。2006 年我国政府提出要加快反垄断法的出台，我们期望它尽快出台，并希望它能解决我国市场的反垄断问题，促进我国社会主义市场经济的完善和发展。

第五节　信息不完全性及对策

一、信息不完全性的含义

西方经济学有一个完全信息的假定，即假定消费者和生产者对于他们面临选择的有关经济情况都拥有完全的信息。例如，当一个消费者购买物品时，假定他对物品的价格、质量、性能等多方面情况完全了解。这个假定从方法论的意义上讲，它是抽象分析的需要；从理论意义上讲它意味着，如果参与市场运作的各方都拥有完全的信息，市场系统将更有效率地运作。

但市场系统从它产生那天起参与市场运作的各方的信息都是不完全的，因此，可以说信息不完全性是市场系统本身具有的一个特点，或者说是一个缺陷。

这个缺陷从哲学的角度看是不可避免的。一方面，市场系统本身是不断发展的，每时每刻都有大量的新产品、新技术、新信息产生；另一方面，参与市场运作的各方了解信息的认识能力又是有限的。在当今的信息时代，任何一个生产者或消费者都不可能完全了解每一个新信息对自己生活的意义。出于无奈，有的学者提出人们只需了解有用信息，不需要了解完全信息。

综上所述，可以将信息不完全性的含义概括如下：**由于市场系统和人们认识能力本身的限制，参与市场的各方在许多情况下对于他们面临选择的有关经济信息的了解总是有限的、不完全的。这种信息的不完全性对市场效率会产生不利的影响。**

信息不完全性对市场效率的不利影响的例子很多，在实际经济生活中经常看到一个谣传会引起消费者错误的购买决定和价格的异常波动，价格的异常波动又给生产者一个错误的市场信号；厂商广告中的不实、夸大之词常常引起消费者上当受骗。而有些保健品也确实对一些人有效果，另一些人使用则没有效果；消费者经常由于对他所需购买的物品的性能、质量等信息不了解而放弃购买决定等。

二、针对信息不完全性的对策

为了消除或减轻信息不完全性对市场效率的不利影响，政府应该采取的对策是建立规范市场运作的一些法规和制度措施。

1. 质量标准

各国政府对各类产品的生产都制定了质量标准体系，其中有行业标准，国家标准、国际标准等。这种质量标准制度一方面对厂商的生产行为是个规范，厂商不得以不规范生产的伪劣产品欺骗消费者；另一方面也是对社会和消费者的一个产品质量的保证和承诺。厂商执行的标准越高，越能受到消费者信任。消费者在选择产品时，不需要了解产品质量方方面面的信息，只要了解该产品执行的是哪类质量标准。一般来讲，行业标准是产品必须达到的最低质量标准，达不到这个标准就是不合格的伪劣产品；国家标准是在一国范围要求该产品达到的技术质量标准，它比行业标准要高；国际标准是在世界范围各国都接受的标准，也是最高的标准。消费者在选择产品时，了解了产品执行的质量标准，就会对产品质量有一个基本的判断和信任，这就大大减少了消费者由于信息不完全造成的购买决策的障碍。

2. 消费者权益保护法规

消费者权益保护法规是规范市场交易行为的法规。各国的法规大同小异，但基本原则是，厂商不得隐瞒应该向消费者提供的有关产品信息，不得向消费者提供虚假的产品信息来误导消费者。消费者由于虚假信息的误导而造成的损失，厂商负有赔偿责任等。因此消费者权益保护法规的意义在于规范市场交易行为，消除由于信息不完全造成的市场交易障碍，提高市场交易的效率。消费者要学会运用消费者权益保护法规保护自己的权益，最重要的是在购买产品时特别是重要耐用品时，一定要索要和保存购物发票，这是消费者权益受到损害时寻求法律保护的凭证。

3. 委托—代理问题

在许多企业中，物业的所有者、业主由于对物业经营的方方面面的信息和知识不足，因而将物业委托给在这方面具有较多信息和专业知识的物业经理经营。这就是由于信息不完全或信息不对称（业主的信息不如物业经理的多）产生的委托—代理问题。

由于业主的信息比物业经理的少，监督物业经理的代价高昂，而且在许多情况下，业主不可能对物业经理实行完全有效的监督，这就使物业经理追求自己的利益和目标成为可能，甚至以不惜牺牲业主的利益为代价，在这种情况下，就会使企业的经营效率受到损失。因此信息不完全性和代价高昂的监督如何影响代理人的行为？什么样的机制可以使物业经理具有为业主利益工作的动力，从而保证企业的效率是委托—代理问题讨论的实质问题。

从经济人的利益原则讲，每个人都在追求自己的最大利益，业主的目标无疑是使他的物业利润最大化，代理人即物业经理的目标是什么呢，如果物业经理只是拿固定的报酬或工资，那么取得一点利润可以给业主交代就可以了，追求最大利润与他的关系不大，即物业经理不会以追求最大利润为目标。这种目标上的差异必然影响企业的效率。因此从利益原则上讲，要使物业经理为业主的利益目标工作，就要设计一种激励机制使物业经理按一定比例分享利润的增长部分。由于物业经理分享的只是利润增长中的一部分，业主的利益也在增长，而且这样一来，业主的目标也就成为物业经理的目标，企业才能是完全有效率的。激励机制的设计是管理学的重要课题，而且有许多不同情况下的设计方案，理论经济学只是说明原则，即利益原则是激励机制的核心。

第六节　反贫困和福利政策

市场竞争机制会扩大收入分配的差距，收入分配差距的扩大会导致严重的社会利益冲突，损害经济社会的效率。只有改善收入分配的不平等程度，缩小收入分配的差距和消除贫困，才能促进经济社会的稳定发展。19 世纪末和 20 世纪初，西欧一些国家的政府首先承担起了这一责任，他们认为政府对人民的基本福利负有责任。政府的这一新的观念和职能被认为是西方福利国家或福利政策的起源。

一、福利政策的目标和内容

发达市场经济国家福利政策的基本目标：一是对国民提供基本的生活保障；二是改善收入分配的不均等程度，增进社会经济平等。

现代西方工业国家一般都根据本国的经济发展水平规定了国民的最低收入水平或最低生活水平标准（贫困线），对达不到这一收入标准的低收入或无收入的孤寡老人、残疾人、妇女、儿童、失业者等贫困人口由政府给予程度不同的福利补助或救济金，以保障国民的基本生活和儿童的正常发育。

福利补助的形式多种多样，如公共养老金、食品补助、住房补助、现金补助、失业保险、医疗补助或保险等。

政府的福利政策支出来自纳税人的税收，因此政府资助贫弱人口的福利支出是和国民收入再分配的税收政策相联系的。

二、税收政策

个人累进所得税政策对于缩小收入分配差距，为政府的福利政策提供资金来源起着重要作用。下面以美国为例，介绍西方的个人累进所得税政策（见表7-1）。

表 7-1　1976 年美国个人所得税累进税率

单位：美元

①个人净收入	②个人所得税	③平均税率（%）③＝②÷①	④纳税后可支配的收入④＝①－②
1500 以下	0	0	1500
2000	70	3.5	1930
3000	215	7.2	2785
4000	370	9.3	3630
5000	535	10.7	4465
10000	1490	14.9	8510
20000	3960	19.8	16040
50000	16310	32.6	33690
100000	44280	44.3	55720
200000	109945	55.0	90055
400000	249930	62.5	150070
1000000	669930	67.0	330070
10000000	6969930	69.7	3030070

资料来源：萨缪尔森：《经济学》第 10 版，上册，第 237 页。

从表 7-1 中看到，收入越高，个人所得税率累进越高，纳税后个人可支配收入的差距大大缩小了。另外，政府的税收收入是施行福利补助政策的重要资金来源。由此可以理解现代西方政府是如何利用税收政策和福利政策来调节国民收入的再分配、增进经济平等的。

另外，也可以看到如此高的个人所得税率对人们投资和生产的积极性是有影响的，投资和生产的积极性下降就会使经济效率受到损害。20 世纪 70 年代美国个人累进所得税率达到历史最高，其中最高税率达到 69.7%，这意味着一个美国家庭，如果年收入在 10000000 美元，就要交 700000 美元的所得税。这对人们的投资和生产积极性确实有很大的影响。进入 20 世纪 80 年代，随着提高效率，改进福利政策的呼声高涨，里根政府采取了一系列减税政策，到克林顿政府个人累进所得税的最高税率降到 39%，同时对高收入家庭加征 10% 的特别税。布什政府又进一步提出减税计划，该计划最高税率将降到 33%。当然，最高税率下降，其他税率也累进下降。在美国政府降低税率促进人们的投资和生产积极性、提高效率的同时，美国的经济学家则在考虑改进福利政策，使福利政策的设计既要有利于救助贫困人口、增进经济平等，又要有利于促进他们积极工作，增进社会经济效率。福利政策改进的一个典型方案就是负所得税方案。

三、福利改革：负所得税方案

在西方国家中，福利政策尽管对帮助穷人，改善收入不平等，消除贫困起到了积极的作用，但从实践中看，福利政策的一个负效果是对经济效率的损害。对经济效率的损害不仅在于过高税率影响了人们投资和生产的积极性，而且由于广泛的福利培养了人们的惰性。福利政策本身的一些缺陷也使一些能参加工作的穷人放弃参加工作。比如，一个接受福利补助的父亲，如果有一个报酬数百元的工作机会，那么接受这个工作就会使他损失数千元的救济金。因为一旦参加工作，有了收入，福利补助就取消了，所以权衡之下，还是不工作为好。这种情况的普遍存在无疑是对社会经济效率的一种损害。而且纳税人也对政府有意见，他们认为，他们纳的税款资助了一些能工作而又不参加工作的人。

因此，如何既向贫困人口提供补助，又能鼓励他们积极工作，西方学者提出了一个两全的方案：负所得税方案。

负所得税的含义是，对于处于贫困线以下的家庭被认为是没有能力纳税的，他们应该得到政府的补助。这种补助是一种相反方向的赋税，即负所得税。而负所得税方案与单纯的福利补助政策不同的是，在福利政策下，一个人即使得到一个劣等的工作，也会马上失掉一切补助，负所得税方案则鼓励穷人积极参加工作，改善自己的经济状况，即使他们通过自己的努力挣到 1000 元，甚至 100 元收入，也会提高自己的纳税后收入。表 7-2 说明了这一方案的思想内容，表中的数字是假定的，它可以根据一国的贫困线或最低收入水平线而修改。[①]

表 7-2 表达的思想是，如果公民个人挣到的收入为 0，他可以到政府相关部门领取 3000 美元的补助，即他纳的是负所得税，纳税后的个人可支配收入为3000 美元。如果他积极寻找工作，挣到 2000 美元收入，但还在贫困线水平以下，他还可以到政府相关部门领取 2000 美元的补助，他的纳税后的个人可支配收入增加到 4000 美元。就是说，积极工作可以增加自己的纳税后的个人可支配收入。

---

① 该表说明引自萨缪尔森：《经济学》第 10 版，下册，第 240 页，该表假定的贫困线水平为 6000 美元。

表 7-2 可能的负所得税方案

单位：美元

私人挣到的收入	税款的代数值纳税为+，得到补助为-	纳税后的收入
0	-3000	3000
2000	-2000	4000
4000	-1000	5000
5000	-500	5500
6000	0	6000
7000	+500	6500

挣到 6000 美元收入，达到贫困线水平，既不纳税也不需要补助，个人挣到的收入超过 6000 美元，就开始纳正税，超过的越多，个人累进所得税率累进得越高，个人纳的正税也累进增加。

萨缪尔森说："负所得税规定最低收入水平，同时保护积极性和管理效率，收入高于规定的贫困线，人们自然要随着收入的增加而多纳税，收入低于贫困线，则应得到转移支付，即实际上的负所得税，应该注意，第三栏的数字表明积极性受到保护，个人努力挣钱总是有助于提高个人实际得到的净收入。"

可见，该方案既有利于兼顾公平又有利于提高效率，是对单纯的福利补助政策的一个重要改进。经济学家的研究成果得到政府的采纳。20 世纪 90 年代美国联邦所得税以所得税抵免的方式（即负所得税）对低收入者进行补助，同时又鼓励低收入者积极工作。但是该方式补助的只是参加工作的人，对于无能力参加工作的贫困人口的福利问题则需要不同的福利补助方式。

四、医疗保健和改革

给国民提供基本的医疗保健服务是西方发达市场经济国家福利政策的一项重要内容，从 20 世纪初期开始西方发达市场经济国家就程度不同地建立起了惠及全民的公共医疗保健体系。但是随着西方工业社会进入富裕社会，医疗保健需求日益增加，医疗保健业也就成为近十年发展最快的一个行业。由于医疗保健品或服务兼有公共物品和私人物品的双重性质或特点，医疗保健业的一些资源浪费和经济效率问题成为西方经济学关注的福利改革的热点问题。

医疗保健业的公共品性质表现在流行传染病的防治、医药、生命科学的研究，良好的医疗条件关系到公众的健康水平和社会劳动生产力水平的提高。国民健康水平又是福利国家的一项重要标志。正是由于这一性质，政府介入了医疗保健业，承担起了向国民提供基本的医疗保健服务的责任，特别是向无收入或低收入人群提供的医疗服务成为社会福利的一项重要内容。

医疗保健业的私人品性质表现在医疗、保健产品和服务又是成本昂贵、资源有限、可分割的、竞争性很强的行业。增加一个消费者享受医疗服务就要增加一单位医疗成本。如果社会成员都不计成本地将医疗保健品和服务当作免费品来享用，那么，无病保养，小病大治的情况就会发生，这被称为道德风险。实践表明，这种道德风险导致了医疗费用和成本迅速上升，以致达到纳税人和社会都承担不起的地步。这种情况表明稀缺的医疗资源没有被有效率地利用，存在着巨大的浪费，这是现代西方社会政府提供的免费医疗陷入困境和医疗福利改革呼声高涨的原因。

医疗保险业的情况也不尽如人意，医疗保险是消费者向保险公司缴纳一定的医疗保险金（有全额、大额等之分），当消费者有病治疗时，则由保险公司支付医疗费用（也有全额或大额之分），这被称为第三方支付，这种机制的问题是，一方面第三方支付仍然会产生道德风险问题，甚至会加剧道德风险，因为消费者治疗费用没有花够他投保的金额，他会有一种吃亏的感觉。另一方面，由于消费者与保险公司的信息不对称，会导致保险公司的逆向选择，消费者对自己的健康状况的信息是最清楚的，而保险公司并不清楚，因此保险公司在制定保险费率时为了预防大病风险，一般都根据平均成本来定保险费率，即费率都比较高。这被称为逆向选择。这种逆向选择对消费者产生的影响是，二十几岁年轻人投保的人数越来越少，因为他们认为，年轻时期生病的概率很小，支付如此高的保费是不值得的，等到四五十岁的高生病期再投保。随着高龄人群投保人数的增加，保险公司的风险更大，保险费率更要提高。这种逆向选择的循环使医疗保险费成了低收入者支付不起的费用。这就失去了医疗保险保证公众健康的作用。

以上说明了医疗保健业的双重性质以及道德风险、信息不对称、逆向选择所产生的高成本、低效率，资源浪费严重，纳税人和社会不堪重负的问题。由于上述原因，医疗保健业的改革成为当代西方社会和经济学界关注的热点。改革的思路和难点在于，既然医疗保健产品和服务具有双重性质，那么医疗保健业应该设计和建立政府和市场相结合的运行机制。在医疗保健业要搞清楚哪些是政府管理的范围，即政府向公众提供哪些医疗保健公共品的服务；哪些是市场机制调节的范围，在这个范围，公众要承担一定的医疗成本。**改革的目标是，既要公平地向公众提供基本的医疗保健服务，保证国民的健康水平，又要使稀缺的医疗资源有效率地利用，避免浪费和无谓的损失。**根据这一目标，发达市场经济国家对自己的国民医疗保健体系进行了改革。尽管各国的改革措施略有差异，但基本精神是，依据医疗保健品的双重性质，政府承担起了向国民提供基本的医疗保健服务的责任，保证国民的基本健康需要，特别是向无收入或低收入人群提供的医疗服务成为社会福利的一项重要内容。同时，利用市场供求机制，充分调动一切医疗资源，满足社会不同收入成员的各种医疗服务需要。

医疗保健服务关系到国民的基本健康和生存需要，也是我国社会主义市场经济发展中面临的一个重大社会问题。为了更好地借鉴发达市场经济国家的经验，下面介绍欧洲和日本的医疗保健业改革。

1. 欧洲国家的社会医疗保障制度改革

欧洲是社会医疗保障制度的发源地。在欧洲各国，把国民的健康和医疗保健服务看成是公民基本的生存和社会权利，认为国家应该承担起公民的基本医疗保健服务。在这一理念指导下，早在 20 世纪上半期，欧洲各国都程度不同地建立起了惠及全民的社会医疗保障制度，这也是欧洲国家福利政策的重要内容。20 世纪 90 年代，欧洲各国开始的社会医疗保障制度改革主要是由于以下两方面原因：

一方面，随着欧洲进入富裕社会，人们对医疗保健服务的需求日益增强。同时，人口老龄化日益加剧，欧盟国家 65 岁以上老人占总人口的比例将从 1995 年的 15.5%上升到 20%；医保福利使医患双方缺乏费用制约；再加上道德风险、逆向选择等因素使医疗费用迅速上升，达到国家和社会承担不起的地步。

另一方面，随着经济全球化和国际间竞争日益激烈，国家和企业的压力越来越大。从微观上讲，过高的、法定的企业医疗保险缴费增大了企业运营成本和产品价格，从而使产品和企业的国际竞争力下降。从宏观上讲，过高的医保福利导致政府支出和税收增加，最终恶化企业的经营条件和该国的投资环境。最后，欧洲各国政府财政赤字和公债余额已经十分巨大，按财政政策安全线标准，政府财政赤字和公债余额必须控制在年 GDP 的 3%和 60%以内，这在客观上抑制了国家在医保方面增加财政投入的可能。

在此情况下，20 世纪 90 年代，欧盟开始医保改革。改革的目标是，在国家承担公民的基本医疗保健服务的前提下，节省费用和提高服务效率、质量两大目标并举。在改革的制度安排方面，一方面抑制不合理的需求。例如，尽可能减弱由于医患双方严重信息不对称造成的供方诱导需求；同时，建立一种抑制需方过度需求的约束机制，比如提高患者支付比例。另一方面，从供给方面，在医疗保健服务单位引入竞争机制，建立促进降低成本、改善服务、提高效率的激励机制。

2. 日本社会医疗保障制度改革

日本社会医疗保障制度面临和欧洲国家相同的问题，为解决医疗费用不断上升，社会不堪重负的问题，日本的改革措施有以下几项：

（1）老年医疗费改革。长期以来，日本 70 岁以上老人看病，无论实际花费多少，本人每次只交 530 日元，而且一月内已交过 4 次，其后无论看几次病都可免费。由此形成一些老人没事就到医院看医生的习惯，针对这一现象，日本政府决定对老年医疗费实行个人负担 10% 的新措施。

（2）对医院实行医疗费用承包制或定额制。

（3）对药费实行国家统一定价，医疗基金按国家定价报销的制度。日本也是药费占医疗费比例较高的国家。日本全国有 400 家民营制药企业，医疗机构为了牟利，尽可能压价购买药品，同时，医生尽可能给患者多开药。为改变这一局面，日本实行对国家认可的 12000 种药品实行国家统一定价，如一片抗生素 100日元，医疗机构无论多少价格购买，医疗基金都只报 100 日元。

（4）对医院和诊所进行分工和调整。日本有 9000 家医院和 90000 家诊所。由于人们普遍迷信大医院，造成医疗资源和费用的浪费。为了改变这一状况，医疗改革将进一步划分医院和诊所的功能。当参保者患普通病时，先要到诊所治疗，诊所医生认为需要到大医院治疗时，由医生出具介绍信方可到大医院就医。这样既可减少医疗费用浪费，也可使大医院集中精力治疗大病。

本章总结和提要

市场经济制度除了资源配置的高效率外，也是有缺陷的。本章针对市场失灵和缺陷问题说明了相应的微观经济政策。学习本章重点要理解在公共物品、外部性领域市场机制为什么不起作用？垄断势力、信息不完全、收入分配差距扩大、经济危机等怎样损害了市场效率？经济学家为了弥补市场制度的缺陷提出了哪些微观经济政策？这些政策是否促进了市场制度更有效率的运行？是否还有更好的政策和办法？

思考题

1. 你如何理解市场失灵的含义？
2. 仔细分析公共品和私人品的区别，思考一下公共品的生产为什么没有效率？
3. 公共选择理论主要探讨什么问题？有什么重要意义？
4. 请用你观察到的事例说明外部性的含义。
5. 你对美国最新的反垄断法律观点有什么评价？
6. 反垄断政策的宗旨和意义是什么？

7. 信息不完全性的含义是什么? 你购物索要和保存购物发票吗?

8. 反贫困和福利政策产生的背景、内容和意义是什么?

9. 你认为负所得税方案对于提高社会公平和效率有意义吗? 为什么?

下篇 宏观经济学

宏观经济学是从整体上考察和说明市场经济系统的运行质量、波动原因及政府可能采取的对策，以促进市场经济系统的稳定运行和国民财富的稳定增长。

第八章 国民收入的核算和循环

　　作为宏观经济学的开篇，本章的主要内容有：说明宏观经济学的研究对象和政府的经济职能；探讨国民经济运行质量的度量指标和核算方法；通过对国民收入循环的分析概括出国民收入总公式，作为分析宏观经济问题的工具。

　　在宏观经济学中，政府是一个重要的角色。理论经济学或宏观经济学的任务就是通过对市场经济系统或国民经济运行质量、波动原因的探讨和分析为政府的行动提供理论依据和政策建议，帮助政府更好地发挥其职能，尽到其责任。对于普通公民来说，学习宏观经济学，可以深入理解市场经济社会运行中出现失业、通货膨胀、经济危机等现象的原因和原理，更好地预测经济运行的趋势，安排好自己投资和消费的决策。

第一节 宏观经济学导论

一、宏观经济学的研究对象

　　经济学的研究对象是市场经济体系，从两个角度考察市场经济体系，经济学分为微观经济学和宏观经济学。**宏观经济学是从整体上考察和说明市场经济系统的运行质量、波动原因及政府可能采取的对策，以促进市场经济系统的稳定运行和国民财富的稳定增长。**

　　宏观经济学是凯恩斯在 20 世纪 30 年代大危机的背景下创立的。30 年代世界范围的大危机使世界市场经济国家的经济运行质量受到严重损害，国民财富受到严重损失。所以，凯恩斯的注意力首先集中在探讨经济波动（危机）的原因和可能的反危机对策。经济学用 GDP 指标来反映市场经济整体运行的质量，用实际 GDP 指标的变动来反映市场经济运行的波动幅度。这样，将一个国家或地区 10 年、50 年或 100 年的实际 GDP 指标的统计数据标在坐标曲线图上，就可以直观地看到该国家或地区市场经济的波动及幅度，如图 8-1 所示。

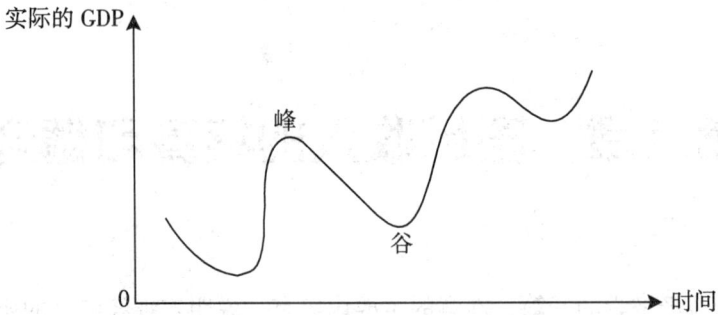

图 8-1　市场经济运行的周期性波动

从图 8-1 中可以看到，市场经济的运行呈现周期性起伏波动的特征。依据经验可以知道，在经济运行的谷底，会出现市场价格低迷（通货紧缩）、生产过剩、工人失业和设备闲置等经济现象。而且当出现这种经济现象时国民收入在减少，经济运行质量在下降。在经济运行的峰顶，会出现严重的通货膨胀现象。当经济运行出现通货膨胀现象时，货币收入会迅速贬值，它意味着实际收入在迅速减少。因此，市场经济运行中的这两种情况：通货膨胀和通货紧缩（或失业）都意味着经济运行质量不佳，国民收入在损失和减少。那么，是什么原因导致市场经济运行的起伏波动？或者说是什么原因导致通货膨胀和失业？如何消除通货膨胀和失业？或者说如何消除市场经济运行的起伏波动，促进市场经济的稳定运行和国民财富的稳定增长？就是宏观经济学首先要探讨和解决的主要问题。因此，萨缪尔森指出，促进价格稳定、充分就业和 GDP 的稳定增长是宏观经济学追求的三大目标。

二、宏观经济学的发展与现状

宏观经济学自 1936 年由凯恩斯创立，到 20 世纪 80 年代已基本形成了凯恩斯主义比较完整的宏观经济学体系。20 世纪 80 年代，发达市场经济国家出现的"滞胀"现象，对凯恩斯主义主流经济学是一个严重的挑战。凯恩斯主义由于无法解释"滞胀"现象的原因和找到解决"滞胀"现象的对策而陷入困境。同时各种自由主义学派兴起，反对凯恩斯的国家干预主义，主张彻底回到自由竞争的市场经济秩序。宏观经济学的发展出现了长达 30 年的论战和混乱状态。用萨缪尔森的话说，宏观经济学除了在 GDP 的概念上没有分歧以外，几乎所有的宏观经济学问题都存在分歧和争论，宏观经济学至今仍处在混乱状态。

尽管西方经济学界学派林立，一片混战，但是根据各派分歧的根本点，可以把它们基本分为两大派别：一派是现代凯恩斯主义主流经济学派。其代表人物有保罗·萨缪尔森、詹姆斯·托宾、罗伯特·索洛、弗兰科·莫迪、阿瑟·奥肯、约瑟夫·斯蒂格利茨等人。另一派是新自由主义学派。新自由主义学派众多，主要学派及代表人物有：货币学派，其代表人物是米尔顿·弗里德曼；供给学派，其代表人物是拉弗；理性预期学派，其代表人物是罗伯特·卢卡斯；弗莱堡学派，其代表人物是瓦尔特·欧肯；以及新自由主义的精神领袖哈耶克、制度学派、公共选择学派等。

两大派的根本分歧在于：**凯恩斯主义主流经济学派认为，市场经济制度是一个很好的有效率的经济制度，凡是市场能做好的事情都应该由市场来做。但是，市场经济制度存在着致命的缺陷，比如"胜者全得"的竞争原则导致市场垄断；收入分配差距扩大导致社会成员严重的利益冲突；外部性的污染问题导致人类生存环境的损害等；特别是经济周期波动和危机使国民财富遭到重大损失。由于市场经济体系本身无法克服这些缺陷，所以必须由政府承担起责任，运用相应的微观和宏观经济政策干预和调节经济运行，消除或缓解经济周期波动，促进国民财富的稳定增长。因此，凯恩斯主义也被称为国家干预主义。**

新自由主义学派认为，市场经济制度是一个完善和谐的系统，供给会自动创造需求，供求会自动平衡。市场系统的供求机制会自发调节和解决一切经济问题，不需要政府干预经济运行。政府的干预越少，市场经济的运转就越有效率。因此，自由主义学派坚决反对凯恩斯的国家干预主义，主张彻底回到自由竞争的市场经济秩序。萨缪尔森指出，新经济自由主义的信念承袭了亚当·斯密古典主义的传统。

面对宏观经济学的混乱状态，要学好宏观经济学必须注意两个原则：

1. 逻辑和历史相一致的原则

依据存在决定意识这一原理可知，**经济社会的不同发展阶段产生和决定不同阶段的经济理论和思想，它是对不同阶段的社会经济生活发展规律的认识和经验总结。另外，不同阶段的经济理论又对处在不同发展阶段和层次的经济社会的发展具有指导意义。**西方工业发达国家经济社会的发展经历了工业化的初级阶段（自由竞争的资本主义阶段）、中级阶段（垄断资本主义阶段）和现在的后工业化社会阶段（经济全球化阶段）三个阶段，相应的经济学理论的发展经历了亚当·斯密的经济自由主义、凯恩斯的国家干预主义和现代凯恩斯主义在国际经济领域的扩展和发展，也即国际经济学的发展三个阶段。因此，经济自由主义学派的理论本质上是自由竞争的资本主义阶段的产物，它不代表当代经济学发展的主流。凯恩斯主义遇到困难并不意味着历史会倒退，而是表明随着历史发展到一个新阶段，凯恩斯主义的政府宏观调节政策仅限于一国范围之内已经不够了，需要向国际范围扩展。理解了经济理论的发展与历史的联系，有助于我们系统理解经济理论发展内在的逻辑联系，不被学界混乱的表象所迷惑，造成逻辑和思路的混乱。而且从某种意义上说，宏观经济学就是关于国家干预的经济学，自由主义既然反对国家干预，实际上它就没有宏观经济学，宏观经济学只属于凯恩斯主义。所以不要被西方经济学界的论战所干扰，首先应该系统了解凯恩斯国家干预主义的基本理论和思想。

2. 注意理论的细节和研究方法

从某种意义上说，宏观经济学的混乱状态表明宏观经济学处在一个突破和创新的时期，所以在学习中要注意经济理论的细节和研究方法。因为只有注意细节才能发现理论体系**逻辑上的漏洞和缺陷**，取得理论创新的学习成果。

三、政府的经济职能

在市场经济国家发展的 300 年间，在凯恩斯以前的时代，政府是不干涉经济生活的。政府只承担维护社会安全和秩序的责任，即只承担"守夜人"的职责。自凯恩斯主义开始，政府开始认识到市场经济的缺陷并承担起了反危机和促进国民经济稳定运行和增长的责任。20 世纪 30 年代著名的罗斯福新政开了政府干预经济运行的先河。经过 70 多年的探索和混合经济社会的发展，人们和社会日益明确了政府应承担的主要经济责任和职能。一般来讲，政府的职能主要有以下几方面：

1. 政府的社会职能

（1）维护社会安全和秩序的职能，也即"守夜人"的职能。在亚当·斯密时代及很长的一个时期，人们认为政府只要尽到"守夜人"的责任，即维护国家安全和社会秩序的责任，其他事不需要政府去做，市场会解决一切问题。这就是自由竞争的资本主义时代对政府职能的看法。

（2）维护社会公正，是指保障社会公民的民主、自由、平等的权利。西方社会认为，人人生来平等，只有保障每个公民平等的社会权利，社会才是公正的。开始人们认为这个责任就该由政府来承担，政府应该建立起维护社会公正的法律秩序，后来人们认识到，这个责任应该由政府和公民共同承担，正如恩格斯所说，一个恶劣的政府是应该由恶劣的臣民来负责的。当然政府还是应该负主要责任，在社会成员中，政府毕竟是强者。政府应和公众一道建立起一个独立于社会和政府的法律机构，来维护社会的公正。

2. 政府的经济职能

提高经济效率和增进经济平等或公平是在人们认识到市场经济系统的缺陷和

经济社会发展出现重要的公共经济部门后，认为政府应承担的两项经济职能。在
宏观层面上，尽管政府宏观经济政策的主要目标是反经济波动，但效率和公平在
宏观经济政策的设计上仍然是政府关注的目标。

促进国民经济的稳定增长是指政府应承担起对付经济危机的责任，采取适当
的财政和货币政策、手段消除或缓解市场经济系统运行中出现的失业和通货膨胀
的压力，以提高市场经济运行的稳定性。市场经济系统能够稳定运行，不仅可以
避免财富和资源的巨大浪费和损失，还可以促进国民财富的稳定增长。西方学者
认为价格稳定、充分就业和经济增长是宏观经济学追求的三大目标。可见政府这
一职能的重要意义。

提高国民经济的生存质量是指政府在公共资本的积累（社会基础设施的投
资）、基础科学技术的研究、开发和国民教育、公共环境和资源的保护及合理开
发利用等方面应承担起责任，这关系到国家和社会的生存环境和未来的发展。近
两个世纪追求经济增长导致了严重的环境污染、资源枯竭、大气变暖、物种灭
绝、生态恶化，威胁到人类社会的生存环境，已引起社会的高度关注。人们认为
政府应在这方面承担起责任，以保障国民经济、社会的可持续发展。

国际经济政策是随着当代经济全球化的发展趋势给政府提出的一个新的责
任。在经济全球化的国际竞争和协调中，政府已成为一个独立的重要的竞争角
色，成为一国经济的代表。在国际竞争的世界市场中，政府应该依据本国的国情
制定相应的经济发展战略和产业政策以提高本国经济的整体实力，并制定相应的
国际竞争战略和政策，争取本国经济在世界市场的竞争中获得最大的利益。同
时，也要承担起对国际社会应承担的责任。

帮助政府承担起经济职能的责任是宏观经济学的任务。因此，可以把宏观经
济学追求的目标概括如下：

（1）保持价格稳定。探讨造成通货膨胀的原因和机制，为政府消除通货膨胀
提供理论依据和政策建议。

（2）实现充分就业。探讨造成生产过剩危机和失业的原因，为政府的反危机
政策提供依据。

（3）促进经济的稳定增长。探讨经济增长的因素和机制，促进实际 GDP 保持
与潜在 GDP 的同步增长。

（4）保障国民经济的可持续发展。保护资源和环境，提高国民的教育和健康
水平，促进技术水平的提高，提高国民经济的生存质量。

（5）有利有节地参与国际竞争并承担国际社会的责任。

第二节   几个重要的国民收入总量指标

我们已经知道市场经济系统是个自主循环和运行的经济系统。那么如何判断市场经济运行的质量呢？我们需要一套衡量经济运行质量的指标体系，就像医生给病人看病通过体温、血压、脉搏几项指标就能基本判断病人身体的基本质量状况一样，通过这套指标体系可以基本判断市场经济系统运行的质量、异常情况等。本节我们就来讨论这套指标体系的意义。

一、国内生产总值（GDP）

经济学将 GDP（Gross Domestic Product）定义为：**国内生产总值是一个经济社会一定时期（一般为一年），在一国之内生产的最终产品（包括物品、劳务和资本品）的价值总和。GDP 是对社会经济活动质量的一个基本度量指标。**

GDP 是宏观经济学最重要的、核心的总量指标，其他指标都是由 GDP 派生出来的。搞不清楚 GDP 指标的含义，整个宏观经济学都会理不清楚，所以理解 GDP 指标的意义是十分重要的。什么是最终产品？为什么将 GDP 定义为最终产品的价值总和？它有什么意义？让我们举个例子来说明。

以皮鞋的生产为例。一双皮鞋从生产到消费者手里要经过养牛场生产出牛皮，皮革厂把牛皮加工处理成制鞋的鞋料，制鞋厂生产出皮鞋，售鞋商销售给消费者等诸多环节。假定养牛场以 30 美元的价格将牛皮卖给皮革厂（牛皮是初级产品，其全部成本都是新生产价值，假定一双皮鞋的牛皮成本为 30 美元，这 30 美元也是养牛厂的新增价值）；皮革厂将牛皮加工成鞋料，以 50 美元价格卖给制鞋厂，皮革厂扣除 30 美元牛皮的价值，新生产价值，即增值为 20 美元；制鞋厂制成皮鞋以 80 美元价格卖给售鞋商，制鞋厂扣除 50 美元鞋料的价值，增值 30 美元；售鞋商以 90 美元价格卖给消费者，售鞋商扣除 80 美元皮鞋的进货价值，增值 10 美元。**皮鞋到消费者手里被消费掉，所以是最终产品。而牛皮、鞋料等则是中间产品。**那么，皮革厂、制鞋厂、售鞋商为什么会有价值增值呢？因为他们在把牛皮加工制造成皮鞋和销售给消费者的活动中，像养牛场一样，也要消耗劳动、资本、土地、技术等要素。就是说，他们也要雇用劳动、使用机器设备、租用场地，他们支付的工资、利息、租金等，构成他们的生产成本和新生产价值。

为什么将 GDP 定义为最终产品的价值总和？我们把生产皮鞋的各中间环节的**产品价值**相加与生产皮鞋的各中间环节的**价值增值部分**相加做一个比较：

$$30\$ + 50\$ + 80\$ + 90\$ = 250\$$$

$$30\$ + 20\$ + 30\$ + 10\$ = 90\$$$

把生产皮鞋的各中间环节的价值增值部分相加正好等于一件最终产品的市场卖价。可见，**把 GDP 定义为最终产品的价值总和，是因为 GDP 这个指标要反映一个经济社会一定时期所有企业（不论是生产最终产品还是中间产品的企业）新生产价值的总和，即价值增值部分的总和。**这个价值增值部分的总和就是一个经济社会的总产出。因此，GDP 的增长与企业的生产经营活动有着直接的联系，一个国家一年的 GDP 是多少是指这个国家所有企业的新生产价值或总产出是多少，是指这个国家一年新生产的总价值是多少。GDP 或总产出不是指一国所有企业生产的产品价值的总和，而是指一国所有企业在生产中新增价值或新生产价值的总和。

此外，全面理解 GDP 的概念还有一些细节需要说明：

1. GDP 是一个市场价值概念，即市场成交值概念

各最终产品的价值是通过合法的市场交易价格计入国民收入账户的。自己生产自己消费的自给自足生产等非市场活动以及地下交易、黑市交易等活动无法计入 GDP。

2. GDP 计量的是最终产品价值

中间产品价值不计入 GDP 以避免重复计算。可见，市场交易的价值总额，并不就是 GDP 总值，例如，如果把制鞋的各中间环节的产品价值相加，市场交易总额为：30 + 50 + 80 + 90 = 250（美元）。计入 GDP 的只是 90 美元最终产品价值。

3. GDP 是计划期内所生产而不是所售卖掉的最终产品价值

例如，某企业年产 300 万美元的产品，只卖掉 200 万美元产品，所剩 100 万美元的产品则视为企业自己买下的存货计入 GDP。相应地，虽然生产 300 万美元产品，却卖掉 350 万美元产品，计入 GDP 的仍是 300 万美元产品，只是库存减少 50 万美元产品。这个细节只是为了 GDP 核算方法的需要和方便，而不影响 GDP 是市场成交值的概念。

二、GDP 和 GNP 的差异

GNP（国民生产总值）是指在一定时期内（一般为一年），本国的生产要素所生产的（包括在国外生产的）最终产品（包括物品、劳务和资本品）的价值总和。

GNP 与 GDP 的差别在于，GNP 包含着本国公民和资本从国外获得的收入。GDP 包含着外国公民和资本从本国获得的收入。或者说，GNP 是一个国民概念，它指一国国民在世界范围内生产的国民收入；GDP 是一个国土概念，它指在一国领土范围内所有企业（无论是本国企业还是外国企业）生产的国民收入。例如，一家在中国生产的美国公司所获得的利润构成中国 GDP 的一部分，因为这些价值是在中国生产的；这些利润却是美国 GNP 的一部分，因为这是美国人的资本的收入。同样，一家在美国开业的中国公司的收入构成中国 GNP 的一部分，但却是美国 GDP 的一部分。

某国的 GNP 和 GDP 的差额与外国人所获得的净收入是相一致的。当某国的 GNP 大于 GDP 时，表明本国公民从外国获得的收入大于外国公民从本国获得的收入，反之亦然。某国的 GDP 减去国外要素净支付（本国公民和资本从国外获得的收入减去外国公民和资本从本国获得的收入）即为某国的 GNP。

在 1991 年以前，美国都是使用 GNP 指标，用 GDP 指标取代 GNP，根据多恩布什和费希尔的说明是出于以下三个原因：

"直到 1991 年 11 月以前，美国都是以 GNP 作为对经济中产出的基本衡量指标，转而使用 GDP 是出于如下三个理由：一是大多数其他国家都使用 GDP，这使得国际间比较变得容易些；二是由于国外净收入的数据不足，GDP 则较易衡量；三是相对于 GNP 而言，GDP 是对经济中就业潜力的一个较好的衡量指标。对美国来说，GDP 和 GNP 之间的差异非常小，在分析美国经济时用 GDP 就没有什么差别，而对其他一些经济来说，这个差别是相当大的。例如，加纳 1990 年的 GDP 是 GNP 的 103.7%；瑞士 1990 年的 GDP 是 GNP 的 95%。"[①]

三、GDP 的增长率、名义 GDP 和实际 GDP

GDP 是对国民经济运行质量的基本度量指标，它是通过 GDP 的增长率来反映经济运行质量的。当一国一年的 GDP 是增长的，那就表示该国一年新生产的价值或财富在增加，经济运行的质量基本上是好的。当一国一年的 GDP 增长率在下降或者是负值，那就表示该国一年新生产的价值或财富在减少，经济运行质量在下降。

由于 GDP 是一个市场价值概念，即市场成交值概念，当观察 GDP 的增长或变动时就会发现，GDP 的变动是由于两个因素的变动：一是社会生产的最终产品和劳务的量的变动；二是产品价格的变动。可以设想，某国两年中生产的最终产品和劳务的量相同，但第二年的价格上涨了一倍，那么该国第二年的 GDP 就是第一年的两倍。可见，考察 GDP 的增长，排除价格因素的影响是有实际意义的。为

---

① 多恩布什、费希尔：《宏观经济学》，中国人民大学出版社，1997 年版，第 26 页。

此要区分名义 GDP 和实际 GDP。

1. 名义 GDP 和实际 GDP 的定义

名义 GDP 是指在核算期内以该期价格计算的（或以现值货币计算的）**最终产品价值**。一般来讲，各国公布的当年 GDP 都是名义 GDP。

实际 GDP 是指以不变价格或基年价格计算的最终产品价值。将名义 GDP 折算成实际 GDP 要使用一般价格指数这个工具，所以一般价格指数也称 GDP 折算指数或 GDP 紧缩指数（GDP deflator）。例如，假定以 1990 年的价格为基年价格或不变价格，那么 1990 年一般价格指数为 100%或 1，如果 1983 年一般价格水平比 1990 年低 15%，那么 1983 年一般价格指数为 85%或 0.85；如果 1998 年一般价格水平比 1990 年上涨了 50%，那么 1998 年一般价格指数为 150%或 1.5；这样，把各年的名义 GDP 除以各年的一般价格指数，就得到各年的实际 GDP。用公式表示：

$$1998 \text{ 年实际 GDP} = \frac{1998 \text{ 年名义 GDP}}{1998 \text{ 年一般价格指数}}$$

2. 衡量 GDP 增长率的三种方法

衡量 GDP 的增长率，可以衡量名义 GDP 的增长率、实际 GDP 的增长率，以及人均实际 GDP 的增长率，它们分别有不同的经济意义。

如果要计算 1998 年 GDP 比 1997 年增长了多少，简单的公式为：

$$\frac{1998 \text{ 年 GDP} - 1997 \text{ 年 GDP}}{1997 \text{ 年 GDP}} \times 100\%$$

其结果为一个百分比，它表示 1998 年 GDP 比 1997 年增长或下降了百分之几。多恩布什和费希尔测算了美国 1980~1992 年 GDP 的增长率，结果见表 8-1。

表 8-1 衡量 GDP 增长率的三种方法

单位：美元

年 份	名义 GDP	实际 GDP	人均实际 GDP
1980	2708	3776	16579
1985	4038	4280	17887
1992	6060	4980	19500
年均增长率 1980~1992	6.9%	2.3%	1.4%

注：1. 名义 GDP 和实际 GDP 两栏的单位为 10 亿美元，人均实际 GDP 单位为美元。

2. 实际 GDP 和人均实际 GDP 以 1987 年为基年价格计算。

名义 GDP 增长率的经济意义在于它可以反映一定时期价格水平变动对 GDP 的影响。从表 8-1 中看到，1980~1992 年名义 GDP 的年均增长率比实际 GDP 年均增长率平均高 4.6%，这个差额来自价格上涨率，即通货膨胀率。通货膨胀率是指一定时期内一般价格水平上升的百分比。该例子说明，那一时期，美国年均通货膨胀率为 4.6%。通货膨胀率也意味着货币财富的贬值率，通货膨胀率过高，意味着货币财富贬值迅速，经济运行质量下降。

实际 GDP 增长率的经济意义在于它反映一个社会实际产出的增长。经济的增长率是指实际 GDP 的增长率，它排除了价格水平变动的影响，能反映一个国家实际物质财富增长和变动的水平。

人均实际 GDP 指标的意义在于反映社会国民福利水平的变动。例如，如果一国某年实际 GDP 增长了 2%，但人口却增长了 4%，那么即使该国 GDP 在增长，而该国的国民生活水平却在下降。人均实际 GDP 指标用实际 GDP 总额除以人口数量获得。人均实际 GDP 增长率低于实际 GDP 增长率，意味着社会存在失业、人口增长较快或人均生产率下降等。可见，仅用 GDP 增长水平判断经济运行质量还是不够全面的，还需要综合考察通货膨胀率和失业率两个指标。

四、价格指数、通货膨胀和通货紧缩

通货膨胀率是指一般（或平均）价格水平上升的百分比。与通货膨胀率的概念相对应，**通货紧缩率则是指一般（或平均）价格水平下降的百分比。**一般价格水平是指成千上万种物品和劳务的加权平均价格水平。经济学用价格指数这个工具衡量一般价格水平的变动。萨缪尔森给价格指数下的定义是：**价格指数是关于平均价格水平的指标。**

常用的价格指数有消费价格指数（CPI），它是对有代表性的数百种消费品的价格经过加权平均后的价格指标；生产价格指数（PPI），它是对生产和批发环节的有代表性的几百种原料、半成品等价格经过加权平均后的价格指标；GDP 紧缩指数是 GDP 所有组成部分的消费品、资本品、劳务的加权平均价格指标。

最常用的反映通货膨胀率的指标是消费价格指数（CPI），下面以 CPI 为例来说明如何计算 CPI 指标及如何用 CPI 衡量通货膨胀率。

CPI 测度的消费品有数百种。例如，美国的 CPI 指标测度的是普通城市居民最常用的 476 种消费品的平均价格。为分析简便，假定消费者只购买三种消费品，食物、住房、衣服，又假定消费者在食物上的花费占其全部支出的 20%，住房上占 50%，衣服上占 30%。这个百分比就是加权平均的权数。

以 1998 年为基年，基年的每种商品的价格指数都为 100%，简写为 100，这样 1998 年的 $CPI = (0.2 \times 100) + (0.5 \times 100) + (0.3 \times 100) = 100$；假定，1999 年食品价格上涨 2%，其指数升至 102；住房价格上升 6%，其指数升至 106；衣服价格

上涨 10%，其指数升至 110。我们来计算 1999 年的 CPI：

1999 年 CPI $= (0.2 \times 102) + (0.5 \times 106) + (0.3 \times 110) = 106.4$

1999 年的通货膨胀率为：

$$\frac{106.4 - 100}{100} \times 100\% = 6.4\%$$

可见，用 CPI 表示的通货膨胀率的计算公式为：

$$当年的通货膨胀率 = \frac{CPI（今年）- CPI（去年）}{CPI（去年）} \times 100\%$$

通货膨胀率意味着货币财富的贬值率。通货膨胀率过高，意味着货币财富贬值迅速，经济运行质量下降。通货紧缩则意味着社会有效需求不足，供大于求，市场价格低迷。经济运行质量也不佳。

五、失业率和潜在的或充分就业的 GDP

一国的劳动资源或劳动力人口包括就业人口和失业人口。西方国家在计算失业率时，首先将一国的成年人口分为劳动力人口和非劳动力人口；其次又将劳动力人口分为就业人口和失业人口。就业和失业的定义为：**有工作的人是就业人口。没有工作而在寻找工作的人是失业人口。没有工作但不找工作的人不属于劳动力，也不属于失业人口。失业率是失业人口占劳动力人口的比率**。就是说，失业率不是指失业人口占成年人口的比率，而是指失业人口占劳动力人口的比率。

$$成年人口 \begin{cases} 非劳动力人口（退休、残疾、靠年金生活的人员） \\ 劳动力人口 \begin{cases} 就业人口 \\ 失业人口 \end{cases} \end{cases}$$

$$失业率 = \frac{失业人口}{劳动力人口} \times 100\%$$

当经济社会存在较高的失业率和设备闲置，实际 GDP 的增长就没有达到它的潜在水平。它意味着经济运行质量不佳，社会存在资源浪费。社会本来可以生产出来的财富，却没有生产出来，这对一个经济社会来讲是不经济和低效率的。

潜在的或充分就业的 GDP 是指社会经济资源如劳动、资本、土地被充分利用所能生产的 GDP。这是经济运行的理想状态和目标。一个高质量、高效率运行的经济社会，应该是价格稳定（没有通货膨胀或低通胀率）、充分就业（资源充分利用，没有失业或最低失业率）和 GDP 的增长达到它的潜在水平，这就是宏观经济学的三大目标。

六、几个相关的国民收入总量指标

理解了 GDP 的概念以及 GDP 和 GNP 差异，现在用 1991 年美国《当今商业综览》的资料来说明从 GDP 到个人可支配收入 PDI 各总量指标之间的关系。

表 8-2 中来自国外的要素净支付是指本国公民和资本从国外获得的收入减去外国公民和资本从本国获得的收入，所以称为净收入。这个净收入可以是正值，也可以是负值。

表 8-2　1991 年 GDP 和个人可支配收入

单位：10 亿美元

国内生产总值 GDP		5677.5
加：来自国外的要素净支付	17.5	
等于：国民生产总值 GNP		5695.0
减：资本损耗（折旧）	626.1	
等于：国民生产净值 NNP		5068.9
减：间接税	475.2	
其他	49.4	
等于：国民收入 NI		4544.3
减：公司利润	346.3	
社会保障缴款	528.8	
加：政府和企业向个人转移支付	771.1	
利息调整	251.1	
红利	137.0	
等于：个人收入 PI		4828.4
减：个人所得税和非税支付	618.7	
等于：个人可支配收入 PDI		4209.7

社会在生产新增价值的过程中要损耗资本的价值，从 GDP 中减去资本损耗价值，意味着从社会新生产的价值中用一部分补偿损耗掉的资本价值。剩下来的称为**国民生产净值 NNP，它表示一个经济社会一定时期净增加的价值。**

从 NNP 中减去间接税（政府收入），就得到**国民收入 NI，它是指各生产要素所有者所获得的工资、利息、租金的总和。**

从 NI 中减去公司未分配利润、企业和个人的社会各种保险、保障缴款；加上政府和企业对个人的各种福利、退休金等转移支付，就构成居民个人收入总额 PI。

从 PI 中减去个人所得税（政府的收入）和非税支付，就得到个人可支配收入 **PDI。它是社会公民可支配的收入或货币购买力的总额。**

以上指标统称为国民收入总量指标。

第三节　国民收入的核算

既然 GDP 是最终产品的价值总和，它反映一个经济社会新生产价值的总和，那么从逻辑上核算 GDP 就把最终产品的价值加总求和就可以了，但在实际操作上这是不可能的。因为**一件产品是否是最终产品，不取决于产品本身的性质，而取决于产品的最终用途。**例如，一吨煤如果居民购买用于取暖做饭的燃料消费，它就是最终产品，如果工厂购买用于动力燃料，它就是中间产品；一件上衣，如果居民买来穿，它是最终产品，如果企业买去当工作服发，它就是中间产品；一个面包，如果居民买来吃，它就是最终产品，如果企业购买用于员工的免费午餐，它就是中间产品；甚至原料、半成品这些不能消费的物品，如果用于出口，卖到国外，它就是最终产品。再比如在饭店吃的一顿大餐，它是最终产品还是中间产品关键在于看谁埋单，如果是消费者自己埋单，它就是最终产品；如果是哪一个公司的老总埋单，并回公司作为招待费报销了，这顿大餐就成了中间产品。因为，它作为招待费进入公司的经营成本。可见，**就产品本身来看，面对市场上成千上万种产品，无法区分哪些是最终产品，哪些是中间产品，直接核算最终产品价值是无法操作的。经济学必须考虑寻找间接核算的办法。**

一、用支出法间接核算 GDP

支出法也称产品流动法。**用支出法核算 GDP 就是用将社会购买最终产品的支出加总求和的办法来间接核算 GDP。**这种方法的思路是，因为 GDP 是市场价值概念，即市场成交值概念，**在最终产品供求双方的成交额中，产出价值总额也就等于需求支出货币的价值总额。**

GDP

↑

最终产品的成交值

∧

供给方提供的最终产品的价值＝需求购买方支出货币的价值

因此，**无法直接测度最终产品或产出总额，但可以测度购买最终产品的支出**

总额来间接核算 GDP。但最终产品的购买者不等于最终产品的创造者，最终产品是企业生产出来的。

哪些是最终产品的购买者呢？

1. 居民个人消费支出总额（用 C 表示）

包括居民个人在耐用消费品（电视、汽车等）和非耐用消费品（食物、衣着等）及劳务（医疗、理发等）消费上的支出总额。购买住宅的支出不包括在该项之内，而算作投资。该项核算表明，居民个人消费的产品和服务一律视为最终产品。

2. 国内私人投资支出总额（用 I 表示）

投资支出是指私人和企业对资本品的购买支出总额，包括住宅、厂房、设备、机器、存货等。资本品被看作最终产品，是因为它与原材料等中间产品的区别在于，原材料等中间产品在生产中一次被消耗掉，而资本品则是部分地被消耗，即折旧。由于这一特点，当年的投资支出总额即总投资又被分为重置投资（补偿当年消耗的资本部分）和净投资两部分。例如，某国当年的投资支出总额为 1000 亿货币单位，其中补偿旧资本损耗（折旧）300 亿货币单位，称为重置投资，剩余 700 亿货币单位则为社会当年净增加的投资，称为净投资。所以总投资 = 重置投资 + 净投资。

存货指企业当年生产出来没有销售掉的产品，用支出法核算 GDP 把它视作企业自己买下的库存，列在投资支出中核算。

3. 政府购买支出和投资总额（用 G 表示）

是指各级政府购买的物品（办公物品、设备等）、劳务（政府各级官员、公务员、警察等的工资、津贴支出）和公共资本投资（市政、道路等的建设投资）的支出总额。

政府购买支出一项比较复杂，分歧和问题也较多，需要详细讨论。

首先，政府购买支出来自政府的税收，因此，政府购买支出与经济社会不是交换关系，而是无偿征收关系。就是说，政府的购买行为只不过是把征收的货币税改换成征收物品和劳务税而已。因此把政府购买支出总额计入 GDP 就以为政府各级公务员、军队、警察的劳务也创造 GDP，这是误解。他们不创造 GDP，他们是纳税人供养的政府职能人员。政府购买的物品和劳务支出是纯粹的消费支出。因此，政府购买的任何物品都被视为最终产品。但最终产品的购买者并不等于最终产品的创造者。

其次，西方学者认为政府公务人员、警察等的劳务也创造 GDP 的理由之一是，私人业主雇用的保安人员的劳务创造 GDP，这和私人业主向政府纳税、委托政府雇用警察、军队为私人业主提供保安和安全服务的道理是一样的。这种观点忽视了商务劳务和政府劳务的一个重要区别。价值是商品的属性，在市场经济中，只有从事商品生产和具有商业性质的劳务活动才创造价值和 GDP。政府公务人员的劳务是执行政府管理职能，它不是商务劳务，所以它不创造价值和 GDP。克林顿政府上台，立即大规模裁减政府机构人员，此举是消灭美国历届政府积累的天文数字的财政赤字和保持美国低通胀率、持续 90 个月强劲增长的重要因素之一。

再次，认为政府支出增加有效需求，拉动 GDP 增长，对 GDP 有贡献。有贡献不等于创造 GDP，而且对这个观点要做具体分析。政府支出中要区分消费性支出（对物品和劳务的购买）和生产性支出（公共资本、基础设施的投资），消费性支出实质上是将货币税改征为实物税，并给经济社会留下一个多余的货币额，不仅是对社会财富的一个纯粹的扣除，还会导致通货膨胀；生产性支出则会纳入经济社会的生产循环，促进 GDP 的增长。

最后，政府支出的另外两项需要特别说明。一项是政府的转移支付支出，即发放的救济金、补助、福利金等。这部分支出不在政府支出项目下计入 GDP，是因为救济、福利金是发给无收入或低收入居民个人的，这部分政府支出会直接转化为无收入或低收入居民的个人消费支出。因此，它在居民消费支出总额中已计入 GDP 了，这里就不再重复计算了。**另一项是政府购买劳务的支出，即政府支付给各级官员、公务员、警察、军人的工资、津贴支出。**有一种观点认为，这部分支出不应该作为政府购买支出计入 GDP，因为，这部分支出作为公务员、警察等的工资收入立即转化为他们的个人消费支出，这已在居民个人消费支出总额中计入 GDP 了，再计入就是重复计算。从支出法的角度看，这个观点是有一定道理的，是应该进一步研究和思考的。

4. 净出口

净出口是指进口和出口的差额。用 X 表示出口额，M 表示进口额，则 (X−M) 就是净出口。因为出口表示本国产品卖到国外，其收入被视为购买本国产品的支出，计入购买本国最终产品的总支出。

以上四个项目表明，个人购买的消费品和劳务，私人投资生产资本品过程中购买的各种原材料，政府购买的消费品和原材料（公共资本品的投资），以及卖到国外去的产品、半成品、原材料等，一律视为最终产品。

把以上四个项目加总，用支出法核算 GDP 的公式可表示为：

$$GDP = C + I + G + (X - M)$$

二、用收入法间接核算 GDP

收入法也称成本法。**用收入法核算 GDP 就是将各生产要素：劳动、资本、土地等的收入加总求和的办法间接核算 GDP**。这种方法的思路是，因为 GDP 表示的是一个经济社会的产出，即新生产价值。仍以前面皮鞋生产企业为例，企业会有产出是因为它投入了各生产要素，企业的生产一方面创造出新增价值产品，另外，这些新增价值产品的价值又以货币形式转化为各要素的收入，因此，收入 = 产出。

为了理解收入 = 产出的关系，以某企业的收入产出报表为例来说明。

从表 8-3 中看到，企业产出（增值产品）的价值正好和企业各要素收入相等。一个企业是这样，全社会也是这样。所以，用收入法核算 GDP 就是将社会纳税前的工资总额、利息总额、地租总额及企业未分配利润等加总求和来核算GDP。

表 8-3　某皮革厂的产出收入报表

单位：美元

收入	（支）	产出	（收）
工资	100000	生产出成品（鞋料）	500000
利息	30000		
地租	20000	减购买原料、牛皮等	300000
利润	50000		
收入总计（货币）200000		产出 200000（增值产品）	

GDP = 工资总额 + 利息总额 + 地租总额 + 利润总额

用收入法核算 GDP，还有些细节需要说明。

1. 工资

包括工资收入者所得工资、其他补助及福利项目的收入，还包括个人必须缴纳的所得税等直接税。

2. 利息

包括个人和公司存款的利息收入。政府公债利息不包括在该项目内，它被视为政府转移支付。

3. 租金

包括土地、房产等出租人所得的租金收入及专利权、版权等收入。

4. 利润

公司税前利润包括企业应缴纳的所得税、保险税、股东红利及公司未分配利润。公司未分配利润是留存于企业用于再投资的部分，被称为公司净储蓄。与此类似的一个项目是折旧，折旧是公司从利润中提留的资本损耗部分，用于更新资本的重置投资部分，在更新前被存留于企业，也是企业收入的一部分，只是用收入法核算 GDP，把折旧部分作为一个单项列出。

5. 非公司企业主收入

该项包括个人经营的小业主、农户、医生、律师等业主的收入。因为小业主经营，其工资、利息、租金和利润不好区分，统称为小业主收入。

6. 企业转移支付和企业间接税

企业转移支付是指企业支付的退休金等；企业间接税是指企业缴纳的营业税、产品税等，它构成政府收入。用收入法核算，这些项目也都算作企业纳税前收入的一部分计入 GDP。

这样，从核算细节的项目上，用收入法核算 GDP，有 GDP＝工资＋利息＋租金＋利润（包括小业主收入）＋企业转移支付和间接税＋折旧。由于支出法和收入法都是间接核算方法，所以用两种方法核算的结果往往不一致，还要加上统计误差，如表 8-4 所示。

表 8-4　1996 年美国 GDP

单位：10 亿（当年）美元

支出法或产品流动法		收入法或成本法	
1. 个人消费支出	5208	工资和其他补助	4426
其中耐用品	635	净利息	425
非耐用品	1535	租金收入	146
服务	3038	企业间接税和调整	553
2. 私人国内总投资	1116	折旧	830
住宅投资	309	非公司企业收入	520
企业投资	781	税前公司利润	736
存货变动	26	股息	305
3. 政府购买和投资	1407	未分配利润	202
4. 出口净额	−95	公司利润税	229
出口	871		
进口	966		
GDP	7636	GDP	7636

资料来源：萨缪尔森：《经济学》第 16 版，华夏出版社，1999 年版，第 323 页。

在收入法核算的 GDP 各项中，企业间接税及个人和企业收入中缴纳的所得税等直接税部分构成政府的税收收入（用 T 代表），剩余的收入从最终用途看，一部分是用于消费（再加上政府转移支付的部分），仍用 C 代表，剩余的部分则用于储蓄（用 S 代表）。因此，用收入法核算 GDP 可表示为以下公式：

GDP＝C＋S＋T

三、GDP 的总公式

通过用两种方法核算 GDP，可以得出 GDP 的总公式：

C＋I＋G＋X ≈ GDP ≈ C＋S＋T＋M

公式的左边是用支出法核算的 GDP 各项。总支出也就是总需求，因此公式左边也可看作总需求各项。公式的右边是用收入法核算的 GDP 各项。另外把（X－M）中的 M 移到右边成为正值，总公式的等号也相应变为约等号。由于收入等于产出，总产出也即总供给，因此，右边各项也可看做总供给的各项。可见，由于 GDP 是个市场价值概念，在国民收入总公式上，也即 GDP 的概念本身就包含了总需求等于总供给，总支出等于总收入的总量平衡关系。

最后，对于总公式还要说明一点，如果把政府转移支付（用 R 表示）考虑进总公式，那么总公式可表示如下（注意根据在支出法中对转移支付的说明，消费 C 项中已包含了 R 部分）：

（C＋R）＋I＋（G－R）＋X ≈ GDP ≈ （C＋R）＋S＋（T－R）＋M

这样，等式两边正负 R 相抵，总公式还是可以表示为：

C＋I＋G＋X ≈ GDP ≈ C＋S＋T＋M

第四节　国民收入的循环

通过说明 GDP 的核算，已理解了 GDP 这个总量指标从各个角度所体现的总量关系。本节再从总量循环的角度（即物品的循环和货币的循环）考察 GDP 的运动，会有新的发现。

一、两部门循环模型

在一个经济社会中，如果先不考虑政府部门的收支活动（T、G），不考虑进出口贸易（X、M），那么 GDP 的循环运动就在两个部门（企业部门、公众部门）间进行，相应 GDP 公式就简化为：

$C+I=GDP=C+S$

当说一个经济社会一年产出 1000 亿 GDP 时，一方面意味着该社会的企业部门产出价值 1000 亿的实物产品和劳务（最终产品）；另一方面，由于产出＝收入，它意味着该社会的公众部门（各生产要素的供给者）获得 1000 亿的货币收入。所以，图 8-2 连接企业部门、公众部门、要素市场、产品市场的循环模型中，内圈的线条箭头代表物品的循环，外圈的线条箭头代表货币的循环。

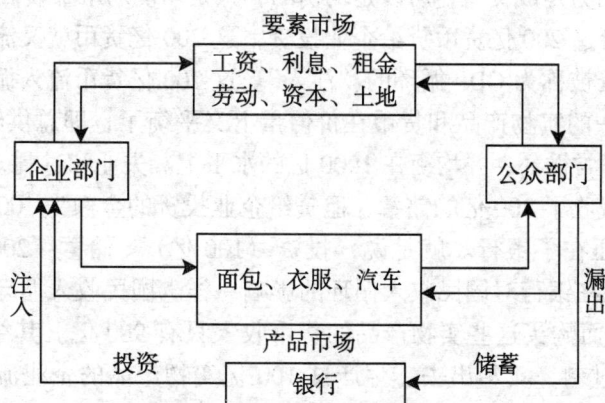

图 8-2 两部门收入循环模型

在循环的上部，公众部门通过要素市场向企业部门提供价值 1000 亿的劳动、资本、土地等各要素的供给，企业部门支付 1000 亿货币的工资、利息、地租支出购买这些要素。通过市场交换，价值 1000 亿的劳动、资本、土地等要素实物进入企业部门从事生产。价值 1000 亿的货币以工资、利息、地租的形式进入公众部门构成公众部门 1000 亿的货币收入。在循环的下部，企业部门生产的价值 1000 亿的最终产品提供给产品市场；公众部门则用 1000 亿货币收入购买价值 1000 亿的产品和劳务。产品全部卖掉，1000 亿货币作为企业部门的销售收入又回到企业部门，价值 1000 亿的实物产品进入公众部门消费。GDP 能够正常地循环。

现在分析储蓄和投资。由于分析是抽象分析，所以假定银行获得的储蓄都来自公众部门，企业的投资都来自银行贷款。

假定公众部门将货币收入中的 200 亿货币不用于消费，而是储蓄到银行，那么这 200 亿货币就流出了 GDP 的循环，所以，储蓄称为国民收入循环的"漏出"。如果这 200 亿货币停留在银行，没有贷出去，那么国民收入循环流中就少了 200 亿货币，这会出现什么情况呢？显然，这意味着产品市场上有 200 亿的实物产品卖不出去。因为产品市场上有价值 1000 亿的实物产品，而公众部门只支出了 800 亿货币购买 800 亿价值的产品消费，其结果就意味着有 200 亿价值的产品过剩。一部分企业会由于收不回流动资金而停业，工人则会失业，GDP 就不能正常循环，只能均衡在 800 亿的水平上。在低水平的均衡上，社会存在失业和设备闲置。存在失业 GDP 怎么还是均衡的呢？因为 GDP 是市场价值概念，200 亿货币留在银行，200 亿实物产品不能成交，出现过剩，GDP 的成交值只有 800 亿，这 800 亿的 GDP 因为是成交值，所以是均衡的，只是均衡的水平较低。

如果银行将这 200 亿货币贷给企业投资，这 200 亿货币就又流回到国民收入循环。所以投资被称为 GDP 循环的"注入"。这 200 亿货币流入循环系统，那么国民收入循环中的实物产品和货币在价值量上又平衡了，即总供给等于总需求，国民收入又能正常循环，并均衡在 1000 亿的水平上。失业和过剩就会消失。

如果银行吸收了 200 亿的储蓄，但贷给企业投资的金额为 100 亿，另 100 亿贷不出去，积压在了银行。就是说，投资（100 亿）< 储蓄（200 亿），结果和 200 亿储蓄停留在银行对国民收入循环的影响一样。国民收入循环中实物产品价值有 1000 亿，而购买这些实物产品的货币收入只有 900 亿。其结果是价值 100 亿的实物产品过剩，卖不出去。生产这 100 亿实物产品的企业流动资金收不回来，被迫停业，工人失业。GDP 只能均衡在 900 亿的低水平上。

如果银行贷给企业投资的货币金额不仅是储蓄吸收的 200 亿，而是 400 亿（银行的贷款资金不仅来自储蓄，还有自有资金），即投资（400 亿）> 储蓄（200 亿）。国民收入循环中的实物产品价值只有 1000 亿，货币收入或货币购买力现在是多少？公众部门储蓄的 200 亿，银行通过贷款投资渠道又注入了国民收入循环，而且还多注入了 200 亿。这样，国民收入循环中的货币收入或货币购买力是 1200 亿。1200 亿的货币购买力购买价值 1000 亿的实物产品，其结果是实物产品的价格平均上涨 20%，或一般价格指数上涨 20%，经济社会会出现 20% 的通货膨胀。名义 GDP 会在 1200 亿的水平上达到均衡。实际 GDP 只有 1000 亿，名义 GDP 超过实际 GDP 200 亿是因为社会出现了 20% 的通货膨胀率。

因此，从两部门循环模型分析中，可以得出以下结论：在两部门收入循环的条件下，当投资小于储蓄时，I < S，国民收入循环会出现生产过剩和失业；当投资大于储蓄时，I > S，国民收入循环会出现通货膨胀和货币贬值。因此，GDP 正常循环的条件之一是投资 = 储蓄，即 I = S。

以上西方经济学的两部门循环模型分析只是考虑了实物产品和货币收入在价值总量上的平衡。它的缺陷是没有考虑产品结构的平衡。例如，假定一个经济社会生产的资本品过多，消费品过少，那么即使实物产品和货币在价值总量上是平衡的，也会出现资本品的局部过剩和消费品的局部不足，一方面一些生产资本品的企业会由于生产过剩而停产或失业；另一方面，消费品市场会因供不应求而价格上升。马克思的再生产理论讨论的就是在盲目生产条件下，由于固定资本更新周期不同引起资本更新比例变动所导致的资本品和消费品生产比例失衡，两大部类交换困难，从而出现生产过剩危机和经济波动。当然在现代经济社会中，企业严格以销定产、按销售合同确定生产计划会减少盲目性和缓解这种情况。但从总量循环上看，宏观经济波动经常使合同难以执行，因此，产品结构平衡仍是一个值得注意的问题。

二、三部门循环模型

在两部门循环的基础上加上政府部门的收、支活动就成为三部门循环模型。它对应的 GDP 公式为：

$$C+I+G=GDP=C+S+T$$

政府的收支活动对 GDP 循环有什么影响？一方面，政府向企业和公众征税，构成政府的收入，这就把一部分货币从国民收入循环中抽出；另一方面，政府通过消费和投资支出又将这部分货币注入国民收入循环。因此，政府收支活动与储蓄、投资活动对 GDP 循环的影响是一样的道理。假定，政府征收了 200 亿的货币税收，但只支出了 100 亿，就是说政府把 100 亿货币留在手中（财政盈余），那

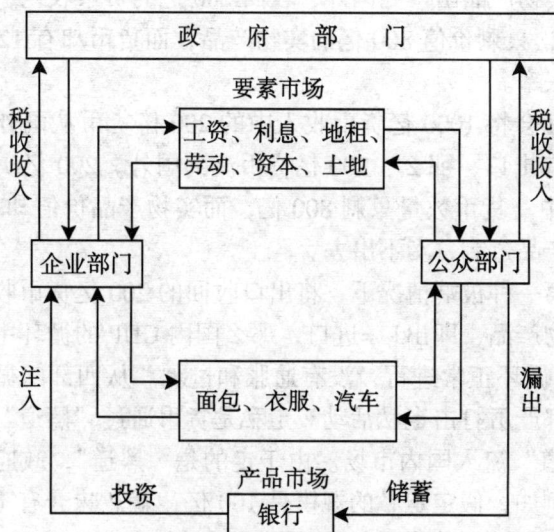

图8-3 三部门收入循环模型

么 GDP 循环中货币就少了 100 亿，就有 100 亿价值的实物产品卖不出去，出现产品过剩和失业；如果政府征收了 200 亿税收，却支出了 300 亿（财政赤字），那么 GDP 循环中实物产品的价值量就小于货币价值量，循环中货币过多，1100 亿货币购买价值 1000 亿的实物产品，其结果是出现通货膨胀，价格上升 10%。如果政府征税 200 亿，又支出 200 亿，那么国民收入循环中货币价值量与实物产品价值量相等，GDP 循环就正常运行，失业和通货膨胀都不会出现。

可见，三部门循环分析可以得出国民收入正常循环的第二个条件：政府收支平衡，即 G=T。

三、四部门循环模型

在三部门循环的基础上，再加上国际贸易活动（进出口）（称为国际部门），就成为 GDP 的四部门循环模型。其对应的 GDP 公式为：

$$C+I+G+X \approx GDP \approx C+S+T+M$$

由于只是抽象地分析国民收入物品和货币的循环，所以把国际贸易加入这个循环要有两个假定：第一，不考虑国际间汇率的差别，即假定本国货币与外国货币是相同的货币，汇率为 1:1。第二，不考虑政府的关税活动，即假定国际贸易是没有限制的自由贸易。

现在分析进出口对 GDP 循环的影响。假定该经济社会将生产的价值 1000 亿产品中的 200 亿实物产品出口到国外，收回 200 亿的货币收入，没有进口。那么国内 GDP 循环中，只剩价值 800 亿的实物产品，而货币却有 1200 亿。结果会出现 50% 的通货膨胀率。

假定该经济社会将 1000 亿货币收入中的 200 亿货币从国外进口价值 200 亿的实物产品，没有出口，那么，200 亿货币流到国外，200 亿实物产品进入国内循环。GDP 循环中，货币数量只剩 800 亿，而实物产品价值却有 1200 亿，其结果是 30% 的实物产品过剩，卖不出去。

如果在上面第一种极端情况下，将出口收回的 200 亿货币收入再从国外进口价值 200 亿的实物产品，即出口=进口，那么国内 GDP 的循环中实物产品的价值量=货币价值量，循环正常进行，没有通胀和过剩。从四部门循环分析中，可以理解为什么各国都严厉打击走私活动。走私是货币通过"黑道"流到国外，实物产品也通过"黑道"流入国内市场。由于走的是"黑道"，政府无法知道其交易的数量是多少。例如，假定走私的规模是 100 亿，就意味着有 100 亿货币流到国外，100 亿实物产品进入国内市场，这样在国民收入循环中，货币只有 900 亿，实物产品则有 1100 亿，其结果是 200 亿的实物产品过剩。因此，走私活动会严重损害国民收入总量平衡。

因此，以四部门循环分析又得出 GDP 正常循环的第三个条件：进出口贸易平衡，即 X = M。

四、国民收入总公式的意义

$$
\text{（总支出或总需求）}\qquad\text{（总产出或总供给）}
$$
$$
C+I+G+X \approx GDP \approx C+S+T+M
$$
$$
I=S
$$
$$
G=T
$$
$$
X=M
$$

在国民收入总公式中，不考虑等式两边的 C 项，等式两边就各剩下三项。从国民收入循环分析中得出上述三个等式是 GDP 正常循环的条件。所谓正常循环的条件，也就是 GDP 均衡的条件，总供给和总需求均衡的条件。但是这三个条件是从 GDP 定义本身，从理论分析上概括出来的。

在实际经济运行中，这三个条件又是总供给和总需求出现失衡的三个环节。例如，当经济运行低迷，投资机会不多的情况下，银行吸收的储蓄并不一定能全部贷出去转化为投资，投资和储蓄并不一定相等，I < S，总需求小于总供给，GDP 也只能均衡在较低的水平，社会存在失业和设备闲置。再如，经常从政府年度报告中听到当年财政出现赤字或盈余，进出口贸易出现逆差或顺差等。可见，在实际经济运行中，政府收支不一定平衡对外贸易也不一定平衡。那么，国民收入总公式的分析又有什么意义呢？

1. 国民收入总公式分析的第一个意义是从理论上概括出了 GDP 稳定增长的三个条件

从理论上说，在国民经济运行中，只要实现 I = S、G = T、X = M 这三个条件的平衡，经济社会就能实现价格稳定（没有通货膨胀）、充分就业（没有失业）的 GDP 的稳定增长，也就是实现 GDP 的增长达到潜在的充分就业的 GDP 的增长水平。

2. 国民收入总公式分析的第二个意义是对国民经济运行或 GDP 增长中的失衡状态做了初步的诊断

从 GDP 循环分析中，可以理解当 I < S 或 I > S 时，当 X < M 或 X > M 时会对 GDP 的总量平衡关系，即总需求和总供给的平衡产生什么影响。例如，当 I < S 时，总需求小于总供给，社会会出现生产过剩和失业。这样，当经济运行出现失业，通货膨胀或实际 GDP 水平下降，就会初步判断可能会在哪个环节出了问题，

或者说经济运行在哪个环节上"生病"了。

3. 国民收入总公式分析的第三个意义是为政府这位"医生"监护国民经济健康成长和稳定运行提供了思路和手段

在 GDP 总公式中，政府收入和支出，即 T 和 G 两项是政府可以自主运作的，而其余各项 C、I、S、X、M 则是市场机制自发调节和运作的。这样当市场经济系统的运行出现失衡或波动时，即经济运行出现失业、通货膨胀和 GDP 下降等不健康状态时，政府可以通过收入和支出政策来调节和平衡失衡的总量关系，促进市场经济系统的稳定运行。例如，当 I<S 时，经济会出现失业和 GDP 均衡水平下降，那么政府可以采取扩大公共投资即增加政府支出的手段，使 G>T，来平衡总量关系。再如，当 X>M 时，经济会出现通货膨胀，这时政府可以采取减少政府支出的办法，使 G < T，或者利用关税政策调节进出口数量、品种来平衡总量关系等。

以上三点就是 GDP 总公式分析的理论意义和实际意义。

GDP 是一个经济社会一年新生产价值的总和，它是对经济运行质量的一个基本度量指标。通过对 GDP 核算和循环的分析概括出了 GDP 的总公式，并对总公式的理论意义和实际意义进行了说明，从而为以后各章讨论总量关系的细节和政府的政策作用提供了思路和铺垫。

本章总结和提要

经济学家用 GDP、通胀率、失业率等指标衡量国民经济运行质量的变化。特别是实际 GDP 指标，它不仅反映经济社会实际财富的变动，由于它是个市场成交值概念，这个指标本身又体现总需求和总供给的总量平衡关系。经济学家用 GDP 指标的两种间接核算方法概括出国民收入总公式，通过对国民收入循环的分析，说明了总需求和总供给总量平衡的条件，以及总量失衡的初步原因和对我们经济生活的影响。

思考题

1. 宏观经济学追求的目标是什么？这些目标对我们的经济生活有什么意义？

2. 你如何评价现代凯恩斯主义主流经济学派和新自由主义学派的根本分歧？

3. 经济学用哪些指标衡量国民经济运行的质量？这些指标有什么意义？

4. 仔细分析和说明 GDP、名义 GDP 和实际 GDP 潜在的或充分就业的 GDP 的区别和联系。

    5. 用支出法间接核算 GDP 的原因和思路是什么？

    6. 经济学是怎样概括出国民收入总公式的？

    7. 走私对国民经济总量关系有什么危害？

    8. 说明国民收入总公式分析的意义。

第九章 国民收入的波动

根据历史和逻辑相一致的原则，本章运用凯恩斯的简单国民收入模型讨论均衡国民收入的决定以及消费、储蓄和投资关系的细节，本章的目的是对国民收入的波动和经济周期的原因进行探讨。

第一节 凯恩斯的 45°线模型

凯恩斯的 45°线模型也称国民收入决定模型。它是宏观经济学第一个总量分析模型。它形象、直观地表达了凯恩斯主义一些主要的宏观经济思想，也是西方学者用来分析宏观经济学重要理论问题的一个基本工具。下面介绍一下这个模型的基本含义及运用。

一、45°线模型的含义

把国民收入总公式 $C+I+G+X \approx GDP \approx C+S+T+M$ 标在 45°线坐标曲线图上就是凯恩斯的国民收入决定模型。

图 9-1 中，横轴代表总产出或总供给，即 $C+S+T+M$ 总额，纵轴代表总支出或总需求，即 $C+I+G+X$ 总额，45°线把坐标平面平分为两半，线上任一点到横轴和纵轴的距离相等，所以 45°线上任一交点都有均衡国民收入，即总支出与总产出相等的国民收入。均衡国民收入就是国内生产总值 GDP。

图 9-1 中，C 为消费曲线，它与 45°线的交点对应的纵轴上的刻度代表总支出中消费支出的数额，在 C 曲线上加上投资支出 I 的数额就是 $C+I$ 曲线。在 $C+I$ 曲线上加上政府支出的数额即为 $C+I+G$ 曲线。在 $C+I+G$ 曲线上加上出口的数额即为 $C+I+G+X$ 曲线。该曲线即为总需求曲线或总支出曲线。

从图 9-1 中看到，如果只考虑消费支出 C 的数额，C 曲线与 45°线相交于 E_1 点，均衡国民收入为 Y_1 的水平；加上投资支出总额，$C+I$ 曲线与 45°线相交于 E_2 点，均衡收入达到 Y_2 的水平；加上政府支出总额，$C+I+G$ 曲线与 45°线交于 E_3

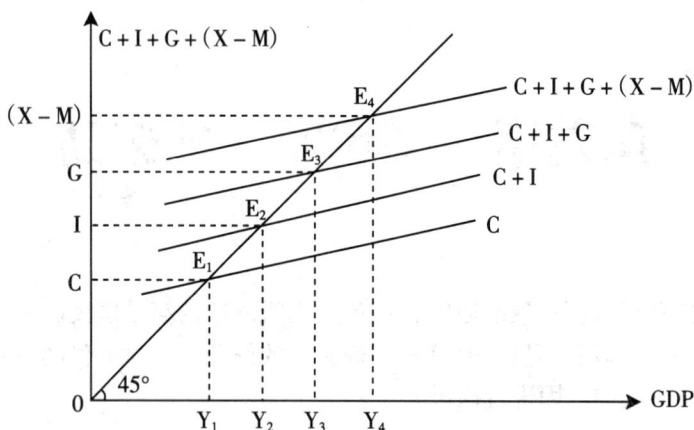

图 9-1　凯恩斯国民收入决定模型

点，国民收入达到 Y_3 的水平；加上出口，国民收入达到 Y_4 的水平。观察图 9-1
要注意两点：一是总需求支出增加或减少，即总需求曲线上移或下移，会导致
45°线上均衡点上移或下移，其对应于横轴的均衡国民收入会增加或减少。这表明
均衡国民收入水平取决于总需求的支出水平。二是总需求曲线中的各项：C、I、
G、X，其增加或减少都会导致总需求曲线上移或下移，从而导致均衡国民收入增
加或减少。

　　通过上述简单的分析可以看到，该模型直观地表达了凯恩斯主义一些重要的
宏观经济思想：

　　（1）均衡国民收入水平取决于总需求（即有效需求）的支出水平。凯恩斯认
为，均衡国民收入（即国民生产总值）不取决于产出总额，而取决于有效需求支
出总额。即有效需求支出增加，均衡国民收入水平提高，有效需求支出减少，均
衡国民收入水平下降。凯恩斯的这个思想可以概括为：需求创造产出和供给，
这也被称为凯恩斯定理。这与古典经济自由主义的萨伊定律供给创造需求，正
好相反。

　　（2）政府支出政策能有效地影响均衡国民收入水平。即政府支出增加，均衡
国民收入水平提高，反之，则均衡国民收入水平下降。由于政府支出 G 是总需求
曲线中的一项，政府支出增加或减少会导致总需求曲线上移或下移和均衡国民收
入水平上升或下降。

　　（3）消费、投资和出口是拉动经济增长的"三驾马车"。即消费、投资、出口
额增加，能有效地提高均衡国民收入水平。总需求中的各项除去政府支出 G，就
是消费、投资和出口。因此，凯恩斯认为，促进消费、投资和出口额的增加能有

效增加总需求和促进 GDP 的增长。

以上从总体上介绍了 45°线模型的含义及表达的凯恩斯主义的一些主要经济思想。下面说明如何运用 45°线模型这个工具讨论两部门国民收入的决定及消费、投资、储蓄关系的细节。

二、简单的国民收入决定模型

所谓简单的国民收入决定模型是说暂不考虑政府的经济活动和进出口贸易。政府的收支活动是相对独立于社会市场经济活动的政府行为。它将作为政府的财政收支政策对经济活动施加影响。可见简单国民收入决定模型考察的是一个没有政府经济活动，没有国际贸易的简单经济社会的国民收入循环运动。由于政府的收支活动总是存在的，进出口贸易活动也是存在的，但是正如在分析两部门循环模型时指出的，在政府收支平衡的前提下，模型循环的价值总量不变；在假定外汇汇率为 1∶1，进出口贸易平衡的前提下，模型循环的价值总量也不变。因此也**可以说简单国民收入决定模型考察的是在政府收支平衡、进出口贸易平衡前提下的一个简单经济社会的 GDP 的运动。**

与简单国民收入模型对应的国民收入总公式为 $C+I=Y=C+S$。用 Y 代替 GDP 是因为从 GDP 到 PDI 指标有差别，因此准确地说用 Y 是代表个人可支配收入 PDI。相应的简单国民收入决定模型的图形如图 9-2 所示。

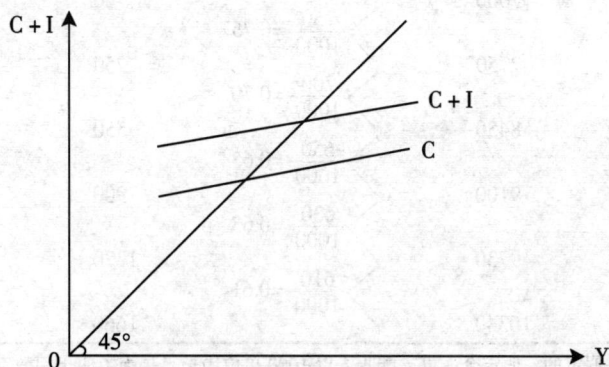

图 9-2 简单国民收入决定模型

从简单国民收入公式和简单国民收入模型中看到，在一个简单的经济社会中，C、I、S 三个因素决定均衡国民收入水平。

第二节　消费、储蓄和投资

一、收入与消费、储蓄的关系

Y＝C＋S 的式子表示，个人可支配收入最终分为消费和储蓄两种用途，而且 Y–C＝S。因此，收入是影响消费和储蓄的重要因素。对许多家庭消费模式的研究和统计资料显示，随着国民收入的增长，社会消费总额和储蓄总额都在增长。但消费的增长相对于收入的增长来说是以递减的速度增长，而储蓄的增长相对于收入的增长是以递增的速度增长。这种随着收入增长，消费和储蓄增长中呈现出的不同趋势，凯恩斯把它称为边际消费倾向和边际储蓄倾向，见表 9–1。

表 9–1　边际消费倾向和边际储蓄倾向表

单位：亿美元

个人可支配收入 Y	消费开支 C	边际消费倾向 $MPC=\dfrac{\Delta C}{\Delta Y}$	净储蓄 Y–C	边际储蓄倾向 $MPS=\dfrac{\Delta S}{\Delta Y}$
6000	6200		–200	
		$\dfrac{800}{1000}$=0.80		$\dfrac{200}{1000}$=0.20
7000	7000		0	
		$\dfrac{750}{1000}$=0.75		$\dfrac{250}{1000}$=0.25
8000	7750		250	
		$\dfrac{700}{1000}$=0.70		$\dfrac{300}{1000}$=0.30
9000	8450		550	
		$\dfrac{650}{1000}$=0.65		$\dfrac{350}{1000}$=0.35
10000	9100		900	
		$\dfrac{630}{1000}$=0.63		$\dfrac{370}{1000}$=0.37
11000	9730		1270	
		$\dfrac{610}{1000}$=0.61		$\dfrac{390}{1000}$=0.39
12000	10340		1660	

注：该表数字是假定的。假定个人可支配收入以 1000 单位增长，是为了便于用数字的例子说明收入与消费、储蓄的关系，及掌握如何测算边际消费倾向和边际储蓄倾向的方法。

从表 9–1 中看到，随着收入的增加，消费和储蓄都在增长。但二者增长的趋势是不同的，它表现为边际消费倾向递减（由 0.80~0.61）和边际储蓄倾向递增（由 0.20~0.39）。这种不同趋势在西方工业社会工业化的初期和成长期是符合实际情况的。

边际消费倾向（MPC）是指消费增量与收入增量的比值。它表示增加一单位收入中，用于增加的消费部分的比率（例如 0.80 表示增加的 1000 亿收入中用于消费增加的部分为 80%）。也表示消费随收入增长而以递减速度增长的关系。用公式表示：$MPC = \dfrac{\Delta C}{\Delta Y}$（例如表 9–1 中收入增量由 6000 亿美元至 7000 亿美元，$\Delta Y = 1000$ 亿美元，消费增量由 6200 亿美元至 7000 亿美元，$\Delta C = 800$ 亿美元，$MPC = \dfrac{\Delta C}{\Delta Y} = \dfrac{800}{1000} = 0.8$）。

边际储蓄倾向（MPS）是指储蓄增量与收入增量的比值。它表示增加一单位收入中用于增加的储蓄部分的比率，也表示储蓄随收入增长而以递增速度增长的关系。用公式表示：

$$MPS = \frac{\Delta S}{\Delta Y}$$

MPC 和 MPS 表示消费和储蓄随收入增长而变化的依存关系。这种关系用数学语言讲就是函数关系，所以 MPC 和 MPS 用数学语言表达就称为消费函数和储蓄函数，其数学表达式分别为：

1. 消费函数：C=a+bY

式中，a 表示必不可少的消费部分，即收入为 0 时举债或使用以前的储蓄（如表 9–1 中的负储蓄）也要有的消费；b 表示边际消费倾向，b 与 Y 的乘积表示所增收入中消费占的部分或收入引致的消费。所以 C=a+bY 表示的经济含义为：消费等于自主消费与引致消费之和。

将表 9–1 收入和消费两栏的数字标在 45°线坐标曲线图 9–3 上，可以得到消费函数曲线，它可以直观地反映边际消费倾向的性质。

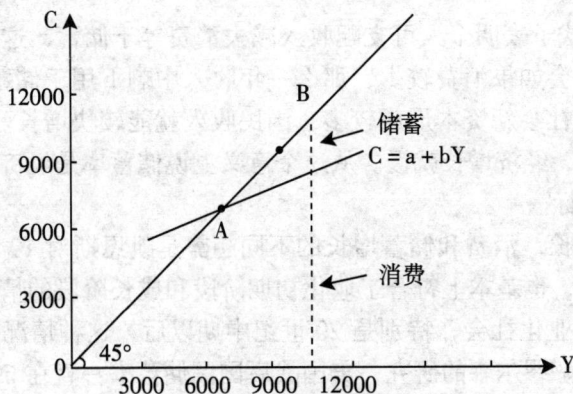

图 9–3　消费函数曲线

从图 9-3 中看到，由于边际消费倾向递减，随着收入增长，C 曲线越来越偏离 45°线，消费曲线与 45°线的垂直距离显然是储蓄的部分。在收支平衡点 A 的左边，C 曲线处在 45°线的上方，它表示社会存在负储蓄。在 A 点收入和消费支出相等，过 A 点随着收入的增加，消费的增加呈递减的趋势，这就是凯恩斯的边际消费倾向递减规律在图形上的表现。

2. 储蓄函数

由于 $S = Y - C = Y - (a + bY) = -a + (1-b)$，所以储蓄函数表达式为：
$$S = -a + (1-b)Y$$

把表 9-1 收入和储蓄两栏的数字标在坐标曲线图上，可得到储蓄函数曲线（图 9-4）。

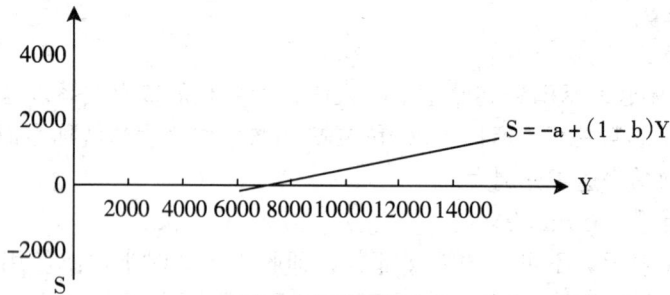

图 9-4　储蓄函数曲线

从消费函数和储蓄函数的说明中，可以看出这两个函数为互补函数。表 9-1 数字中，边际消费倾向和边际储蓄倾向之和永远等于 1，就说明了这种关系。

二、消费和储蓄的关系

$Y - C = S$ 的式子表明个人可支配收入减去消费等于储蓄，这个关系是很重要的。一个经济社会如果消费较少，那么一年收入中剩下用于储蓄的部分就较多。储蓄较多意味着社会新资本形成较多，国民收入就能较快增长。反之，储蓄少，新资本形成就少，经济增长就慢。从这个意义上说储蓄率是经济潜在增长能力的一个重要参考指标。

随着收入增长，消费和储蓄增长的不同趋势是凯恩斯对 19 世纪西方工业国家的研究提出的，也基本上符合工业化初期阶段和成长阶段的情况。随着西方发达国家进入后工业化社会，特别是 20 世纪中期以后，这种情况发生了变化。以美国为例，根据萨缪尔森的研究，美国战后国民储蓄率一直在 6%~8% 之间徘徊。20 世纪 80 年代以后持续下降至 4%~5% 之间。国民储蓄率的下降趋势引起美国经济学家的关注，因为如此低的储蓄率不要说新资本形成缓慢，就是旧资本的更新也很困难。因为，4%~5%之间的储蓄率意味着美国国民资本的更新周期在 20 年以上。而且，在这 20 年间没有任何新资本的形成。因此它对未来的经济增长将产生严重的影响。

许多西方学者认为，发达国家社会保障体系的完善是国民储蓄率下降的重要原因。根据生命周期学说，人们在工作时期储蓄是为了为老年不能工作退休后储备一笔基金。而社会保障体系的完善则消除了个人储蓄的必要性，使人们的储蓄观念淡化。

还有的西方学者认为，储蓄率下降是经济增长率下降的自然产物，在收入快速增长时期，社会自然会形成可观的储蓄和净投资。相反，在一个停滞的经济社会，储蓄率和净投资自然会下降。

还有的学者认为，国民储蓄率下降是由于累进个人所得税的高税率。这种看法也有道理，高税率使政府拿走了私人用于储蓄的部分，从而使社会的资本投资日益成为政府行为，这是否是社会发展模式变化的一个信号呢？

三、储蓄和投资的关系

从消费函数曲线图 9-3 上看到，随着收入的增长，消费曲线与 45°线之间的缺口越来越大。这个缺口的垂直距离就是储蓄。如果储蓄能全部转化为投资支出，则总需求与总供给相等，国民收入的均衡就处在 45°线上的 B 点，如果 S 不能全部转化为 I，I<S 就会出现失业，国民收入只会处在一个较低的均衡水平上。所以储蓄和投资的关系是很重要的。

自由主义的、古典的经济学家认为，储蓄和投资总是恒等的，因为供求机制会自动调节储蓄和投资，使之趋于相等。凯恩斯和萨缪尔森否认了这种一致性，他们认为储蓄和投资是不同的人出于不同的目的和动机各自独立进行的，所以二者不一定正好相等，这是造成总量失衡、过剩、失业的重要原因之一。

1. 储蓄和投资的差异

国民储蓄是指个人、企业和政府储蓄的总和。企业储蓄的动机是投资，但储蓄的主要来源是个人或家庭，其动机是各种各样的，或者为了应付不测之需，或者为了养老等。萨缪尔森认为，不论其动机是什么，个人储蓄往往和企业的投资机会没有直接的关系。

投资是指新资本的形成。经济生活中，某人买了一幢房产，他说他是在"投资"。这种说法从微观经济学个人行为的角度讲是对的。但从宏观经济学的观点看，这只是资产转移，只是房产从房产公司转移到个人手里，并没有出现新资本的形成或增加。**宏观经济学所讲的投资是指实际资本物品的生产和形成**。因此投资是企业和公司的行为。什么因素决定企业的投资行为呢？首先是经济的景气度，或者说是整个经济活动的收益率。如果企业的经营收益率在上升，企业就会产生扩大投资的冲动。其次是投资的成本。投资成本包括贷款利率的高低，以及贷款的难易程度。最后是对未来收益的预期。对未来收益的预期则涉及更多的因素，政治经济环境是否宽松，经济是否能继续成长等。可见决定企业投资行为的因素很多，而且和储蓄没有必然的联系。

历史统计资料表明，投资在不同年份的波动性是很大的。通过分析造成投资波动的各种原因，萨缪尔森把造成投资变动的原因大致分为两类：第一类是经济体系以外的因素，如战争、自然灾害、新技术、新产品发明、政治动荡、新资源新机会的发现等。第二类是经济体系以内的因素，如收入的变动、利率的变动都会对投资变动产生影响。萨缪尔森认为，历史事实表明，第一类因素是引起投资数量剧烈变动的主要原因。由于这些因素是经济体系以外的因素，又是不可预测的因素，所以投资的变动目前尚无规律可循。当然如果出现新技术发明，可以预测投资将会有很大的增长，不可预测是指不知道什么时候会出现新技术发明，等等。因此，企业的投资机会与储蓄也没有必然的联系。

2. 储蓄和投资的关系

由于影响储蓄和投资的各种因素是独立的、多方面的，所以二者的关系比较复杂，但还是可以概括为以下几方面：

（1）**尽管储蓄和投资各自具有独立性，但投资仍然受到储蓄的限制。在任何时期，投资的规模都受到储蓄所能提供的资金限制。**

（2）由于投资的剧烈变动主要由经济体系以外的因素引起，尚无规律可循。一方面，西方学者认为投资的剧烈波动是造成经济波动的主要原因；另一方面，经济学者由于还没有完全了解投资变动的规律，只能根据已知的条件预报和调节经济波动，还不能完全消除经济周期。"经济预报还只是凭直觉的艺术，而非凭观察的科学。"

（3）尽管收入和利率不是投资变动的主要因素，但它们对投资变动还是有一定的影响。一般来讲，收入增加，投资会增加，收入减少，投资也会减少；利率提高，投资会减少，储蓄会增加，利率降低，投资会增加，储蓄会减少。因此，运用某种政策手段调节利率，通过利率来影响储蓄和投资，使之趋于平衡在一定程度上还是有意义的。

通过上述分析，可以得出以下两点结论：

第一，传统的自由主义的经济学者认为，经济体系内部存在自发调节的机

制，使投资必然等于储蓄，即储蓄和投资恒等。依据这一观点，在 C+I=Y=C+S 的公式中，等式两边就是恒等的，总需求和总供给自然是平衡的，国民经济会均衡、稳定地运行，政府干预就没有必要，宏观经济学也没有必要建立了。显然，经济危机和波动的事实不支持这种见解。

第二，**GDP** 是市场价值概念，因此经济体系内部的供求机制在一定程度上可以调节投资和储蓄，从而调节均衡收入水平。但投资和储蓄是相互分离、由不同的人各自独立进行的行为，市场供求机制并不能保证二者必然相等。更重要的是投资的剧烈变动主要来自于经济体系外力的作用和影响，而经济体系的内部机制不可能决定和调节外部因素。因此，当投资的波动超过一定程度时，经济体系内部没有良好的自发调节的机制使投资和储蓄必然相等，必须通过政府采取适当的宏观经济政策进行调节，这是凯恩斯主义强调政府干预经济必要性的一个重要的理论依据。

萨缪尔森认为"除非执行适当的宏观经济政策，否则自由放任的经济制度不能保证投资的数量会处于正好维持充分就业的水平；不小到造成失业的地步，也不大到造成通货膨胀的地步。就总投资和货币支出能力而论，自由放任制度没有良好的自动调节设备"。[①]

3. 投资函数

利率在一定程度上会影响投资和储蓄。所谓一定程度是指利率只能部分地影响投资的变动。所以据此还是可以建立投资与利率之间的函数关系。

投资函数的表达式为：$I=e-dr$

式中：e 表示不受利率影响的企业自主或自发投资部分，也就是说这部分投资主要受经济体系以外因素和收入的影响；d 表示受利率影响的投资部分，即利率每上升或下降一个百分点，投资会减少或增加的数量："–"号表示投资与利率存在反方向变动的依存关系。

假定，投资函数为：$I=1500-300r$（单位：亿美元），可以做出投资函数的曲线图形。

投资函数曲线又称投资需求曲线，也称投资边际效率曲线，投资边际效率是从资本边际产出率概念引申出来的。

由于投资是指实际资本物品的形成，也就是资本的需求，所以把投资函数曲线图中横轴 I 换成 K（资本），投资函数曲线就是资本需求曲线。资本需求曲线的背后是资本的边际产量曲线或资本边际产出率曲线，凯恩斯把它称为资本的边际

[①] 萨缪尔森：《经济学》第 10 版，上册，商务印书馆，1982 年版，第 292 页。

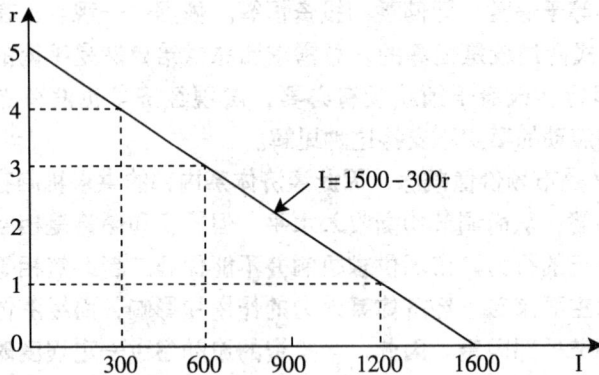

图 9-5　投资函数曲线表明，投资 I 与利率 r 成反方向变动

效率（MEC）曲线，只是换了个称呼而已，实际上是一个概念。

资本净产出率表现为一般（平均）的市场利息率。凯恩斯把资本边际效率（MEC）定义为一般市场贴现率。贴现率是指如果一笔在数年后才可以兑现的资产收益现在要兑现，银行要依据利息率扣回这数年间的利息收益，才能兑现。现在的兑现值银行称为贴现值，利息率称为贴现率。所以这不过是利息率的另一个角度的说法。

讨论利息率，资本的边际产出率或边际效率是为了解释投资为什么与利率成反方向变动的关系。理论上分析的资本净产出率体现为一般无风险的市场利息率，是一种抽象分析。它是社会实际生活中千差万别的各种资本项目不同的净产出率的一个平均值。而且还不包括各种风险因素。当企业与公司选择投资机会与项目时，它们会把该投资项目的预期收益率（该资本项目的净产出率加上各种风险因素的考虑和折扣）与一般市场利息率进行比较，因为贷款利率是投资成本，只有收益高于成本才值得投资，所以当利率高时，投资成本较高，许多项目就不值得投资了，投资就会减少；当利率降低时，投资成本降低，许多项目又值得投资了，投资就会增加。

第三节　均衡国民收入的决定

本节运用凯恩斯简单国民收入决定模型讨论一个简单的经济社会均衡国民收入的决定问题。联系上一节消费、储蓄和投资关系，通过这个模型的讨论可以理解凯恩斯均衡国民收入水平取决于有效需求支出水平的思想，以及有效需求不足，国民收入只能均衡在较低水平，社会会存在生产过剩和失业的思想。

一、用消费和投资说明均衡收入的决定

图 9-6 中横轴代表国民收入或总产出 Y，纵轴代表有效需求支出总额，即消费支出与投资支出之和。

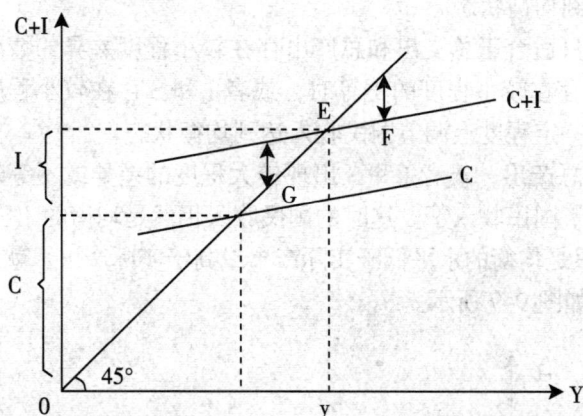

图 9-6　均衡国民收入决定于有效需求（实际总需求）的支出水平

消费曲线 C 代表社会消费支出总额，在消费曲线上加上投资支出额就得到 C+I 的总支出曲线。C+I 曲线与 45°线的交点 E 就是国民收入的均衡点，可见有效需求支出额决定均衡国民收入的水平。

显然，只有当纵轴代表的居民、家庭的实际消费支出和企业的实际投资支出之和与横轴代表的企业的实际产出相等时，国民收入才处于均衡的 E 点，这时既不会有生产过剩和失业，也不会有通货膨胀。但是成千上万各自独立的家庭支出和企业投资支出又怎么能正好与企业的产出相等呢？下面就进一步分析当总支出与总产出出现较小程度的差异时，市场供求机制如何在一定程度上调节国民收入达到均衡水平。

第一种情况，假定居民、家庭和企业的 C+I 支出总额小于企业的产出总额 Y，如图 9-6 上均衡点 E 的右方 F 点所示，C+I 曲线低于 45°线。在这种情况下，显然企业的存货会增加，销售量会减少，企业能收回的支出小于它生产 GDP 的各项开支，利润率下降，企业将被迫缩减产量，GDP 或 Y 会收缩至均衡点。由此可以得出结论，当 C+I < Y 时，会导致国民收入收缩。

第二种情况，假定居民、家庭和企业的 C+I 支出总额大于企业的产出总额 Y，如图 9-6 上均衡点 E 的左方 G 点所示，C+I 曲线高于 45°线。在这种情况下，

市场需求旺盛，企业存货减少，销售量增加，企业会开足马力增加产量，产出的增加会使国民收入扩张至均衡点 E。由此可以得出结论，当 C+I>Y 时，会导致国民收入扩张。

进一步推论，当 C+I=Y 时，国民收入达到均衡状态。由于 C+I=Y=C+S，所以也可以说，当 I>S 时，国民收入扩张；当 I<S 时，国民收入收缩；当 I=S 时，国民收入达到均衡状态。

但上述分析只适合于总支出和总产出存在较小程度差异的情况，或者说，当总支出和总产出存在较小程度的不等时，或者 I 和 S 存在较小程度差异时，市场供求机制可以在一定程度上调节国民收入达到均衡状态。

当总支出和总产出，或者 I 和 S 出现较大程度的差异或不等时，市场供求机制就没有能力调节国民收入了。这时的国民收入仍然是均衡的（因为 GDP 是个市场价值概念），只是均衡的水平低于实际产出或高于实际产出，就会存在失业、过剩或通货膨胀。如图 9-7 所示。

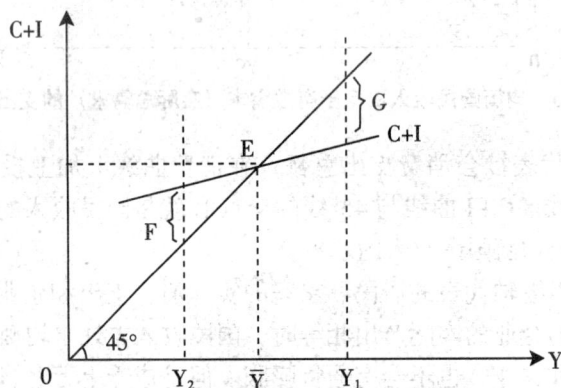

图9-7　均衡收入与失业和通货膨胀

图 9-7 中，C+I 曲线为实际总支出曲线或有效需求支出曲线。Y_1 和 Y_2 两条垂直的虚线代表实际产出或充分就业的潜在产出水平。先假定第一种情况，即社会实际产出为 Y_1 的水平，但社会有效需求支出 C+I 水平很低，二者的差距如 G 所示，C+I 支出曲线与 45°线相交，均衡收入为 $\bar{Y}$ 的水平，社会存在大量的产品过剩，即 $\bar{Y}$ 与 Y_1 数量的产品卖不出去；从而导致企业流动资金无法收回，工人大量失业。第二种情况，假定社会实际产出为 Y_2 的水平，但社会有效需求支出即 C+I 支出水平却大大超过了实际产出水平，如 F 点所示，C+I 曲线大大高于 45°线，这时均衡国民收入水平仍然由有效需求支出水平决定，即在 E 点达到均衡，

名义 GDP Y 的水平超过实际 GDP Y_2，这表现为社会物价上涨，通货膨胀。

由于 GDP 是一个市场价值概念，即市场买卖双方成交值的概念，所以萨缪尔森说，即使在社会存在失业或通货膨胀的情况下，GDP 也是均衡的（只不过是均衡水平是高于实际产出，还是低于实际产出水平而已）。讨论均衡收入的决定问题意义不大，宏观经济学探讨的是造成国民收入波动、失业和通货膨胀的原因。凯恩斯认为，由于边际消费倾向递减和投资收益率的不确定性，社会有效需求支出水平总是低于实际产出水平，因此，失业和生产过剩是经济社会经常出现的情况。

通过上述分析，可以得出以下结论：

第一，均衡国民收入水平由有效需求水平或实际的 C＋I 支出水平决定。有效需求水平增加，均衡国民收入水平提高；有效需求水平减少，均衡国民收入水平下降。

第二，当有效需求支出水平与总产出水平存在较小程度的差异时，市场供求机制在一定程度能自动调节有效需求和产出水平。当 C＋I＞Y，或 I＞S 时，均衡国民收入扩张；当 C＋I＜Y，或 I＜S 时，均衡国民收入收缩；当 C＋I＝Y，或 I＝S 时，国民收入达到均衡状态，经济社会不存在生产过剩、失业和通货膨胀。

第三，当有效需求支出水平与总产出水平存在较大程度差距时，或 I 和 S 出现较大程度差距时，市场机制就没有能力自动调节有效需求和产出水平。这时，均衡国民收入水平仍由有效需求支出水平决定。当有效需求支出水平大大低于实际产出水平（或潜在产出水平）时，均衡收入水平低于实际产出水平（或潜在产出水平），社会存在生产过剩和失业；当有效需求支出水平大大高于潜在产出水平时，均衡收入水平（名义国民收入）高于潜在产出水平，就会存在通货膨胀。

二、用消费函数预测均衡收入水平

由于消费和收入之间存在依存关系，可以用消费函数来预测均衡国民收入水平。

依据 $\begin{cases} Y = C + I \text{（收入恒等式）} \\ C = a + bY \text{（消费函数）} \end{cases}$

解上述联立方程，就得到均衡收入公式：

$$Y = \frac{a + I}{1 - b}$$

如果从社会统计资料中得到社会必需的消费额 a，边际消费倾向 b，社会投资总额 I，就可以预测当期的均衡国民收入水平。

例如，假定消费函数为 C＝900＋0.8Y，投资为 200（单位：亿美元），则当期的均衡收入大约为：

$$Y=\frac{900+200}{1-0.8}=5500 \text{（亿美元）}$$

这个预测值只考虑了 C＋I 支出，还没有考虑政府和对外贸易活动的影响，所以只是大约。考虑上述两个因素的影响，还要加上政府支出净值（政府支出减去政府税收收入）×支出乘数和净出口（出口减去进口）×支出乘数，预测就会更精确些。

第四节　国民收入的波动

萨缪尔森认为，对宏观经济学来说，均衡国民收入决定并不重要。由于 GDP 是市场成交值概念，无论均衡水平高低，或者说无论是否出现生产过剩、失业或通货膨胀，GDP 都是均衡的。宏观经济学关注的是国民收入的波动，即失业或通货膨胀的原因和对策。下面讨论国民收入为什么会出现波动。为此还需要了解收入和投资相互作用的机制，即乘数原理和加数原理。这两个原理是大多数西方学者解释经济波动原因的理论组成部分。

一、乘数原理

1. 投资乘数

从图 9-6 中可以看出投资对国民收入水平的作用和影响，即投资增加会引起国民收入增加或均衡收入水平提高；投资减少则会引起国民收入减少。乘数理论

表 9-2　投资乘数模型

单位：亿美元　MPC=4/5

	ΔI 投资增量	ΔY 收入增量	ΔC 消费增量	ΔS 储蓄增量
第一轮	1000	1000	800	200
第二轮		800	640	160
第三轮		640	512	128
第四轮		512	409.6	102.4
第五轮		409.6	327.7	81.9
⋮		⋮	⋮	⋮
合计		5000	4000	1000

是要进一步说明增加一笔投资，引起的国民收入增量将是投资增量的数倍，就是说投资增量对收入增量具有乘数的作用。

假定，由于新技术、新产品发明引起社会投资增加了 1000 亿美元，即表 9-2 所示投资增量 ΔI 为 1000 亿美元。这对国民收入会有什么影响呢？首先第一轮，当社会增加 1000 亿美元的投资，就意味着对资本物品的购买增加了 1000 亿美元，这 1000 亿美元就会转化为生产这些资本物品的厂商支付给各要素的收入，即 Y 就有 1000 亿美元的增量（ΔY）。假定边际消费倾向 MPC 为 $\frac{4}{5}$，那 ΔY 的 1000 亿美元中又会有 800 亿美元转化为消费增量（ΔC），200 亿美元转化为储蓄增量（ΔS）。这就是第一轮各栏的数字。而收入增量的循环才刚刚开始，再看第二轮。

第二轮，消费增量的 800 亿美元又构成对社会最终消费产品 800 亿美元的购买额，这个购买额又转化为生产这 800 亿美元消费品的厂商及各要素的收入，从而使 Y 又增加 800 亿美元。根据边际消费倾向，这 800 亿美元的收入增量又分解为 640 亿美元的消费增量和 160 亿美元的储蓄增量。

第三轮，640 亿美元的消费增量又导致收入增加 640 亿美元……如此循环，读者可以自己计算第六轮、第七轮等的数字，最后进行加总，就会看到 1000 亿美元投资增量导致了 5000 亿美元的国民收入增量。就是说国民收入增量的倍数是 5，或者说乘数是 5。

进一步思考为什么乘数是 5 呢？显然这与边际消费倾向有直接的联系。如果社会的边际消费倾向为 $\frac{3}{4}$，那么读者用上面的方法重新计算一下各栏的数字，就会发现国民收入增量只增长了 4 倍，或者说乘数为 4。如果 MPC 为 $\frac{5}{6}$，通过计算就会发现乘数为 6，因此，可以把投资乘数的公式归结为：

如果用 K 代表投资乘数，则：

$$K = \frac{1}{1 - MPC} = \frac{1}{MPS}$$

投资乘数可定义为：投资乘数是边际储蓄倾向的倒数，它表示投资的增加或减少所导致的国民收入增加或减少的倍数。

投资的减少会引起收入成倍减少吗？是的，乘数是一把"双刃剑"，投资的增加会引起国民收入成倍增加，投资的减少也会引起国民收入成倍减少。试想一下，如果由于战争、自然灾害或经济增长速度下降等原因使投资者对投资前景看淡，社会投资支出减少 1000 亿美元。那么意味着什么呢？它意味着生产这些资本品的厂商的资本品销售不出去，厂商生产这些资本品的开支收不回来，厂商就不能支付各要素的工资、利息、租金等，从而收入将减少 1000 亿美元。假定 MPC 还是 $\frac{4}{5}$，那么减少的 1000 亿美元收入又意味着对生产消费品厂商的购买额减少 800 亿美元，从而使生产消费品的各要素收入减少 800 亿美元，上表各栏的数字就成了负循环，最终导致收入减少 5000 亿美元。

　　乘数原理的分析告诉人们，投资的波动会导致收入更大幅度的波动，或者说收入波动的幅度大于投资波动的幅度，这就是乘数原理的经济学意义。

　　乘数公式是依据数字推理抽象分析概括出来的，从逻辑上讲是成立的。而且，在实际的经济运行中，增加一定数量的投资确实对国民收入增量有倍数的影响，但是这个倍数是否就像乘数公式计算得那么准确就不一定了。例如，美国国民储蓄率不到 10% 时，假定是 10%，那么根据乘数公式美国的投资乘数应该是 10，但根据萨缪尔森的研究，美国的投资乘数只是 3。这么大的差距原因是什么，有些因素还说不清楚，但收入多轮循环中的漏洞肯定是存在的。这个例子表明，对乘数公式不能机械地运用，要依据具体情况进行测算。但是乘数原理表明的投资波动会导致收入更大幅度的波动这一点是肯定的。

　　2. 支出乘数

　　如果将表 9-2 投资乘数模型中的投资增量 ΔI 换成政府支出增量 ΔG 或净出口增量 ΔX，或消费增量 ΔC，通过同样的数值推理分析，可以看到政府支出增加、净出口增加，或消费增加，对国民收入增量都具有倍数的影响，其收入循环的原理是相同的。因此，萨缪尔森认为，总支出中各项，$C + I + G + (X - M)$ 的增量，对国民收入增量都具有乘数作用，萨缪尔森把它们统称为支出乘数。就是说，投资乘数、政府支出乘数、净出口乘数，可以统称为支出乘数，其收入循环的原理是相同的，其公式与投资乘数公式相同。

　　我们可以把乘数原理的要点归纳如下：

　　（1）投资乘数是指投资增量对国民收入增量具有倍数或乘数的影响。乘数公式可定义为边际储蓄倾向的倒数，即 $K = \frac{1}{MPS}$。

　　（2）投资乘数是一把"双刃剑"。因此，乘数原理的重要经济意义在于表明投资波动会导致国民收入更大幅度的波动。

　　（3）总支出各项的增量对国民收入增量具有相同的倍数或乘数影响。因此，政府支出乘数、净出口乘数和投资乘数统称为支出乘数。

二、加速原理

乘数原理说明了投资波动对国民收入的波动具有倍数的影响。加速原理则要说明收入的变动对投资的变动具有加速的影响。就是说，收入的增加会引起投资的加速增加，收入的减少会引起投资的加速减少。

1. 加速原理模型

加速原理是萨缪尔森首先提出并加以说明的，下面引用萨缪尔森的模型加以说明。

加速原理模型的建立有三个假定条件：

（1）一个典型的制造纺织品的厂商，它的资本产出比为 2:1。即生产 1 美元产量，需要 2 美元设备。

（2）该企业的资本设备总值 6000 万美元，它由 20 台新旧不同的机器构成，每台价值 300 万美元。

（3）每年磨损一台，需重置投资一台价值 300 万美元的设备。

假定该厂商的产品为最终产品，厂商的年销售额的变动也即收入的变动。加速原理模型将收入的变动率与投资变动率联系起来，见表 9-3。

表 9-3　加速原理模型

单位：万美元

时间①	年销售额②	年销售额的增减③	资本存量④=②×2	净投资⑤=③×2	重置投资⑥	总投资⑦
第一阶段						
第一年	3000	0	6000	0	300	300
第二年	3000	0	6000	0	300	300
第三年	3000	0	6000	0	300	300
第二阶段						
第四年	4500	1500	9000	3000	300	3300
第五年	6000	1500	12000	3000	300	3300
第六年	7500	1500	15000	3000	300	3300
第三阶段						
第七年	7500	0	15000	0	300	300
第四阶段						
第八年	7350	−150	14700	−300	300	0

　　第一阶段，厂商每年的产销额稳定在 3000 万美元的水平，产销额的变动为 0，这由每年 6000 万美元的 20 台机器生产，每年只需重置一台 300 万美元的机器，所以每年净投资为 0，重置投资为 300 万美元，每年的总投资也稳定在 300 万美元的水平。

　　第二阶段，假定第四年年产销额增加到 4500 万美元，也就是说年产销额比上一年增加了 1500 万美元，增长率为 50%，那么设备需要增加多少呢？按 2：1 的资本产出比，需要增加 1500×2＝3000（万美元），即 10 台机器的设备投资。所以第四年资本存量增加到 9000 万美元，净投资增加了 3000 万美元，重置投资仍是一台 300 万美元的机器，那么总投资就增加到 3300 万美元，比上一年增加了 1000%；可见年产销额或收入 50% 的增长，引起总投资 1000% 的增长。或者说，收入小幅度的增加，就引起了投资的大幅度加速增加，这就是加速原理这一名称的来源。

　　但在第二阶段要保持每年的总投资稳定在 3300 万美元的水平，不发生波动（因为投资的波动会引起收入更大幅度的波动）。那么每年的年产销额都必须增加 1500 万美元。**这样就骑在了老虎背上，**必须不停顿地奔跑，使年产销额每年不停顿地增加 1500 万美元。然而经济发展的每个时期都不可能有需求和消费的不停顿的增长，它总有个阶段性的尽头。一旦年产销额停止增长，那么会发生什么事情呢？我们来看第三阶段。

　　第三阶段，假定第七年年产销额停止增长，仍然是 7500 万美元，那么投资会发生什么变动呢？从表 9-3 中看到，由于销售额没有增加，也就没有必要增加设备投资，这样净投资下降为 0，总投资就由上一年的 3300 万美元下降为 300 万美元。可见，销售额或收入的零下降，就引起了总投资 90% 的下降，而且根据乘数原理知道，投资的下降或减少，又会引起国民收入成倍的下降或减少。

　　所以，萨缪尔森认为，即使销售额或消费维持在一个很高的水平，没有下降，只是停止增长，衰退也会到来。经济运行就像一架飞机，一旦升空，就必须不停地加油飞行，一旦停止，就会掉下来。

　　第四阶段，销售额只下降了 150 万美元，就使总投资下降为 0。

　　从加速原理模型的分析中我们看到，该模型是用数字推理的方法就收入变动对投资变动的影响进行的一种**抽象分析**。

　　2. 乘数原理和加速原理分析的经济学意义

　　加速原理模型的分析表明，**就收入变动对投资的影响来看，社会对于资本品的需求，不论是存货还是设备，主要取决于生产销售或收入增长的水平。净投资的增加，只有在销售收入增加时才会出现。随着销售额和收入增长，投资会以更**

快的速度加速增长。根据乘数原理，投资的增加又对收入产生倍数的影响，从而展开增长的循环。一旦销售额和收入停止增长，投资又会以更快的速度加速下降。投资的下降又导致收入以倍数下降，从而展开下降的循环。可见乘数原理和加速原理说明的收入和投资的相互推动作用是经济运行中产生波动的一个内在的重要机制。

是什么因素决定产销额和收入开始增长，从而展开增长循环；又是什么因素扭转了增长的趋势，使产销额和收入停止增长，从而展开下降的循环呢？显然是社会消费水平。当社会消费需求增加，才会推动产销额、收入、投资的增长循环；当社会消费需求停止增长，才会导致产销额和收入停止增长，趋势发生逆转。

那么又是什么因素影响社会消费需求增长的速度呢？

（1）人口数量。其增长速度是非常缓慢的。

（2）人们的消费习惯或生活方式，人们消费习惯和生活方式的改变需要一代人一代人的更替，其速度也是很慢的。老年人往往很难接受新产品的广告宣传，社会倡导的新生活方式、消费方式往往是年轻的一代容易接受。

（3）财富和收入分配的不均等。在经济增长中，财产的收入占据了新增收入的大部分，而富人的人数很少，消费也有限。低收入者人口众多，而收入增加有限，消费也就受到收入的限制。这也是社会消费增长赶不上生产和收入增长的一个重要因素。

理解了限制消费增长速度的因素，就可以理解当消费开始增长就会推动产销额、收入、投资的增长循环。由于消费增长赶不上生产和收入的增长速度，因此消费水平总会在一个阶段停止增长。趋势开始逆转，产销额、收入、投资开始下降的循环，直至谷底。沉寂一段时期，消费又开始复苏，经济又开始第二轮起伏波动的循环。

理解了消费增长速度赶不上生产和收入增长的速度，就可以理解为什么 19 世纪发达国家过剩的生产能力总是试图向外扩张，开发海外市场。本国消费市场的狭小，是过剩资本和生产能力向外扩张的经济动力和原因。

同时还可以理解 20 世纪 30 年代凯恩斯革命以后，发达国家通过改善收入分配不均等程度以提高社会消费水平，通过扩大政府在公共基础设施等方面的支出以提高社会有效需求，来推动经济增长的努力是有意义的。

第五节　经济周期和预测

一、经济周期的定义和一般特征

经济周期也称商业周期，它是指经济运行中周期出现的复苏、繁荣（峰）、衰退、萧条（谷）、再复苏的起伏循环。一个周期包括上述四个阶段，在没有政府干预以前，**自然周期的时间长度一般是 8~10 年。**经济学家一般认为上述四个阶段是经济周期的典型特征。

要描述每个阶段的特征还要回到政府干预以前的自然状态。

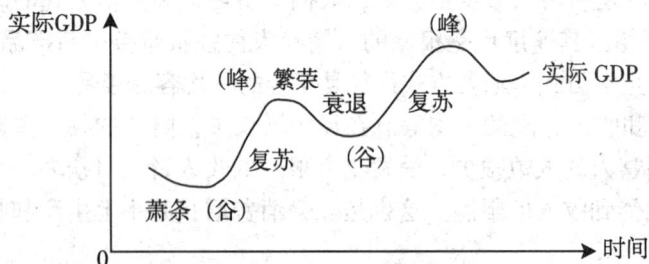

图 9-8　经济周期的特征

复苏的典型迹象是消费增加使销售额开始上升，销售额的增加使生产和收入开始增长，失业率下降投资增加，价格上升。然后是收入和投资的相互推动使经济增长加速，银行信用膨胀，价格迅速上升，直至峰顶。**峰顶的典型特征是严重的通货膨胀。**然后是暴跌和恐慌，银行信用紧缩，经济开始衰退。**衰退的典型特征是销售额开始下降，价格出现下降，通货膨胀消失，失业率开始上升。**生产出现过剩，经济落入谷底。**谷底的典型特征是广泛的失业、生产过剩和设备闲置。**低迷和萧条一个时期，消费又开始复苏，经济又开始下一轮循环。

自从生产和消费以交换为纽带的市场经济取代自给自足的小农经济以来，二百多年中，商业周期成为世界各工业国家的普遍特征。萨缪尔森根据对数十次经济周期的实证研究认为（把数百年几十次经济波动或实际 GDP 的波动标在坐标曲线图上，它呈现出千姿百态的山峰和峡谷），没有任何两次经济周期是完全相同的（指波动幅度和时间）。如图 9-9 所示。因此，不存在像月亮运行和钟摆摆动那样准确的公式，以被用来预测将来的周期。就其表现形式和缺乏规律性来说，

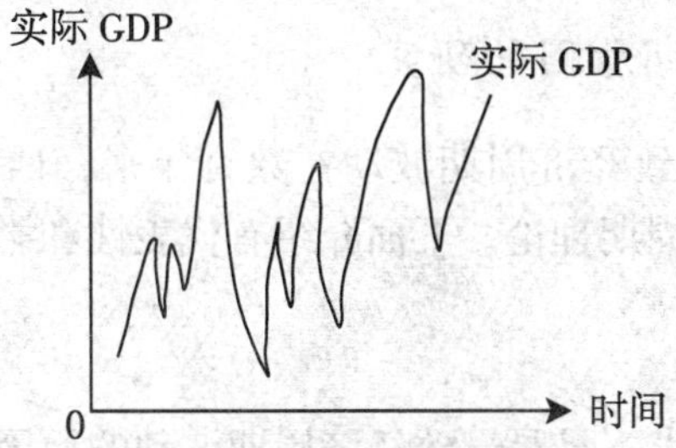

实际 GDP

实际 GDP

0　　　　　　　　　　　　时间

图 9-9　经济周期的波动

就像流行病和天气一样，变化无常。

　　对照萨缪尔森的经济周期实证研究的结果，有意思的是，有些学者竟然奇思妙想，从乘数模型和加速模型这两个抽象分析模型中居然概括出数学公式，并且还计算出经济周期。计算出的经济周期：两年复苏，两年繁荣，两年衰退，两年萧条。摆动得像钟表一样精确。不知道这种计算结果符合哪个国家经济周期的事实？是否经过事实的检验？还有的西方学者，由于他们用数学公式计算的结果无法接受经济周期波动事实的检验，于是他们就干脆宣布不存在经济周期。这种逻辑就是说，事实必须符合数学公式计算的结果，如果不符合，事实就不存在。连经济周期的事实都不承认了！

　　萨缪尔森指出，值得注意的是在凯恩斯以后的时代，由于西方各工业国家普遍采取了反危机的财政和货币政策干预经济运行，经济周期尽管没有绝迹，但其特征发生了变化：

　　首先，严重的萧条已不再出现，衰退时间也缩短了。半个多世纪以来，现代社会的年轻人已感受不到 20 世纪 30 年代的大恐慌了。

　　其次，同一次经济周期在一切国家同时出现的情况没有了。20 世纪 70 年代的能源危机，90 年代的金融危机只出现在局部地区，没有扩展到全世界。

　　最后，今天谈论衰退的标准也提高了。衰退不仅表示经济活动绝对量的下降，而且也表示经济增长速度小于充分就业的增长速度。这种成长中的衰退开始于 1973 年。

　　这些特征的变化是人类对市场经济体系认识进步的结果。尽管人类还没有完全解开经济周期之谜，从而消除经济周期，但人类已认识到了造成经济波动的部分原因和机制，通过政府财政政策和货币政策的调节，缩小经济波动的幅度，提高经济运行的稳定性，在今天已经是可以做到的事情了。

二、关于经济周期原因的研究

到底是什么原因导致经济周期波动？数百年来，西方学者进行了苦苦的探索，提出了几十种经济周期理论。下面介绍有代表性和影响较大的几种观点并进行分析和探讨。

1. 消费不足论

认为消费或有效需求不足是导致经济周期波动的原因的学者很多，但对消费不足的原因又有不同看法。

凯恩斯认为，由于边际消费倾向递减，公众随收入的增加，消费支出只以递减速度增加，剩余的部分则转为储蓄。同时，由于资本边际收益递减和资本收益预期的不确定性，这部分储蓄不一定能全部转化为投资支出。这就决定了有效需求支出，即 C+I 支出总是不足。有效需求支出不足积累到一定程度就会造成生产过剩、经济波动或危机。

霍布森、斯威齐等人认为，由于收入分配不均等，富人收入过多而人数较少，消费支出有限，低收入者人口众多，但收入较少，购买力有限，从而导致社会消费不足和生产过剩。

2. 技术创新论

熊彼特认为，技术发明和创新导致投资高涨和繁荣，但技术创新过程不是连续的过程，有高潮和低潮，从而导致经济的上升和下降，形成经济周期。

3. 货币和信贷的扩张和收缩导致经济周期

货币学派的弗里德曼认为，银行货币和信用的扩张导致利率下降，从而引起投资增加，走向繁荣；银行货币和信用紧缩导致利率上升，投资减少，走向衰退。因此，消除经济波动的途径是稳定增加货币供给量的政策。

4. 太阳黑子论

该理论认为，太阳黑子的周期性活动引起气候异常，导致农业周期，农业周期又引起工业周期。

5. 资本和耐用品的更新周期

萨缪尔森认为，在所有部门中，耐用品和资本品部门的周期性波动是最大的。他说，如果我们做出生铁产量和香烟消费量的图形加以对照，我们很难在后者中看出经济周期的痕迹，然而，在生铁的产量中，除了经济周期以外，几乎什么也没有。为什么如此？因为香烟是非耐用消费品，无论年成好坏，人们的消费量是一样的。而生铁是各种资本品和耐用品的主要原料之一，如工厂设备和耐用机械、厂房和住宅建造、汽车……以及其他耐用品都要用它作原料。耐用品的需求天然具有猛烈波动的性质。在坏年成，人们可以无限期推迟购买新耐用品，在好年成，大家可以突然同时决定买进可用十年之久的耐用品。

萨缪尔森的这个看法类似于马克思的看法。马克思认为固定资本的更新周期是经济波动的物质基础。因为固定资本的更新周期一般在 8~10 年。

6. 政治因素论

波兰经济学家卡莱斯基认为，执行凯恩斯主义政策的政府在取得接近充分就业的成效时，也会导致"成本推动的通货膨胀"。因为工资上涨，从而推动价格上升。政府制止这种通货膨胀的唯一办法是人为制造一次停滞和衰退。但是民主政体的选民们不会长期容忍这种停滞。于是政府又重新开始推进充分就业以及成本推动的通货膨胀，从而不可避免地导致另一次人为的衰退。总之，混合经济制度本身会产生出由于政府主动制止和推进经济而造成的新类型的周期，这并不是由于政府官员的愚蠢，而是由于充分就业和价格稳定之间存在着基本的矛盾。政府往往处在一个两难选择的境地。

7. 乘数—加速原理导致经济波动

萨缪尔森认为，收入和投资的相互推动作用是导致经济周期波动的内在机制。萨缪尔森把西方学者的几十种研究理论分为外因论和内因论两类。凡认为经济体系以外的因素如战争、技术创新、太阳黑子等导致经济波动的被称为外因论。凡认为经济体系以内的因素如投资、收入、消费不足等导致经济波动的被称为内因论。内因论认为经济体系内部存在自我推动的机制，每一次扩张为收缩创造条件，每一次收缩又为扩张创造条件。过程的进行是循环往复有规律进行的。乘数—加速原理就是内因论的一种典型理论。现在大多数经济学家相信乘数—加速原理导致的投资和收入的相互推动机制是经济周期的主要原因。萨缪尔森认为，在各种解释周期原因的理论中，每一种理论都有一些合理的因素，但又没有一个能放之四海而皆准。因此，周期之谜仍没有完全解开。

以上介绍了西方经济学关于经济周期原因探讨的几种有代表性的观点。以下是对周期之谜做的一些探讨：

第一，探讨经济周期之谜应该在经济周期的自然状态下，确定一个周期的起点和终点。从谷底开始复苏是周期的起点，然后至顶峰，再回到谷底这个终点，为一个完整的经济周期。

第二，明确了起点和终点，应该把影响经济波动的各种因素区分为必然因素和偶然因素。必然因素决定周期的启动、增长循环、逆转、下降循环至谷底，一个完整的过程。偶然因素只影响每一个周期波动幅度大小、波动时间长短上的千差万别。表现在图形上如萨缪尔森所说，呈现出千姿百态的山峰和峡谷。导致经济周期波动的根本原因，只能从必然因素中去寻找。

第三，消费的增加是周期启动的原动力。消费增加、销售额开始上升，才引起销售收入和生产的增长，经济走出谷底，失业率下降。销售收入增加才引起净投资的增加，净投资的增加才会引起收入成倍增加，从而展开收入和投资相互推动（乘数—加速原理）的增长循环。这时，生产和收入增长加速，信用开始膨胀，价格快速上升，同时，消费增长速度与生产和收入的增速拉开距离。差距的拉大表现为消费增长相对于生产和收入的增长显得缓慢和停滞，生产过剩最终爆发，市场上堆满了销不出去的产品，企业的流动资金收不回来，银行的贷款收不回来，发生信用危机和恐慌，价格出现暴跌、银行出现紧缩，失业迅速增加，经济跌至谷底。这就是一个自然状态的经济周期的典型过程。这个过程清楚地表明，消费增长和生产、收入增长速度上的差距是导致趋势逆转、经济衰退的根本原因。

第四，消费增长速度与生产和收入增速的差异是由于两个方面原因。一方面，生产和收入具有一个相互推动的加速机制，乘数—加速原理。另一方面，消费的增长没有加速机制。收入的增加会拉动消费增长，但这种拉动作用是十分有限的。这是因为消费增长速度受两个因素制约：①自然因素，即人口增长速度和消费习惯改变十分缓慢。②社会因素，即收入分配不均等，使收入增长部分的相当比例不能转化为消费支出。

第五，消费增加是周期启动的原动力，消费停滞是趋势逆转的根本原因。因此，导致一个周期启动和趋势逆转的是消费而不是投资。熊彼特看到了新产品、新技术的发明所引起的投资高涨和经济繁荣，但他没有进一步思考新技术发明为什么会引起投资的高涨？这是因为新技术、新产品发明引起了人们生活方式、消费方式的革命。比如电灯、电话、汽车等的发明，极大地改变了人们的生活方式，开辟了人们新的消费领域，从而使消费迅速增长，消费的增长才会引起生产和投资的高涨。对人们的生活没有意义的技术发明是没有市场的，也不会引起投资和生产的增长。

第六，综上所述，消费增长、乘数—加速机制、消费增长速度慢于投资和收入增长速度、趋势逆转是导致经济波动的必然因素。此外，各种偶然因素则引起一个周期在幅度和时间上的千差万别。例如，影响投资波动的偶然因素很多，战争、自然灾害、人们对未来的预期、政治动荡等。但这些偶然因素只是影响各个不同的经济周期在波动幅度的大小和波动时间的长短存在不同差异。

三、经济周期的预测

由于人类还没有完全解开经济周期之谜，只能依据对影响经济周期变动的有关变量的认识程度来预测经济周期的变动，把握经济运行的脉搏。经济预测对于政府宏观经济政策的运用是一个有意义的参考和帮助。

一般来讲，经济预测学家们关注以下几项指标的变动来预测经济变动趋势：

1. 社会零售总额的变动

月销售额的上升或下降是对社会消费需求变动的一个灵敏的反应指标。从加速原理模型分析中知道这一指标变动对经济影响的意义。

2. 重要的存货和投资的变动

销售额上升，企业存货会减少，投资会增加；销售额下降，企业存货会增加，投资会减少。

3. 失业率和通货膨胀率的变动

经济复苏和上升，失业率会下降，通胀率会上升；经济下降，价格会下降，失业率会上升。

4. 每季的 GDP、PI 的变动

在经济增长中，GDP 和个人收入总额总是增加的；当趋势发生逆转，则 GDP 和 PI 都会下降。

现代的经济预测学家用两种方法预测经济周期。一种是人工预测，他们利用统计资料，建立社会零售总额、重要的存货和投资、通货膨胀率、失业率、GDP 等几十个重要指标变动的曲线图，再加上经验和感觉，用来预测宏观经济变动的趋势，到目前为止，预测的准确率在 40% 左右。另一种是用经济计量和预测模型预测，计量经济学家建立了几万个方程，把相关变量代进方程，运用高速计算机计算模型的成千上万的变量来预测经济变动趋势，到目前为止，预测的准确性比人工预测提高了几个百分点。尽管经济预测的准确率还不到 45%，计量经济学家还在努力，经济预测学也将发展成为一个专门的学科。

本章总结和提要

经济学家通过对消费、储蓄和投资关系细节的分析，认为投资波动是导致国民收入波动的主要因素。通过乘数原理和加速原理这两个抽象模型的分析揭示了收入和投资的相互推动作用是经济运行中产生波动的一个内在的重要机制。现在大部分经济学家接受这个看法。但是，由于导致经济波动两个拐点的原因还说不清楚，经济周期之谜还没有完全解开。尽管人类还没有完全解开经济周期之谜，从而消除经济周期，但人类已认识到了造成经济波动的部分原因和机制，通过政府财政政策和货币政策的调节，缩小经济波动的幅度，提高经济运行的稳定性，在今天已经是可以做到的事情了。

思考题

1. 什么是凯恩斯定理？仔细分析 45°线模型表达的经济思想。

2. 有的经济学家认为储蓄和投资必然恒等，凯恩斯主义认为二者不一定恒等，你同意哪一种意见？为什么？

3. 什么是均衡国民收入？它和 GDP 是一回事吗？

4. 说明乘数原理和加速原理分析的经济学意义。

5. 用你的经历说明经济周期的特征。

6. 你同意经济学家对经济周期原因的解释吗？你对经济学家的哪一种解释更感兴趣？为什么？

第十章　政府的财政政策

本章我们运用凯恩斯国民收入模型讨论政府的财政收支政策对国民收入的影响，以及政府如何运用财政政策对付失业、萧条和通货膨胀。

第一节　政府干预经济的必要性

一、充分就业的 GDP 和"浪费的生产缺口"

图 10-1 中向上倾斜的直线代表充分就业的或潜在的 GDP 的增长。因为劳动、资本等资源的数量是逐年增加的。所以把潜在 GDP 的增长曲线描绘成一条向上倾斜的直线。图中的曲线代表起伏波动的实际 GDP（不是名义 GDP）的增长曲线。从图中可以看到，只有在经济高涨时期可以达到充分就业，但这个时期很短，大多数时期是不能实现充分就业的萧条或增长迟缓的时期。从统计资料中可以看到，这符合大多数工业国家的实际情况。

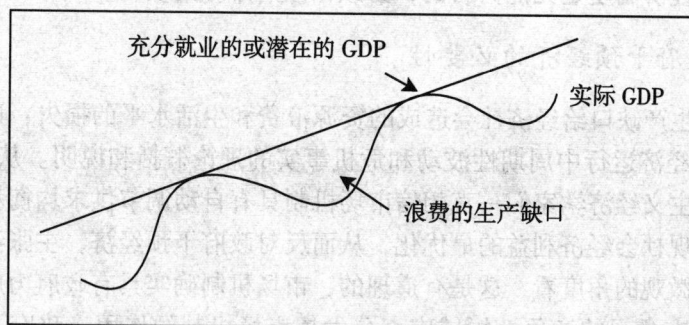

图 10-1　萨缪尔森将实际 GDP 与充分就业的或潜在的 GDP 之间的差距称为
"浪费的生产缺口"

萨缪尔森把实际 GDP 曲线与潜在的 GDP 曲线之间的差距称为"浪费的生产

缺口"。可以看到，越是在萧条的谷底，这个缺口越大。之所以称为浪费的生产缺口，是因为大量失业和设备闲置意味着社会经济资源的浪费，意味着可以生产出来的社会财富没有被生产出来，意味着生活水平不必要的损失。正是从这个意义上，萨缪尔森认为，**世界上存在着三种贫穷：①由于缺乏生产能力和自然灾害而造成的老式的贫穷。②"富裕之中的不必要的贫穷"。就是说，有生产能力，但由于经济制度内缺乏购买力导致的资源浪费造成的不必要的生活水平的损失和贫穷。③由于不能把富裕的 GDP 良好地分配造成的贫穷。**老式的贫穷由于技术的进步已被现代社会所克服。避免生产能力的浪费和把富裕的 GDP 良好地分配，则是现代社会政府的责任。萨缪尔森认为，20 世纪 30 年代的大萧条的缺口造成的经济损失和巨大浪费，能够和第二次世界大战消耗的全部经济资源等量齐观。可见，实现充分就业对一个经济社会来说具有十分重要的意义。市场经济的自发运行不仅不可避免地会出现经济波动、萧条和失业，导致国民财富的重大损失，而且自发的市场竞争必然导致收入的两极分化和收入差距的扩大，使一部分社会成员不能分享经济社会发展的成果。就是说，市场由于不能良好地分配 GDP，也会造成富裕社会中一部分社会成员的贫穷。例如，一位美国经济学家 Michael Harrington 写了一本书《另一个美国》(The Other America)。在书中作者指出，在美国这个世界上最富裕的国家（GDP 占世界 GDP 总值的 1/3），仍然有 2000 万人口生活在贫困中，社会看不见他们的面孔，听不见他们的声音，他们生活在被富裕社会抛弃的角落。再比如，我国三十多年的社会主义市场经济的改革和发展，国民财富获得巨大增长，取得了巨大的经济成就，但是，收入的两极分化问题也受到政府的高度关注。因此，凯恩斯主义认为，解决社会的这两种贫穷，自发运转的市场经济制度是无能为力的，必须由政府承担起责任。

二、政府干预经济的必要性

浪费的生产缺口给经济社会造成的资源浪费和生活水平的损失，这是对二百多年间市场经济运行中周期性波动和危机事实的理论概括和说明。从亚当·斯密以来，自由主义经济学家们一直相信市场机制具有自动调节供求均衡和经济运行的功能，实现社会经济利益的最优化，从而反对政府干预经济，主张经济自由主义政策。从微观的角度看，这是有道理的，市场机制确实具有政府力所不及的功能。因此，在微观的竞争性领域应充分发挥市场机制的作用，政府不应干预经济，政府只应针对市场机制的缺陷制定相应的微观经济政策和制度建设以提高市场运行的效率。在竞争性领域，凡是市场能解决的问题政府不应去干涉。但是，从宏观上看，即从市场经济系统运行的整体上看，二百多年经济周期波动的事实表明，市场机制缺乏调节经济周期波动的良好设备，不能保证国民经济在价格稳定、充分就业的基础上稳定增长。因此，**凯恩斯主义主张，政府从宏观上干预经济运行是必要的，这种必要性基于以下两点依据和认识：**

第一，**经济周期波动造成的财富的巨大损失和收入不平等造成的贫穷以及垄断、外部性等缺陷是市场经济本身无法克服的，必须由政府承担起责任。**

第二，**政府能够干预经济运行不仅是因为政府是独立于市场经济系统以外的力量，而且还因为政府的财政收支政策能有力地影响市场有效需求，从而调节市场经济系统的总量关系，保证国民收入的稳定增长。这是凯恩斯主义和经济自由主义的根本分歧所在。**

第二节　政府财政政策对国民收入的影响

政府的财政政策是指政府的税收和支出政策的总和。税收政策包括对各种产品和不同社会成员制定怎样的税种、税率，以保证政府的收入。支出政策包括政府怎样在维持政府机构运转、公共建设投资、社会福利转移支付等项目上安排自己的支出。

凯恩斯的简单国民收入模型是一个很有用的工具，它可以直观地表现政府收入和支出政策对均衡国民收入的影响。下面讨论这个问题。

经济波动不仅表现为浪费的生产缺口、失业、设备闲置、萧条，还表现为价格上涨、通货膨胀。下面用凯恩斯的45°线模型说明政府收入和支出政策对均衡国民收入的影响。

一、通货紧缩缺口和通货膨胀缺口

1. 通货紧缩缺口

通货紧缩缺口是指 C+I 支出或社会消费和投资支出总额小于充分就业的 GDP 水平的差额。根据乘数原理，这个差额会导致 GDP 的收缩。下面用图 10-2 来说明通货紧缩缺口。

图 10-2 中，假定充分就业的收入为 7000 亿美元，而实际的 C+I 支出曲线与 45°线的交点 E 为 5000 亿美元。这意味着由于有效需求或社会购买力不足，社会的均衡收入水平没有达到充分就业的水平，差额为 2000 亿美元，社会存在失业和设备闲置。这还意味着，如果要达到充分就业的收入水平，社会缺少一个支出额。如 F 点和 N 点垂直距离所示，假定投资乘数为 3，这个缺口为 2000/3 ≈ 700

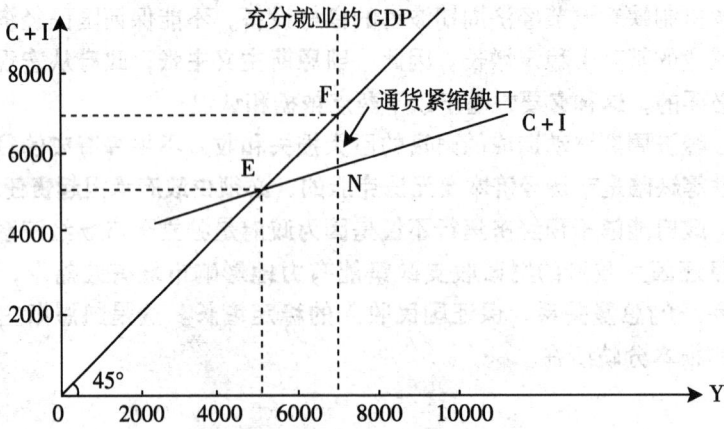

图 10-2　通货紧缩缺口

亿美元。就是说，如果社会能增加 700 亿美元的支出就能消除通货紧缩缺口，实现充分就业的 GDP 的增长。

这个缺口还意味着，如果社会不能增加 700 亿美元的支出额，那么均衡收入水平会从充分就业的 F 点下移至 E 点，因为根据乘数原理，投资的缺少将使收入成倍减少和紧缩。所以这个缺口被称为通货紧缩缺口。

2. 通货膨胀缺口

通货膨胀缺口是指 C＋I 支出，即社会消费和投资支出总额大于充分就业的 GDP 水平的差额。这个差额不会导致实际 GDP 的增长，因为社会已经实现了充分就业，所有资源已被充分利用。这个差额只会导致价格上涨，即通货膨胀（它表现为名义 GDP 的上涨）。由于这种通货膨胀是由于总支出或总需求大于充分就业的 GDP 水平引起的，所以被称为需求拉动的通货膨胀。下面用图形来说明通货膨胀缺口。

在图 10-3 中，假定充分就业的均衡收入水平为 7000 亿美元，而社会 C＋I 支出总额却达到 9000 亿美元，与 45°线相交于 E′点，E′点的均衡收入水平代表社会名义 GDP 水平的均衡点，而不是实际 GDP 水平，因为 7000 亿美元的水平社会已实现了充分就业，所有资源被充分利用，所以实际 GDP 就不会超过 7000 亿美元的水平。名义 GDP 大于实际 GDP 2000 亿美元意味着社会存在通货膨胀，也就是说社会存在一个过多的支出额，表现在图形上如 H、J 点的垂直距离。假定乘数为 3，这个过多的支出额为 2000/3 ≈ 700 亿美元。就是说，由于 C＋I 支出大于实际产出 700 亿美元，导致社会出现价格上涨或通货膨胀，名义 GDP 上升至 9000 亿美元水平。因此，H、J 垂直距离被称为通货膨胀缺口。

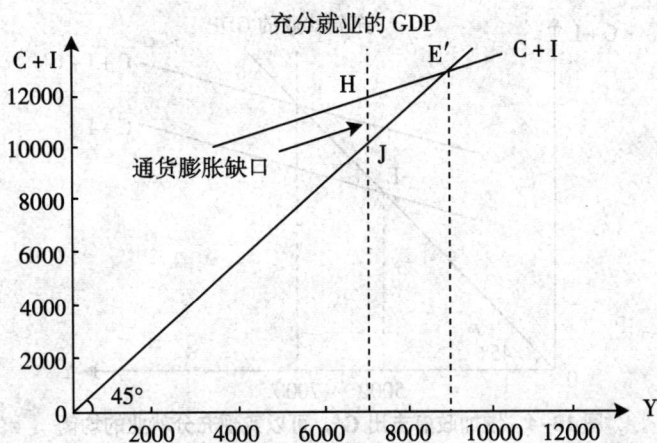

图 10-3　通货膨胀缺口

　　这个缺口意味着社会要消除通货膨胀必须减少 700 亿美元的支出额（假定乘数为 3），如果社会能减少 700 亿美元支出，C+I 曲线就会下降到 J 点与 45°线相交，社会就实现充分就业、价格稳定的均衡。

　　C+I>C+S 700 亿美元，也就是说 I>S 700 亿美元，任何时候投资都要受到储蓄所能提供的资金限制，那么这超过储蓄 700 亿美元的投资来自哪里呢？经济运行低潮时期，I<S，银行储蓄不能全部转化为投资，有一部分剩余沉淀在银行里；在高涨时期，这些沉淀的储蓄都转化为投资支出，从而使该年的 I>S，总需求大于产出。

二、政府支出政策对通货紧缩缺口的影响

　　政府如何运用它的财政收支政策对付通货紧缩缺口。以图 10-4 为例，社会的均衡收入水平为 5000 亿美元。这个 5000 亿美元收入水平已经包含了政府收支平衡前提下的既定收支活动。现在社会由于缺少 700 亿美元支出（通货紧缩缺口）而没有达到充分就业的收入水平，如果政府在既定收支平衡基础上，另外增加 700 亿美元支出，即 G'，就可以把社会总支出曲线 C+I+G'上移至 F 点与 45°线相交，从而消除通货紧缩缺口，提高均衡收入至 7000 亿美元水平（假定政府支出乘数为 3），实现充分就业的 GDP 的增长，但代价是 700 亿美元的财政赤字。

　　消除通货紧缩缺口的另一个办法，是在政府收支平衡的既定前提下，政府支出不变，减少 700 亿美元税收。税收是对社会可支配收入的扣除。减少税收意味着增加社会可支配收入，社会可支配收入的增加会使社会消费 C 和投资 I 增加，C+I 曲线会上移至 F 点与 45°线相交（假定支出乘数为 3）。这同样意味着政府在

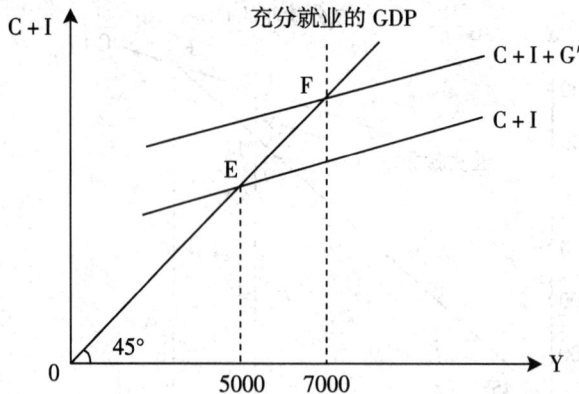

图 10-4　增加政府支出 G′，可以实现充分就业的均衡

新的收支平衡水平上，增加了 700 亿美元支出，同样可以消除通货紧缩缺口，实现充分就业的 GDP 增长，其代价仍是 700 亿美元的财政赤字。

以上分析表明，政府增加支出（或减少税收）的政策可以消除通货紧缩缺口，提高均衡收入水平，但其代价是政府财政赤字的增加。同时要说明，由于政府支出增加与投资增加对均衡收入具有相同的影响。因此，**萨缪尔森认为，政府支出对均衡收入同样具有乘数效应，可以把政府支出乘数、税收乘数和投资乘数统称为支出乘数。计算公式与投资乘数的公式相同。**

三、政府收支政策对通货膨胀缺口的影响

当国民经济运行出现通货膨胀缺口，政府能做些什么？下面以图 10-5 为例讨论这个问题。

图 10-5 表明（仍以图 10-3 的假定），由于 C＋I 支出超过充分就业的 GDP 700 亿美元，从而导致名义 GDP 达到 9000 亿美元水平，社会存在一个 700 亿美元的通货膨胀缺口。同样，在 C＋I 支出总额中，已包括了政府收支平衡前提下的既定收支活动。那么政府在这个既定前提下，减少 700 亿美元的政府支出，即 -G′，就可以把总支出 C＋I 曲线下移至 J 点与 45°线相交，从而消除通货膨胀缺口，实现充分就业、价格稳定的均衡收入。而且，政府财政会出现 700 亿美元的财政盈余。

消除通货膨胀缺口的另一个方法，是在政府收支平衡的既定前提下，政府支出不变，用增加税收 700 亿美元的办法，也可以消除通货膨胀缺口。因为税收增加，意味着居民可支配收入减少，消费和投资也会减少。C＋I 曲线将会下移到 J 点与 45°线相交，通货膨胀缺口消失，社会实现充分就业的 GDP 的均衡。同时，

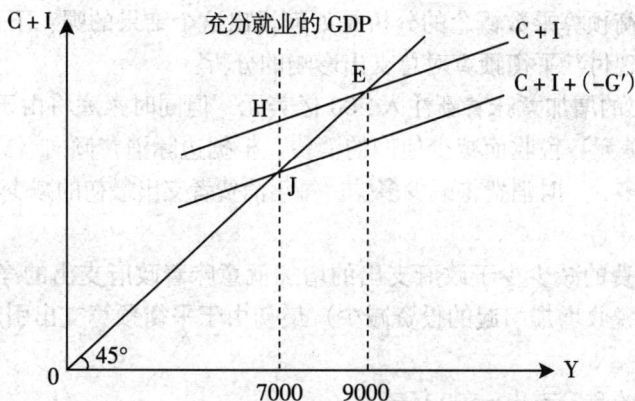

图 10-5　减少政府支出和增加税收可以消除通货膨胀缺口

政府财政将增加 700 亿美元的盈余。

通过上述分析可以理解，在政府收支平衡的前提下，税收不变，减少支出，或支出不变，增加税收都可以消除通货膨胀缺口，实现价格稳定、充分就业的 GDP 均衡，而且政府会有一个财政盈余。

四、平衡预算乘数

正如上面的分析和说明，凯恩斯主义认为，在政府收支平衡基础上，增加政府支出可以增加有效需求和就业，可以消除通货紧缩缺口，促进 GDP 增长到潜在产出水平，但其代价是政府财政赤字的增加。美国的布拉德利·希勒教授认为，在上述基础上，如果增加政府支出 700 亿美元，再增加税收 700 亿美元，就是说用增加的税收来增加政府支出，而且增加税收的数额与增加的政府支出数额相等。那么，既能保持政府财政预算平衡，又能使社会有效需求增加 700 亿美元。就是说，政府支出增加的**平衡预算乘数为 1**。因此，希勒教授提出了平衡预算乘数的概念。在图 10-4 的例子中，通货紧缩缺口 700 亿美元，均衡收入与潜在 GDP 的差距 2000 亿美元，政府支出乘数为 3。那么，增加 700 亿美元政府支出，就可以达到 7000 亿美元的潜在 GDP。同时，政府财政出现 700 亿美元赤字。而按希勒教授的意思，由于平衡预算乘数为 1，那么政府要增加 700 亿美元支出，同时，增加 700 亿美元税收。这样，既能使政府财政保持预算平衡，又能使均衡收入达到 7000 亿美元的潜在 GDP。因此，希勒教授认为，他的平衡预算乘数概念的分析得出了一个"出乎意料的结果"。[1]

---

① 布拉德利·希勒：《当代经济学》，豆建民等译，人民邮电出版社，2003 年版，第 181 页。

那么，平衡预算乘数概念的分析是如何得出这个结果的呢？下面看看希勒教授这种"现收现付"平衡预算对总支出影响的分析：

"政府支出的增加意味着新注入 500 亿美元，但同时家庭将由于支付〔政府〕新的〔500 亿美元〕税收而减少他们的消费。根据边际消费倾向〔MPC〕，当可支配收入减少〔多少〕时消费将减少多少。每年消费者支出最初的减少额等于 MPC × 500 亿美元。

因此，消费的减少少于政府支出的增加就意味着政府支出的净增加。（希勒教授没有考虑税收增加引起的投资减少）最初由于平衡预算支出引起的总支出变化是：

最初增加的政府支出 = 500 亿美元

减最初减少的消费支出 = MPC × 500 亿美元

总支出最初的净变化量 = (1 − MPC) × 500 亿美元

与其他支出的变化一样，这些最初增加的总支出将启动乘数调节过程。支出的积累变化将由于乘数作用变得很大。这个例子中，总支出积累（最终）的变化是：

乘数 × 每年起初的支出变化 = 总支出的积累变化

乘数 × (1 − MPC) × 500 亿美元 = 500 亿美元

因此，平衡预算乘数为 1。在本例中，政府支出每年增加 500 亿美元，同时增收 500 亿美元税收，每年仍将使总需求增加 500 亿美元。"

希勒教授的分析存在逻辑上的缺陷和漏洞。希勒教授在接下来分析"税收与投资"时指出：减税也是增加投资支出的一种有效手段。一旦投资支出的增加额进入循环流，它也会对总支出产生乘数效应，这就像消费支出的最初变化引起的乘数效应。因此，减税经常被用来刺激消费（C）和投资（I）。克林顿、布什总统都曾用减税政策刺激消费和投资。既然希勒教授接受政府减税会增加消费和投资的观点，那么，政府增加税收不会减少消费和投资吗？为什么在上面的分析中，政府增加 500 亿美元税收，只减少消费（MPC × 500 亿美元），不考虑投资也会减少（MPS × 500 亿美元）呢？因为，政府增加 500 亿美元税收，意味着居民个人可支配收入减少 500 亿美元，居民个人可支配收入依据边际消费倾向 MPC 和边际储蓄倾向 MPS 分为两部分，所以居民个人可支配收入减少 500 亿美元，意味着消费额会减少（MPC × 500 亿美元），同时，储蓄额也会减少（MPS × 500 亿美元）；因为储蓄额会转化为投资额，所以储蓄额减少（MPS × 500 亿美元），也就意味着投资也会减少（MPS × 500 亿美元）；如果考虑投资也会减少（MPS × 500 亿美元），平衡预算乘数的分析还能成立吗？因此，希勒教授平衡预算乘数的分析是不能成立的。不过这种讨论可以加深对凯恩斯主义政府财政政策的理解。

五、政府的转移支付和乘数

在政府支出中除了维持政府机构运转的消费性支出，还有公共投资支出和**转移支付**支出。政府转移支付是指政府发放给低收入或无收入人群的福利金、失业保险金、退伍军人的救济金等。这些人得到政府的补助金是要用于生活和消费支出的。因此，政府转移支付支出是直接增加社会消费支出（C）的。因此，政府公共投资支出和转移支付支出直接增加社会 C、I 支出，并对 GDP 的增加具有乘数效应，其乘数公式与投资乘数公式相同。

政府转移支付支出不仅是增加社会有效需求的一种方式，它还有很重要的经济性质。政府发放给低收入或无收入人群的福利金、失业保险金、退伍军人的救济金等，具有增进社会经济平等、给劳动者提供安全保障、对社会有贡献人士提供经济补偿（退伍军人津贴等）的经济性质。因此，政府转移支付是政府对 GDP 进行良好的再分配，以消除第三种社会贫穷的一个重要方式，这对于建设一个公平、安全、和谐、稳定发展的经济社会具有重要意义。正因为如此，政府转移支付支出在发达市场经济国家的政府支出中平均占到 50%以上的比例。

政府的消费性支出，尽管也增加社会总支出或有效需求，但它的经济性质是对国民财富的一种扣除。

以上抽象分析了政府收支政策对均衡收入的影响，说明了政府如何运用财政收支政策对付通货紧缩缺口和通货膨胀缺口，这种分析尽管简单但很重要。

第三节　政府的财政政策

一、财政政策的概念

财政政策是指政府税收和支出政策的总和。在政府收支平衡的前提下，增加政府支出或减税，会导致国民收入增加，称为扩张性财政政策，扩张性财政政策是以财政赤字为前提的；在政府收支平衡的前提下，减少政府支出或增税，会导致国民收入减少，称为紧缩性财政政策，紧缩性财政政策会增加政府的财政盈余。

二、财政政策的目标和原则

1. 现代功能财政思想

在凯恩斯以前的时代，政府应保持财政收支平衡是不可动摇的一个信条和原则。在凯恩斯发现增加政府支出可以增加有效需求和就业，可以抑制生产过剩和萧条后，西方学者认为，**政府财政应该发挥财政收支政策调节总需求的功能以促进充分就业的国民收入增长为目标，而为实现这一目标，不怕出现财政赤字。这就是现代功能财政思想。**现代功能财政思想使西方国家政府理财观念发生重大变革，它为政府从被动地、消极地保持财政收支平衡转为主动地、积极地运用财政政策干预宏观经济运行开辟了道路。

2. 逆风向而动的总需求管理政策

功能财政思想使现代西方各国财政思想发生重大变化。战后西方发达工业国家的政府纷纷采纳了凯恩斯的总需求管理政策，扩大政府支出，促进充分就业和经济增长。这一政策的运用导致了欧美发达国家战后新一轮经济复兴和繁荣。但随着时间推移，各国政府都积累了庞大的财政赤字。例如，第二次世界大战以后，美国克林顿政府上台前的历届政府累积的财政赤字就达 60000 亿美元，日本政府从 20 世纪 70 年代初开始实行凯恩斯的总需求管理政策，累积的财政赤字曾达 70000 亿美元。意大利、英国、法国、德国等发达工业国家累积的财政赤字也曾十分巨大。尽管按照功能财政思想，不怕财政赤字，但巨额财政赤字到底对未来的经济社会有什么影响，理论上还是说不清楚，所以这一状况日益使人担忧。

美国的阿尔文·汉森提出，**由于市场经济运行是周期性起伏波动的，在经济萧条的年代，采取增加政府支出的扩张性财政政策，这时财政赤字会增加；在经济高涨的年代，则采取减少政府支出的紧缩性财政政策，使财政盈余增加。这样，从一个较长的时期看，既能缩小经济波动幅度，又能实现财政收支大致平衡，以缓解赤字压力。这就是"逆风向而动的总需求管理政策"。**逆风向而动的总需求管理政策只是为了缓解财政赤字压力，功能财政思想还是第一位的。

3. 积极的财政政策

萨缪尔森把现代功能财政思想和逆风向而动的总需求管理政策结合起来，概括为积极的财政政策。他在《经济学》第 10 版中写道，**"积极的财政政策就是决定政府税收和开支的方法，以便有助于①削弱经济周期的波动，和②维持一个没有过度通货膨胀和通货收缩的不断成长和高度就业的经济制度"。**这一表述清楚地说明，针对市场经济运行的周期性波动危机和不稳定性，政府财政政策的目标就是积极运用财政政策工具削弱和缓解经济周期波动的幅度，提高市场经济运行的稳定性，促进国民财富的稳定增长。当然，在萨缪尔森《经济学》第 10 版的 20 世纪 80 年代，政府财政政策主要关注上述两个目标。随着现代经济社会的发展，社会经济公平日益成为社会关注的重要目标，而且政府财政支出中政府转移支付占了一半以上的比重。因此，可以提出积极财政政策第三个重要目标：**③良好的分配 GDP，促进经济社会公平、和谐、稳定的成长，使全体社会成员公平分享经济增长的成果。**

积极财政政策的"积极"两字是相对于"消极的"保持财政收支平衡的政府传统理财观念而言的。这就是西方国家财政政策的目标和原则。

4. 现代公债理论

阿尔文·汉森的逆风向而动的总需求管理政策，从理论上讲，经过一个较长时期的运作既能削弱经济周期波动的幅度，又能保持财政收支大致平衡。但从实践上看，它只能缓解财政赤字的压力，并不能保持财政收支大致平衡。因为，在经济周期波动中，经济高涨的时期很短，政府财政获得盈余的时期也很短，大部分时期是低迷和萧条时期，因此政府财政赤字的积累是有增无减。为了对付财政赤字的压力，西方国家又创造出了公债这一财政政策的工具和现代公债理论。

政府的公债是指政府借的债务。政府债务分为外债和内债。外债是本国政府向外国政府的借款，这是要偿还的，这对本国的政府和人民都是一种负担。现代公债理论讨论的是内债即本国政府向本国人民的借债。战后由于西方国家执行凯恩斯的总需求管理政策，财政赤字大量增加，为了弥补财政赤字，各国政府又相继发行了大量的政府债券，向公民借款。政府债券分短期、中期和长期债券，短期有 1~2 年期债券，中期有 3~5 年期债券，长期有 10~20 年期债券甚至更长。政府每年支付债券利息，到期归还本金。由于政府公债是用于公共投资支出，到期归还本金又往往靠发行新债归还旧债，进行累积循环。例如，政府第一年发行了一年期 1000 亿美元政府债券用于公路投资。第二年到期，政府没有钱归还，那么再发行 2000 亿美元债券。用其中的 1000 亿美元归还到期的旧债，剩下的 1000 亿美元再进行新的投资。这就是累积循环。2000 亿美元就是政府的当年**公债余额**。由于历年累积的公债余额巨大（如 1998 年美国累积的公债余额达 50000 亿~60000 亿美元），所以公债问题成为西方社会上下关心和争论的一个重要问题。人们关心公债到底具有什么性质，它是不是人民的一种负担？它对未来的经济社会到底有什么影响？

西方学者认为，**从性质上讲，内债是人民自己的政府向人民自己借债，它不同于外债，不构成人民的负担。因为政府借的内债是用于各种公共项目，如公路、信息网、公共建筑等的投资，使人民成为国家的公共资本物品的债权人。**而且人民也把自己手里的政府债券视同存款单一样，是一笔财富。资本和财富并没有损失。而且这些资本物品将促进经济的发展，给子孙后代带来更多的财富和消费品。政府一届一届传下去，人民的债权也一代一代传下去，这些债券不过是人民对公共资本物品所有权的凭证，对未来的经济社会不会有不良影响，还可看做公共资本积累的一种方式。

基于上述认识，公债成为现代西方国家一个重要的、身兼二职的宏观经济政策工具。从财政政策上讲，它是筹措资金弥补政府财政赤字，增加公共投资支出的一个重要工具。而且通过公债的买卖，它又可以调节货币供给量，成为政府实施货币政策的一个工具，所以公债在现代西方社会具有重要的作用。

5. 财政政策的安全线标准

以上介绍了政府财政政策目标和原则的基本理论，现代功能财政思想、逆风向而动的总需求管理政策、积极财政政策和现代公债理论是四个重要的基本理论。那么，在调节经济运行中，赤字财政政策的运用，政府公债的累积循环是否就没有限制呢？美国财政部认为，**当年财政赤字的规模不得超过当年 GDP 总值的 3%**，这是美国的赤字财政政策的安全线标准。欧盟认为，**一国政府公债累积余额不得超过一国一年 GDP 总值的 60%**，这是欧盟的公债政策的安全线标准。就是说，在积极财政政策的运用上，只要不超过这两个界限，就是安全的。这两个标准是欧美发达国家在长期运用积极财政政策的实践中积累的经验。

6. 积极财政政策的意义

凯恩斯主义积极财政政策的思想是现代政府理财观念的深刻变革和进步。**它使政府从一个消极的保持财政收支平衡的经济社会的消费者转变为一个积极运用财政收支政策调节经济运行、促进经济增长的经济社会的管理者。**对这一变革的重要意义，人们的了解还是不够的。例如，中国香港的一位记者给朱镕基总理送了一个"赤字总理"的绰号，就表明这位记者对现代功能财政思想和积极的财政政策基本上不了解。20 世纪 90 年代后半期，中国经济可以说是内忧外患。从外部讲，中国经济受到亚洲金融危机的压力和威胁。国外需求减少，出口持续下降，对中国出口企业造成巨大压力；而且，由于国内银行系统坏账比例居高不下，亚洲金融危机严重威胁国内金融体系的安全和稳定。从国内讲，从北到南松花江、黄河、长江几大水系普遍发生严重涝灾，使国内经济遭受重大损失；而且，走私猖獗，民营资本外逃。另外，腐败因素也使相当数量的国民收入漏出国民收入循环。依据国民收入循环原理，可以理解这些因素对中国国民收入总量平衡的影响。在以上因素的影响下，中国经济多年在通货紧缩的状态下运行，有效需求不足，市场价格低迷，产品积压，工人下岗，企业设备闲置。在这种情况下，中国政府一方面打击走私、反对腐败；另一方面，运用积极财政政策和稳健的货币政策干预宏观经济运行。每年在政府收支平衡的基础上增加3000亿元左右的政府支出（赤字）和1500亿元左右的国债投资拉动经济增长。5年间，建成了10万公里的公路（其中包括2万公里的高速公路），2万公里的铁路，2500公里的长江堤坝以及大大小小2万个工程，包括在建的长江三峡葛洲坝水力发电枢纽工程、青藏高原铁路、西气东输和南水北调工程。这些大工程无论是从技术水平还是从工程规模上讲，都是当今世界一流的跨世纪的伟大工程。这些投资拉动每年的GDP保持了7%~8%的增长速度，取得了举世瞩目的经济成就。中国政府在运用积极财政政策调节经济运行中表现得十分自信和成熟。因为在亚洲金融危机的背景下，每年增加4500亿元的政府赤字和国债投资是要冒风险的。为了防范风险，政府在安排赤字规模和国债投资规模时始终注意安全线标准。例如，2002年安排的赤字规模为3198亿元，占当年GDP总值10万多亿元的2.9%。5年累积的公债余额为8000亿元，离60000亿元的公债安全线界限余地还很大（我国当时每年GDP总值100000亿元人民币左右，60%为60000亿元人民币）。有了这个底线，政府在运用积极财政政策中做得从容不迫。朱镕基总理在2002年底的经济工作会议后的记者招待会上指出，我们执行的是积极财政政策。本届政府是搞了许多赤字和债务，但这些债务我们没有把它吃掉喝掉，而是抓住机遇用于国内的投资建设。本届政府是给下届政府留下了巨额债务，但也给下届政府留下了20000亿元的优质资产。这些资产将促进中国经济的发展，给子孙后代带来更多的财富。可以说，在如此困难的情况下，中国政府取得的巨大经济成就，是运用积极财政政策干预经济运行的一次成功的精彩实践。

政府的财政政策是政府税收和支出政策的总和。但政府的财政政策的作用不仅仅是运用财政收支政策调节总需求，缓解和缩小经济周期波动幅度，提高宏观经济运行的稳定性。政府的财政政策还能发挥缩小收入分配差距、增进社会经济平等、提高社会经济效率的作用。这些作用是通过税收政策和支出政策的设计来实现的，下面讨论税收政策和财政支出政策的细节。

三、税收政策

税收是政府收入的主要来源，对于不同收入的企业和公民个人制定合理的税率，既涉及保证政府的既定收入以满足政府的各项开支，又涉及国民收入的再分配，提高社会有效需求。因此，设计和制定科学合理的税收政策具有重要意义。

1. 税收的性质和原则

（1）税收的性质。西方学者认为，**税收的经济性质是如何将满足社会公共需**

要的资源从各个家庭和他们的企业中取出，以备作为公共物品和劳务来使用。税收表面上看是征收的货币税，而实质上这些货币代表的是政府将各种经济资源从私人家庭和企业中取出，集中起来以用于各种公共利益的目标。因此，税收政策本质上是如何处理和协调私人利益和社会公共利益的关系问题。

（2）税收的方式。当政府决定要征收一定数额的税收时，它可以采取多种方式。

一种方式是直接从公民个人和企业的收入中征税，称为直接税。如个人所得税、工薪税（社会保险税）、遗产税等。**直接税是因为它直接体现了税收的归属问题，即体现了公民个人所承担的税收份额，体现了不同收入的公民个人为公共利益贡献的份额和承担的牺牲的大小。**例如，根据 1996 年美国联邦累进个人所得税率，年收入 50000 美元的家庭，个人所得税率是 9%，要交纳 4474 美元的个人所得税，或者说要为公共利益贡献 4474 美元。年收入 10000000 美元的家庭，个人所得税率是 33%，要交纳 3260399 美元的个人所得税，或者说要为公共利益贡献 3260399 美元。由于直接税体现的利益关系比较直接，因此直接税税率的调整就比较敏感，征收成本也较高。美国联邦个人所得税税率的调整一般要经过美国国会的讨论和批准。

另一种方式是对商品和服务征税，称为间接税。如货物税、销售税、烟草税、汽油税、进口关税等。这些税种之所以称为**间接税是因为它们只是间接地体现了税收与公民个人的利益关系。**这些税种的税收只是由相关产品的生产者和消费者承担的，而且到底是由生产者还是由消费者承担的，即这些税收的归属问题，经济学家还存在着争论。例如，政府征收 10% 的烟草税。那么这个税是由生产香烟的企业承担了，还是由吸烟的消费者承担了？有的经济学家说是由企业承担，有的经济学家说是由消费者承担，而且还画了许多复杂的图形进行分析。实际上这个问题很简单，到底是由谁承担完全是依据市场供求关系的变动随时调整的。当市场需求旺盛，企业生产的香烟供不应求，企业会把这 10% 的烟草税直接加到香烟的价格上，由吸烟的消费者承担；当市场低迷，需求不足时，企业为了保持自己的市场份额不减少，香烟的价格不涨，10% 的烟草税加到企业成本上，企业的利润减少 10%。10% 的烟草税就由企业全部承担了。如果企业的利润空间没有那么大，不能完全承担这笔税收，企业会权衡利弊，自己承担一部分，把香烟的价格上调一些，让消费者承担一部分。总之，这个问题是由市场供求关系调整解决的，没有一个固定的定式。由于间接税体现的利益关系不直接，其税率的调整社会也不敏感，因此征收费用比较便宜，管理也比较容易。

（3）税收的原则。税收既然是体现公共利益和私人利益的关系问题，就有一个公平合理的问题。有人说税收就是从鹅身上拔毛，又不能让鹅叫唤。或许有人认为这好办，把鹅嘴捆起来，想拔多少拔多少，鹅也不能叫唤。过去的皇帝就是这样征税的。现代文明国家的一个理念是政府和公民都是平等的法人，政府的税收要让公民感到合情合理，鹅才不叫唤。因为只有公平合理的税率才能为社会不同收入的公民所接受，政府的税收体系才能有效率地运行。因此，西方学者认为税收制度设计应遵循下述几个主要原则：

1) **受益原则**。该原则认为对于不同收入的个人征收的税应与他们从政府公共服务中获得的利益成比例。例如，高收入者更多地享受政府提供的财产安全的保护，因此高收入者应比低收入者缴纳更多的税款。再比如汽油税，这种税款是用于公路的建造和维护，因此它直接使纳税人受益。

依据受益原理征税对纳税人是公平合理的，但不能将所有的税种都基于这一原理，比如为国防安全需要征税，按受益原理，全体社会成员都应该缴纳相同的税款，但低收入者显然是交不起的。再比如为受教育缴纳的税款，是否孩子多的家庭应该缴纳更多的税款呢？显然这一原则在低收入孩子多的家庭中也是很难施行的。因此就需要考虑其他的原则，即支付能力原则。

2) **支付能力原则**。该原则认为，人们纳税的数额应与其收入和财富相对应。就是说，收入和财富越多的，缴纳的税也应当越多。依据这一原则设计的税收制度主要体现在累进个人所得税。这种税制也就具有了收入再分配的性质。

上述两项原则体现了税收制度设计上的横向公平和纵向公平原则。横向公平指收入相同的人在纳税上也应相同；纵向公平指收入不同的人在纳税上也应不同。

3) **效率原则**。税收不仅影响收入分配和公平问题，还影响经济效率。现代经济学者日益关注税收制度对经济效率的影响，认为税收制度设计应尽量以最小的经济效率损失来增加政府收入为原则。例如，亨利·乔治认为，对土地的收益征收重税不会影响生产效率。因为土地的供给完全没有弹性，征收重税土地的供给也不会减少，生产的效率不受任何损失。进而现代的效率税收理论提出拉姆塞税收原则，该原则认为政府应对那些供给和需求没有弹性的投入和产出征收重税。例如，土地的收益、歌星的收益等，这既不会影响经济效率，又会增加政府的公共收入。

再如，西方学者认为对个人所得征税后就不应再对公司所得征税，否则就是双重征税，使公司没有能力再投资和扩大生产，从而影响经济效率。还有对于个人所得税高税率的争论等，这些都反映了经济学者日益关注税收对效率的影响。

2. 税收制度对经济运行的影响

西方国家的税收制度除在税种上区别为直接税和间接税，还在不同税种的税率上分为累进税、比例税、累退税等。累进税率是指税率随收入的增加而累进地提高。例如，个人所得税是累进税，公民个人随着收入的提高，其纳税额占收入的比例也累进地提高。比例税是指按收入的固定比例征税，例如，美国工薪税（社会保险税）就是固定比例税，雇主和雇员不论收入多少，都要按 15.4% 和18.3% 的固定比例缴纳工薪税（1996 年）。累退税，一般来讲，间接税是累退的，如销售税，随着销售额增加，其所缴纳的销售税率会下降。

累进的个人所得税是西方工业国家最重要的税种，也是政府收入中占主要部分的税收。讨论税收制度的设计如何影响收入分配、增进社会经济平等，如何提高社会经济效率和对宏观经济运行的产生影响，主要是讨论累进的个人所得税制度的经济作用。下面以美国联邦的个人所得税制度为例来讨论这个问题。

依据受益原则、支付能力原则和效率原则设计的个人所得税制度，以及该制度所体现的经济思想和发挥的经济作用可以通过表 10-1 来说明，该表看上去很简单，但它包含了经济学家丰富的思想成果和智慧。

表 10-1　1996 年美国 4 口之家的联邦所得税

单位：美元

①调整的总收入 （扣除与减免之前）	②个人所得税	③平均税率 ③=②÷①×100%	④边际税率	⑤可支配收入
5000	−1709	−34	−34	6709
10000	−2152	−22	0	12152
20000	−338	−2	31	20338
50000	4474	9	15	45526
100000	14338	14	28	85662
150000	27300	18	33	122700
250000	60900	24	35	189100
1000000	302279	30	41	697721
10000000	3260399	33	41	6739601

资料来源：萨缪尔森、诺德豪斯：《经济学》第 16 版，华夏出版社，1999 年版，第 237 页。

表 10-1 列出了美国 1996 年 4 口之家的联邦所得税的个人（或家庭）纳税前收入、平均税率、边际税率及纳税后个人可支配收入。从表中看到：第一，24000 美元以下的低收入家庭纳的是负所得税。正如反贫困和福利政策中介绍的

萨缪尔森的负所得税方案表达的思想。一方面为了给低收入家庭提供基本的生活保障,增进社会平等;另一方面又要鼓励低收入家庭努力工作,以提高社会经济效率。经济学家提出了负所得税方案,这个方案被政府采纳,落实到税收制度中。按照美国政府的规定,个人年收入在 6000 美元以下为贫困人口。4 口之家为 $4 \times 6000 = 24000$ 美元。就是说年收入在 24000 美元以下的家庭为贫困家庭。政府要向这些低收入家庭进行转移支付的补贴。第二,平均税率和边际税率随收入的增加而累进地提高。当家庭收入超过 24000 美元,就开始纳税,收入越高,纳税的税率越高,这样政府从高收入家庭征收的税款补给低收入家庭,纳税后家庭可支配收入的差距缩小了。

进一步思考,可以理解累进个人所得税制度的经济作用有以下三点:

(1)**缩小收入分配差距,增进社会经济平等**。一方面,从表 10-1 中看到,收入越高,所得税率越高,缴纳的税款越多。另一方面,政府又从收的税款中对低收入家庭进行转移支付的补贴。它的经济意义不仅在于缩小收入分配差距、增进经济平等,更重要的意义在于它增加了社会有效需求。

(2)**增加社会有效需求,提高社会经济效率**。因为低收入家庭的收入是不足以应付消费支出的,政府的补贴都会或绝大部分都会转化为低收入家庭的消费支出,从而使社会有效需求增加。有效需求不足是现代工业社会经济运行中的主要障碍,增加有效需求从宏观上看会提高经济运行的效率,促进国民收入增长。

(3)**"内在稳定器"的作用**。这是说累进的个人所得税制度具有自动缓解经济波动幅度的内在稳定器作用。因为税收是对居民个人可支配收入的一种扣除。在经济高涨时期,个人收入增加,根据累进税率,扣除的部分累进地增加,从而自动减少货币购买力或有效需求,抑制经济的过度膨胀。在经济萧条时期,个人收入减少,从而扣除的部分也累进地减少,自动增加社会购买力和有效需求,缓解有效需求不足的矛盾。因此,现代西方的累进个人所得税制度具有自动缓解经济波动幅度的稳定作用。

四、财政支出政策

现代西方国家政府支出项目可分为三大块:第一块是维持政府机构正常运转的消费开支,这包括政府公务人员、警察、军队的工资、薪金支出及办公用品、警务费用、军费的开支。第二块是公共项目的投资支出,这包括公共基础设施,如公路、铁路基础设施等的投资,基础科学技术、教育的开发等,这一块支出被认为是生产性的。第三块是社会福利转移支付,这一块支出具有收入再分配的性质。表 10-2 是美国联邦 1998 年财政支出的各个项目,从中可以看出这三大块各

表 10-2　美国联邦 1998 年财政支出

支出项目	预算支出（单位：10 亿美元）	占总支出的百分比
1. 社会保险	384.3	22.8
2. 国防、退伍军人津贴和国防事务	315.3	18.7
3. 医疗卫生	345.3	20.5
4. 收入保险	247.5	14.7
5. 政府债券利息	249.5	14.8
6. 教育、培训、就业和社会服务	56.2	3.3
7. 运输、商业和住房	42.6	2.5
8. 能源、自然资源和环境	24.6	1.5
9. 科技、航空和技术	16.5	1.0
10. 一般政府支出	12.9	0.8
11. 农业	12.3	0.7
12. 其他各种支出及对冲收入	−19.9	−1.2
总计	1687.5	100

资料来源：萨缪尔森、诺德豪斯：《经济学》第 16 版，华夏出版社，1999 年版，第 233 页。

自占的政府总支出的比例。

根据表 10-2 来分析一下现代政府支出构成，从中可以理解现代政府财政支出的主要经济作用。

1. 维持政府机构正常运转的消费支出

即上述的第一块支出。表中第 10 项一般政府支出和第 2 项国防、退伍军人津贴和国防事务支出，构成该项支出总和，约占政府财政总支出的 20%。该项支出也称传统政府支出项目，即政府执行"守夜人"职能或社会管理和安全维护职能的支出。从经济性质上讲，该项支出具有纯粹消费的性质，是政府消费性支出，所幸它在现代政府总支出中占的比重很小。

2. 公共资本项目的投资支出

表 10-2 中的第 5、6、7、8、9、11 项支出都属该项支出，该项支出约占政府财政总支出的 20% 多。但公共资本项目投资的一个重要方式是通过发行政府债券筹集资金，政府则支付债券利息。从表 10-2 中看到 1998 年政府支出的债券利息为 2495 亿美元，按 5% 或 6% 的债券利率计算，它意味着到 1998 年政府累计的债券总额约 50000 亿美元。它代表着一个庞大的公共资本积累的规模。

该项政府支出具有重要的经济意义。首先，它属于生产性支出，它为经济社会的发展提供基础设施和技术支持，而且该项支出和投资支出一样，进入经济社会的生产和收入循环，对国民收入增长具有倍数的影响。其次，该项支出是政府调节经济运行的重要手段。在经济萧条的时期，政府进行公共项目的投资和建设是增加有效需求、扩大就业、抑制萧条的有效手段。在经济高涨时期停止或减少该项支出，当然这需要精心的规划和安排，因为项目投资有一个时间周期。

3. 社会福利、保险、转移支付支出

从表 10-2 中可以看到，该项支出占了现代政府财政支出相当大的比例。第 1、3、4 项约占 50% 多。这表明现代政府的财政在国民收入再分配上起到了日益重要的作用。国民财富再分配的经济意义和作用有以下几个方面：一方面增进经济平等和增加有效需求；另一方面缓解经济波动的幅度。以失业保险为例，当人们失业时，即开始向政府领取失业保险金；当人们重新就业时，失业保险金即停止支付，并开始缴纳失业保险金。因此，在经济高涨的年代，人们高度就业，失业保险制度自动吸收过多的购买力，抑制经济的膨胀；而在萧条年代，失业保险制度又自动增加失业者的消费能力和有效需求，缓解经济的下降幅度。可见，失业保险制度也具有反经济周期的"内在稳定器"的作用。

五、财政政策的结构

政府的财政政策是政府收支政策的总和，那么在政府收入政策上，如何将政府收入总额（税收总额）分摊到不同收入的公民和不同性质的产业上。或者说，不同收入的公民和不同性质的产业各应该承担多大比例的政府税收。这个比例的安排不仅可以调节不同收入的公民的收入，而且可以调节不同性质的产业的产业结构。比如，政府如果要支持某种产业的发展，就可以适当减免该产业的税收，给该产业留下更多的投资和积累资金；政府如果要限制某种产业的发展，就可以适当增加该产业的税收。在政府支出政策上，政府消费性支出、公共资本投资支出、政府转移支付各应该安排多大比例，这个比例对于抑制通货膨胀、提高经济运行质量、增进社会经济平等有着很大的影响。这些问题就是政府财政政策的结构问题。因此，可以说**政府财政政策结构是指政府收支在不同公民、产业和支出项目上的安排比例。**由于现代市场经济国家政府支出总额已经占到一国 GDP 总值的 20%~40%，而且在现代经济社会政府的财政政策能极大影响经济社会的产出、就业、价格和福利。因此，**合理的政府财政政策结构不仅仅影响经济社会的产出，还会影响经济社会的生活质量。**

在政府财政政策运用的早期，经济学和政府的注意力主要集中在运用政府收支政策调节总需求，以促进 GDP 的稳定增长。随着政府收支规模越来越大，人们发现，政府在税收项目和支出项目上的不同安排对经济社会生活质量有很大的影响，从而日益关注政府财政政策的合理结构问题。

例如，在盲目扩大政府支出促进充分就业和经济增长的思想指导下，美国历届政府积累了60000亿美元的财政赤字。克林顿政府上台后，在政府财政政策结构上做了重要的调整。在税收政策上，一方面，提高高收入者的纳税比例，个人累进所得税最高税率提高到39%，同时，对高收入者加征10%的特别税，以支持政府减少赤字和增加公共投资的政策目标；另一方面，对小企业和高技术领域的中小企业分行业采取减免税政策，以鼓励它们积极投资，创造更多的就业岗位。在支出政策上，一方面，大规模精简政府机构和人员，削减行政经费开支，削减国际预算和不适当的福利支出等，减少政府的非生产性支出，以减少和消除财政赤字；另一方面，扩大生产性的公共基础设施的投资支出，如高速光纤通信网络（信息高速公路）、交通、教育、高科技的研究开发等。这样的财政政策结构调整，不仅大大改善了美国经济的运行质量，也改善了美国社会的生活质量，实践表明克林顿政府的财政政策是成功的，它保持了美国经济持续8年的强劲、稳定的增长。美国经济学家认为，美国经济的潜在GDP年增长率为2.5%，最低的惯性通货膨胀率为3%，最低的自然失业率为5.5%。在克林顿政府执政的8年中，GDP年均增长率达到4%，超过了潜在GDP增长率；通货膨胀率稳定在3%左右；失业率稳定在4%左右，都低于最低水平。特别是在克林顿政府上台前，前任历届美国政府累积的财政赤字达到60000亿美元。克林顿政府通过大规模削减政府的非生产性开支，在任职的第六年就消灭了历届美国政府积累的天文数字的财政赤字，出现了200亿美元财政盈余，到克林顿政府卸任时，政府财政盈余达2000多亿美元。再比如，中国政府在20世纪90年代中期，运用积极财政政策在亚洲金融危机期间促进了中国经济的稳定增长，取得了很好的成绩，但是，政府投资的重点都集中在公共基础设施上。21世纪初期，中国社会收入两极分化问题凸显出来，政府积极调整政府支出政策，逐步加大了政府转移支付的比例。政府社会最低保障基金将要覆盖全国农村人口，这样的财政政策结构调整对于增进社会经济平等，提高社会经济生活质量无疑具有重要意义。这些都是财政政策结构影响经济社会生活质量的显著例子。

经济社会运行质量一般可以通过GDP的构成反映出来，政府的财政政策结构对于调节GDP构成也有重要意义。一般来讲，比较合理的GDP构成中，社会消费支出应占GDP的65%，社会投资支出应占GDP的25%，进出口贸易应占GDP的10%左右。合理的GDP构成反映的是比较高的经济生活质量。

本章总结和提要

　　财政政策是 20 世纪经济学最重要的发明之一。由于政府支出是总需求的一部分，而且政府支出规模占 GDP 的比重很高，因此政府的财政收支政策能有效地调节总需求和总供给的关系，缓解经济波动的幅度，提高经济运行的稳定性。我们应该明确积极的财政政策是指运用增加或减少公共投资支出和转移支付的政策来调节经济运行，而不是增加政府消费性支出的政策。

思考题

1. 请评价三种贫穷及政府干预经济的必要性。
2. 画图并说明通货紧缩缺口和通货膨胀缺口。
3. 请评价现代功能财政思想的内容和意义。
4. 什么是积极的财政政策？
5. 政府公债的性质和作用是什么？
6. 累进个人所得税制度的作用和意义是什么？

第十一章　货币理论和货币政策

物品有价格，而且物品的价格是用货币表示的，所以说明物品的价格变动离不开货币理论。在现代货币理论的基础上，货币政策也成为调节经济运行的重要工具。本章就讨论这两个问题。

第一节　货币的本质

一、货币与资产和财富

人们在一定时期内从事劳动或投资取得的收入（Income）用于个人消费后的余额构成人们积累的财富（Wealth）或称资产（Assets）。个人或社会的财富有两种存在形式：

第一种形式：**金融资产**（Financial assets）。按流动性可分为货币和证券资产两项。

货币，也称交易货币。包括钞票与硬币和活期存款。在西方，居民或公司的活期存款和支票可随时购物、付账及到银行兑付。因此，**活期存款被视同为流通中的货币，称为银行货币**。货币是流动性最好的金融资产，能随时通过交易转换成其他形式的资产。

证券资产，包括定期存款、政府债券、股票等一切有价证券。该种金融资产流动性差一些，要受一定时期的限制。例如，一张 10 万美元 3 年期的政府债券，在 3 年期限届满以前它是不能转换为其他形式的资产的。

第二种形式：**实物资产**（Real assets）。包括房地产、各种机器、设备、车辆、成品、半成品及各种耐用生活用品。**实物资产是财富的实物形式，金融资产是财富的价值形式**。

货币作为价值和财富的化身，是金融资产中流动性最好的一种财富形式。

二、货币的本质

1. 简要的货币发展史

在商品经济出现之前的时代，人们偶然发生的交换行为是以物物交换为特征的。随着生产的社会分工出现，商品经济产生，交换的频繁和物物交换的不方便便出现了固定充当交换中介物的物品，这就是货币的产生。货币的发展经历了商品货币、金属货币、纸币、银行货币（活期存款，以支票结算）等阶段，到将来没有货币（电子货币，用信用卡结算）的经济社会。

商品货币阶段是货币产生的初始阶段。在物物交换时代，最初的物物交换很不方便。例如，甲有物品 A，乙有物品 B。甲想用自己的 A 物品交换乙的 B 物品，但是，乙不接受甲的 A 物品。这样，甲想要得到 B 物品，就必须找到一个乙愿意和可以接受的 C 物品。甲先用自己的 A 物品交换 C 物品，然后再用 C 物品和乙交换自己需要的 B 物品。这样，**C 物品就成为甲乙双方交换的中介物品。**随着交换范围的扩大，人们都这样做，**交换中介物品的职能逐步集中在人们都愿意接受的几种物品上。**比如烟草、皮革、羊、钻石、珠宝等。不同国家人们生活习惯不同，人们都愿意接受的物品也有差别，但这不影响交换中介物品的性质。**正是从交换中介物品的性质和职能上，货币史上把这些物品称为商品货币。**它们作为交换中介物为人们的交换提供方便并能扩大人们交换的范围。由于这些物品是**人们都愿意接受的物品，所以它们被人们称为是有价值的物品。价值概念由此产生。**所以价值概念的产生是和货币的产生紧密联系在一起的。**也正是从货币最初始的形式上，可以体现货币价值的本质：货币价值是人们都愿意和可以接受的财富，即社会财富。**在商品货币时代和后来的金属货币时代，**充当交换中介物品的货币价值本身就是实际的物质财富，而且是被人们都接受的社会财富。**所以货币价值成为社会财富的化身引起人们的崇拜。由于人们的个人财富只有通过货币价值的衡量、中介和交换才能转化为社会财富，而这个转化过程并不是很容易的（即使在现代经济社会，不同的私人企业的个人产品也只有通过货币价值的衡量、中介和交换才能销售出去，转化为社会财富，才具有价值。而这个销售过程、转化过程仍然是不容易的）。所以人们以为货币价值具有一种神奇的力量，产生所谓货币拜物教，价值拜物教，但这不是迷信，不是宗教，确实是那个时代自然的产物。**个人财富通过货币价值衡量、中介和交换转化为社会财富，是交换经济、市场经济创造的神奇过程。而且，这个过程最初在地域的范围进行，然后扩展到国家的范围，最后这个过程要在全球范围进行。**这个过程至今没有被人们完全认识清楚，所以价值的本质至今也没有被人们完全认识清楚。

　　金属货币时代产生于人们交换范围特别是地域范围的进一步扩大和生产的进步。随着人们交换的地域范围的进一步扩大，商品货币携带越来越不方便，而且也不易保存。设想一下，你从太原赶上一群羊（商品货币）去上海购物，这羊群货币既不便携带又不易保存，到上海恐怕剩不下几只羊了。所以，这种不方便限制了人们交换的地域范围的扩大；同时，人们发现和生产出了价值昂贵的贵金属。贵金属价值昂贵，一枚小小的金币可以代表很大的价值量，而且容易保存、携带方便，可以到很远的地方去与人们交易。这些优点使金属货币逐步取代了商品货币。在这个时代，金币、银币作为交换的中介物在人们的交易中流通。但是，金属货币是以自身的重量代表价值量的。在流通中因逐渐磨损而不足值，就导致了货币史上著名的劣币驱逐良币的现象。人们把足值的良币保留在家中，而把不足值的劣币投入流通。这种情况不仅使商品交易的信誉受损，而且使流通中的金属货币日益稀缺和不安全。为了避免金属货币在流通中的磨损和不安全，一些大的商家联合起来，把金属货币封存库中，发明了代表金属货币价值的代金券、代银券（也称金票、银票）用于相互间的交易往来。**金票、银票是印有该商家特殊符号、记号和代表该商家保有的金属货币价值量的纸张。**它可以代表该商家的金属货币在相互信任的商家之间进行交易往来。**这就是现代纸币最初的形式。**例如，山西平遥日升昌票号在中国金融史上具有重要地位，就是因为日升昌票号是中国历史上第一家发明银票这种货币形式并在全国范围经营银票通兑业务的第一家民间金融组织。但是，随着商品经济的发展，人们交易的范围和规模（交易物品的种类和数量）越来越大，这种民间自发的仅限于大商家之间流通的金票、银票和非常稀缺的金属货币已经不能满足普通民众日常交易的需要。流通货币奇缺，人们交易和生活非常不便，甚至被迫回到物物交换的时代。**政府最终介入货币领域，逐步收回民间的金属货币封存国库，发行纸币用于一国之内的交易需要。**金属货币退出流通，进入了纸币时代。注意，商品货币和金属货币都是商品交换中民间自发产生的用于交换媒介的物品，只是到了金属货币向纸币过渡阶段，政府才介入货币领域。

　　纸币时代的来临在货币发展史上具有重要意义。**从货币性质上讲，货币发展第一次出现了货币价值实体与货币价值形式（价值符号）的分离。**在商品货币和金属货币时代，货币价值在把不同公民的个人财富转化为社会财富的过程中，一方面执行衡量公民个人财富价值量的职能（计价、记账单位）和交换中介的职能（转化职能）；另一方面，商品货币和金属货币本身就是实际的物质财富，或者说是价值实体。而纸币本身没有价值，因为它不是价值实体或实际的物质财富，它只是金属货币（价值实体）的代表，或者说是价值符号。所以纸币要在一国范围内被公民接受和流通，必须借助国家的力量。萨缪尔森给纸币下的定义是，**纸币是政府发行的法定货币**。而且，依据纸币只是价值符号的性质，为使公民信任纸币，政府发行的纸币数量必须以国库的金属货币储备为依据。**货币价值实体与货币价值形式（价值符号）的分离并没有影响货币价值的本质和货币在使不同的个人财富转化为社会财富的过程中执行衡量个人财富价值量的职能（计价、记账单位）和交换中介的职能（转化职能）**。但是，这种分离影响了人们对货币本质的认识。例如，现代货币数量论对货币本质的看法是：货币是一种计价、记账单位和充当交换媒介的物品，它本身没有价值。应该说，货币数量论对货币本质的认识停留在了纸币货币的表面，是有缺陷的。如果说货币本质上不是价值或没有价值，它又如何在将不同的个人财富转化为社会财富的过程中执行计价（衡量或计量价值量）、记账单位和交换中介的职能呢？

　　纸币的发行数量以金属货币储备为依据使政府发行的纸币数量受到限制。随着市场经济的发展和市场交易规模的进一步扩大，流通货币的不足成为经济发展的制约。**银行信用制度迅速发展，并创造出现代最重要的一种货币形式：银行货币（活期存款）**。在信用高度发达的现代西方社会，公民个人和企业将纸币现金以活期存款的方式存入银行（早期活期存款不计利息，现在计少量利息），就可以从银行得到一本现金支票。公民可以用这种银行支票购物、付账和在交易中结算。因此，**银行支票被视为流通中的货币，称为银行货币**。银行货币的重要意义在于，银行货币的数量通过银行信用的扩张和收缩可以**成倍地增加和减少**。因此，萨缪尔森认为，从数量上讲，银行货币是现代最重要的货币形式之一。

　　在计算机时代，交易越来越多地使用信用卡。比如美国，大量交易是靠信用卡完成的。由于计算机全国联网，大部分公民都在银行里有一个账户，这个账户是计算机自动管理的。公民工作或经营获得的收入，是一笔数字打入公民自己的账户。公民消费，无论是购物、住店还是给汽车加油，都可以用信用卡交易。一张信用卡可以走遍美国。交易双方用信用卡结算，不使用货币，交易的结果表现在银行电脑中客户账号上数字的增减。**以信用卡交易的形式被称为电子货币**。到这个阶段，货币连最后的价值形式都没有了。所以现代西方社会的人们已经感到没有货币的时代已经来临。

　　货币真的会在人们的经济生活中消失吗？货币价值在商品货币和金属货币时代以价值实体的方式存在。纸币时代来临，货币价值实体与货币价值形式分离，货币价值以价值符号的形式存在。在经历了纸币和银行货币阶段，到将来的电子货币时代，价值符号的形式也将消失了，货币价值真正成了一个幽灵。**但是，这个幽灵是真实存在的**。否则，又是谁在经济社会中把不同的个人财富转化为社会财富的过程中，执行衡量、计量不同个人财富价值量的职能和交换中介的职能呢？

2. 简要的货币理论史

随着货币本身的发展，人们对货币的认识也在发展。与货币金属论相比，货币数量论对货币本质的看法发生了根本的变化。

与商品货币到纸币时代对应的货币理论是货币金属论，与纸币到信用卡结算时代对应的货币理论是货币数量论。

商品货币：羊、烟草、皮革等
金属货币：金、银、铜等　　货币金属论
纸币货币：政府发行的法定货币

银行货币：（活期存款）以支票结算　　货币数量论
电子货币：以信用卡结算

货币金属论对货币本质的看法简单地说要点如下：**货币是固定充当一般等价物的特殊商品。货币本身（金属货币）具有价值，是价值或财富的代表。纸币没有价值，它只是金属货币的价值符号。因此，政府发行的纸币数量必须以国库的金属货币储备（黄金、白银）为依据，否则就会造成纸币的贬值。**

货币金属论的流通公式为：

$$M = \frac{PQ}{V}$$

式中：P 为一般价格水平，Q 为商品总量，V 为货币流通速度（周转次数），M 为流通中所需的货币数量。

该公式表示：商品的价值总量（P×Q）决定流通中所需的货币数量。

现代货币数量论认为，**从本质上讲，货币是用做交换媒介和记账，计价单位的一种物品，它本身没有价值。它的价值是它的购买力，而它的价值或购买力的大小则是由货币供给数量决定的，与货币供给数量成反比。**[①]

货币数量论的交换方程：

$$MV = PQ \ 或 \ M = \frac{PQ}{V}$$

式中：M 为货币供给量，P 为一般价格水平，V 为货币流通速度（周转次数），Q 为商品销售总量。

该式表达的两个基本命题：一是货币供给量 M 决定一般价格水平 P，而不是相反。就是说否定了货币金属论认为的价格水平决定流通中所需的货币数量 M。

① 美国费雪所著的《货币的购买力》（1911）是系统完整阐述现代货币数量论的一本专著。

二是因为 M 的变化不会引起 V 和 Q 的变化，所以 M 与 P 之间不仅同方向，而且同比例变动。

因此，**货币数量论认为，M 是外生变量，P 是由 M 决定的内生变量。货币供给量的变动是价格变动的原因。那么，政府对货币供给量的控制就能有效地影响价格水平。**

既然货币本质上是一种交换媒介，那么货币的发行、供给数量以国库的黄金储备为基础和限制就没有必要了。事实上，现代西方许多国家的货币发行量已经和金属储备脱钩。萨缪尔森指出，在美国，1933 年以前，黄金证券经常流通，人们可以依据黄金证券向美国财政部请求兑换黄金。1933 年，议会决定国家收回一切黄金证券，在收回时，只能兑换普通纸币，不能兑换黄金。从 1975 年以来，美国公民可以持有黄金，但普通公民所持有的黄金价格与黄金的官价不发生关系。萨缪尔森在他的《经济学》第 10 版中写道："从理解货币的性质的观点来看，黄金证券和金币的取消能使问题简单化。现在的学生不像早几代的学生那样，被某种神秘的信念领入歧途，认为'黄金储备'是使得纸币具有价值的东西。肯定地说，黄金本身与这一问题没有什么关系。流行的说法认为，'如果纸币能够兑换黄金，它的价值会较高。'每个专家都知道，事实是恰恰相反。如果黄金不在货币方面使用的话，那么黄金作为一种金属的价值会比它现在的价值低得多。我们会有较便宜的首饰和结婚戒指，而南非和俄国的采矿者会得到较少的收入。""坚决的保守派为什么在今天还要恢复金铸币的真正原因并不是他们认为黄金使得货币具有价值。原因在于他们知道政府的措施在今天能够有力地影响货币的价值，他们确信这种权力会被政府加以滥用。因此，他们宁可把自己的命运托付给开采金矿造成的行情起伏上，而不信任易犯错误的或被认为是腐化的政府。"

但是，今天黄金在国际贸易的支付和国际储备上还具有一定限度的作用。这也是黄金在现代经济中所保持的已经缩小的职能。

现代货币数量论的重要意义在于它为现代西方政府的货币政策提供了理论基础。货币政策就是政府控制和增、减货币供给量的政策。在货币金属论的基础上，政府纸币发行量受国库金属货币储备量的限制，是不能随便增减的。在货币数量论的基础上，由于货币发行量与金属储备脱钩，货币供给量就成了政府手中不受限制，可以灵活运用，为促进充分就业、价格稳定增长目标服务的一个有力的工具。

三、货币的计量

为了计量货币供给量，西方学者将货币分为狭义货币和广义货币。

$M_0 =$ 流通中的交易货币，即纸币＋硬币
$M_1 = M_0 +$ 活期存款
$M_2 = M_1 +$ 定期存款＋借贷机构存款
$M_3 = M_2 +$ 政府债券

（右侧标注：狭义货币；广义货币）

在计算货币供给量时，M_0、M_1 和 M_2 是经济学家和政府经常使用的概念，M_3 只是偶尔用到。经济分析中分析的货币供给量只指 M_0、M_1 和 M_2。

第二节　银行制度与存款创造

政府的货币政策是通过银行制度的传导起作用的，所以，要了解政府货币政策的作用机制，首先要了解现代西方的银行制度。

一、西方银行制度的性质和作用

西方国家的银行系统是由政府办的中央银行和私人办的商业银行两部分组成。

中央银行（在美国是联邦储备银行，英国是英格兰银行，法国是法兰西银行等）是政府的金融机构。一般来讲，其业务主要有三项：一是垄断发行本国法定货币，所以也称发行银行。二是以债务方式接受商业银行缴存的存款准备金，以贴现方式对商业银行发放贷款，故也称银行的银行。三是代理国库，即经办政府收支、管理国家储备和外汇、制定和推行国家金融政策，故又称政府的银行。因此，**中央银行在性质上是政府的金融机构。**

商业银行在性质上是以办理吸收存款和发放贷款为主要业务，在资金融通中经营谋利的金融企业。或者说，在西方国家，商业银行是个人开办的经营货币的私人企业。它和工业企业的区别就在于，工业企业经营的是产品，商业银行经营的是货币。公民个人（或几个人合伙）只要具有良好的经营信用记录，资产达到政府要求的规模，就可以申请开办商业银行。商业银行一般通过以下三种方式经营谋利：一是吸收社会存款和发放贷款。贷款利息收入减去存款利息和经营成本（银行职员的工资、房租和办公费用支出），就构成商业银行的利润。二是直接投资以获得投资收益。商业银行有雄厚的货币资金，如果有安全性高、收益高的项目，商业银行就会直接投资。三是炒汇以获得汇差收益。在经济全球化和信息化的时代，由于许多国家实行了浮动汇率，就为商业银行在国际金融市场经营各国货币创造了机会，通过低吸高抛获得汇差收益。

尽管商业银行在性质上只是私人开办的金融企业，但在现代银行制度中却具

有重要的作用。萨缪尔森指出,商业银行最重要的经济作用在于接受活期存款和承兑该存款的支票。尽管商业银行不是社会上唯一的金融组织,其他还有保险公司、证券公司等,但是根据规定,只有商业银行能接受"活期存款"。因此,它是唯一能提供"银行货币"的组织。**商业银行在经济上的重要性就在于:信用和存款创造是通过商业银行进行的。**

二、银行制度的存款创造

1. 存款准备金制度及作用

西方国家一方面为了防止商业银行因挤兑风潮而倒闭,另一方面,更重要的是为了中央银行能控制商业银行的"银行货币"供给量。**中央银行对商业银行吸收的存款规定了一个必须备有的准备金,称为"法定准备金"。准备金占存款的比例称为"法定准备率"。**不同期限的存款法定准备率也不同。一般来讲,存期越长,准备金率越低,比如5%、3%等,存期越短,准备金率越高,比如15%、20%等。

例如,假定规定的三个月存期的存款的法定准备率 r_d 为20%,那么,任一家商业银行如果吸收三个月存期的100万美元的存款,必须将其中的20%,即20万美元作为准备金留存银行或缴存中央银行,其余80万美元商业银行才能作为短期信贷或长期抵押贷款的资金贷出。

在银行业的初期,存款准备金制度的主要作用是为存款人大量提取现金做准备。如果商业银行没有足够的现金兑付存款人,就会发生信用危机。如果商业银行的资本金不足以兑付存款人的存款,就会导致金融危机和商业银行的破产。依据企业破产法,一旦商业银行宣布破产,其债务也一笔勾销。就是说,如果商业银行破产,存款人没有及时提取存款,存款人的存款就可能被勾销而遭受重大损失。这就是为什么在经济波动时,商业银行门前挤满了要求兑付存款的人的原因。这也就是所谓的"挤兑风潮"。现代西方发达国家的政府为了稳定金融,对商业银行的个人存款提供政府担保。政府保证存款本金不受损失,不保证利息收入。所以,在发达国家挤兑风潮已不再出现。**在现代西方发达国家,法定准备金制度的作用主要是使中央银行能够控制商业银行所创造的"银行货币"的数量。**因为提高准备金率,会缩小银行货币的供给量,降低准备金率,会扩大银行货币的供给量。规定了一定的准备金率,中央银行就能够限制商业银行"银行货币"数量的增长,使它处于政府想要有的水平。

2. 银行制度的存款创造过程

银行的存款创造过程是个很奇妙的过程,过去只是把它笼统地称为银行信用，而且是一个很模糊不清的概念。**萨缪尔森第一次理解和说明了银行信用的性质，并概括出了现代最重要的货币形式之一："银行货币"，这是萨缪尔森的一个重要贡献。这一贡献的重要意义在于它使我们可以对"银行信用"进行定量分析，比较精确地把握银行信用扩张和收缩的规模。**下面就以萨缪尔森的方式来说明这一过程。

假定某家银行接受了一笔 10000 美元的活期存款，银行给存款人一本支票，存款人可以用支票去购物或付款，但累计支付金额不能超过他在银行的 10000 美元活期存款。把接受这笔 10000 美元存款的银行称为第一级银行，并假定存款准备金率为 20%，这家银行的资产负债表见表 11-1。

表 11-1 第一级银行的资产负债表

单位：美元（r_d 20%）

资　　产		负　　债	
准备金	2000	存款	10000
贷款与投资	8000		
总计	10000	总计	10000

银行吸收的存款是银行的负债。银行依据准备金率将其中的 2000 美元作为准备金留存银行，而将其余的 8000 美元现金贷出或投资，这两项构成银行资产。

在离开这一家银行的时候，看一下 10000 美元的活期存款活动使流通中的货币数量发生了什么变化？存款人手中持有的，随时可以支付的价值 10000 美元的支票（银行货币），再加上银行贷出的 8000 美元现金，总计 18000 美元。可见，从货币供给的角度讲，银行的活动已经创造了 8000 美元的净增加。

但是，整个银行系统的反应还没有结束，得到 8000 美元贷款的人通常会把这笔款用于投资或消费，即把它支付给其他人，而其他人又支付给另一个其他人，不论经过多少人的手，最后的人也会把这笔款存入某家银行。因此，起首的第一级银行流出的 8000 美元现金又流入到银行系统的某家其他银行，称它为第二级银行。这样，第二级银行又增加了 8000 美元的新存款，依据准备金率，留下 1600 美元准备金，将 6400 美元贷出或投资，而得到这 6400 美元贷款的人就像上面的过程一样，不管经过多少人的手，这 6400 美元又会存入银行系统的第三家银行，如此反复，还有第四家、第五家银行等。表 11-2 说明了银行存款的多倍扩大过程。

通过银行系统的连锁反应，最初的 10000 美元现金存款成了银行的准备金，留在了银行。同时，银行系统的活期存款额成了 50000 美元，这意味着流通中有

表 11-2 银行制度的存款创造过程

单位：美元（r_d 20%）

银行	新存款	新贷款与投资	准备金
起首第一级银行	10000	8000	2000
第二级银行	8000	6400	1600
第三级银行	6400	5120	1280
第四级银行	5120	4096	1024
第五级银行	4096	3276.8	819.2
⋮	⋮	⋮	⋮
	+	+	+
整个银行制度的总和	50000	40000	10000

价值 50000 美元的支票（银行货币）在流通。银行货币以 5:1 之比被创造出来。从货币供给的角度看，10000 美元活期存款导致的净增加的货币额为 50000 − 10000＝40000 美元。

萨缪尔森说，"银行存款总额数倍于现有的纸币现金总额并不是什么值得奇怪的事情。……应该牢牢记住这一件事情：**银行存款（银行货币）是现代货币的三种形式之一，而且在数量上是最重要的。**"[1]

在上面的例子中为什么银行货币以 5:1 之比被创造出来呢？因为假定的准备金率是 20%，即 1/5。如果准备金率下降为 10%，那么通过上面例子的计算就知道，银行货币会以 10:1 之比被创造出来。反过来，如果准备金率上升至 25%，那么银行货币会以 4:1 之比被创造出来。可见，政府或中央银行降低准备金率会扩大银行货币的供给量，提高准备金率会缩小银行货币的供给量。

综上所述，可以说，**银行的存款创造是指现代银行系统所具有的信用功能，即银行货币扩大和收缩的一种功能。**

法定准备金率的倒数称为存款乘数。它表示银行货币扩大或缩小的倍数。例如，法定准备金率 r_d＝1/5，那么存款乘数为 5/1＝5。**存款乘数的意义在于可以使人们比较精确地估算出银行货币（信用）的规模。例如，假定知道整个银行系统的准备金为 1000 亿美元，准备金率平均为 10%，那么就可以估算出流通中的银行货币数量为 10000 亿美元。**

知道了银行货币的扩大，那么什么是收缩呢？存款乘数与投资乘数一样是一把"双刃剑"，它可以导致银行货币的成倍扩大，也可以导致银行货币的成倍

---

[1] 萨缪尔森：《经济学》第 10 版，上册，商务印书馆，1982 年版，第 435 页。

缩小。

仍以前面的例子为例,假定起初的第一家银行 10000 美元的存款人将 10000 美元取出去购买国债,那么整个银行系统会发生什么反应呢?第一家银行只有 2000 美元准备金,它要支付存款人 10000 美元现金,必须收回它贷出的 8000 美元,这样得到这 8000 美元贷款的人就必须到第二家银行取出 8000 美元存款,而第二家银行也只有 1600 美元的准备金,这又导致第三人从第三家银行取出 6400 美元存款,如此循环直到整个银行系统减少 50000 美元的活期存款或银行货币。可见 r_d 为 1/5 时,减少一笔存款会使银行货币以 5∶1 的比例收缩。

那么有人说如果得到贷款的人不把钱存入第二家银行,或者付给第三人,第三人也不存入银行,而是锁在自己的保险柜里。或者第一家银行的 8000 美元只贷出去了 5000 美元,其余的贷不出去,那么这个银行货币的创造如何进行呢?不否认上面的情况都会发生,但是以上的分析是用一种数字推理的抽象分析方式说明现代银行系统所具有的信用扩大或缩小的功能,这是银行系统本身所具有的一种功能。个别人有把钱锁在保险柜的偏好或习惯,但如果全体公民都把钱锁在保险柜里,就没有了现代银行制度。另外,上述两种情况说明,理论上的存款乘数是不可能精确的。存款乘数只是用抽象推理的方法概括出来的银行系统本身具有的银行货币(信用)扩大和收缩的一种功能。在实际的银行系统的运行中,银行货币循环中的"跑冒滴漏"是不可避免的。有人会把钱锁进保险柜,也有银行吸收的存款不能完全贷出去。所以实际的存款乘数与理论的存款乘数是有差距的。而且实际的存款乘数只有通过对实际的银行货币循环的统计数字中得到,没有一个固定的公式把它计算出来。因为任何公式都无法计算出一个经济社会会有多少公民把钱锁进了保险柜。投资乘数或支出乘数与存款乘数的道理一样。投资乘数也是用数字推理的抽象分析方法从理论上概括出来的。在实际的经济运行中,社会增加一笔投资或政府增加一笔支出,在收入多轮循环中,"跑冒滴漏"也是不可避免的。例如,政府增加 1000 亿元支出用于公路建设投资,政府投资在各国都是"唐僧肉",在投资资金运作的各环节中不乏贪官污吏。假定,在这个过程中贪官贪污了 200 亿元,并把这 200 亿元锁进了保险柜或存到国外银行。那么实际的投资乘数与理论的投资乘数就存在很大差距,这种情况用什么公式可以计算出来呢?因此,理论的投资乘数或支出乘数与实际的支出乘数是有差距的。实际的支出乘数只有通过实际经济运行中的统计数字得到,没有一个固定的公式可以精确地计算出实际的支出乘数。有些学者把存款乘数、投资乘数、支出乘数的公式搞得十分复杂,费了不少脑筋,总是幻想计算出精确的乘数,这是不了解理论经济学抽象分析方法的缘故。

　　这一节对我国的读者比较生疏，是因为我国社会和银行系统信用发展程度比较低。银行货币的使用仅限于企业，还没有像西方发达国家那样扩大到全体公民，所以我国居民的活期存款不具有银行货币的功能，企业的活期存款具有该项功能。可见货币政策的运用受到社会和银行系统信用发展程度的限制。但是，发达市场经济国家的今天，就是我们的明天。从第一节货币理论对银行货币的说明和本节银行存款创造过程的说明，可以理解，**银行货币本质上是一种信用货币。它的流通和运用是以全体社会成员良好的信用素质为前提的。**如果公民的信用素质不良，可以设想，假定某人在银行存了 10 万元活期存款，银行给他一本现金支票，并且约定某人累计开出的现金支票的金额不得超过在银行的存款金额。但是某人不讲信用，空白支票上的数字是可以任意填写的，他开出 30 万元的支票买辆汽车，再开出 100 万元的支票买套住宅。汽车销售商和房地产商拿他的现金支票去他的存款银行兑取现金。结果他只有 10 万元存款，让银行拿什么兑付？如果银行追寻某人，又要花费额外的费用和成本。因此，不讲信用的社会银行货币是无法流通的。另外，银行货币的流通需要银行系统有一套严密的监督管理制度。现金支票持有人累计开出的支票金额不得超过他在银行的活期存款金额是银行货币流通的基本前提，也是支票持有人和银行的基本约定。超过就称为"透支"。透支分为"善意透支"和"恶意透支"。善意透支是事前与银行有约定，在紧急情况下可以透支一定的金额，并在一定期限内归还。恶意透支是没有和银行约定的透支行为，是一种严重的失信行为，是不诚实、没有信用的行为。恶意透支损害了银行货币流通的安全，为防范这种损害，银行想过不少办法。计算机革命为银行防范透支行为提供了有效的技术支持。例如，在美国，如果某人有恶意透支行为，银行电脑就会将某人的这种"劣迹"自动记录在案，并终身伴随。由于全国银行系统电脑是联网的，任意一家银行都可以从电脑上查到某人的"劣迹"而拒绝与他往来，既不接受他的存款，也不给他开设账户，某人的经济生活将受到严重影响。这个办法保障了银行货币流通的安全，又促进了整个社会信用水平的提高。

第三节　货币市场的均衡和利率的决定

　　政府的货币政策是通过影响利率来起作用的，所以在讨论货币政策以前，还要说明货币市场的均衡和利率的决定问题。

一、货币的需求分析

凯恩斯认为，**货币需求是指人们宁肯牺牲利息收入而把货币保留在手边的愿望。或者说，货币需求量是指人们保留在手边的现金数量。**显然，人们将货币留在手边是以牺牲利息收益为代价的，这个代价被称为**货币需求的机会成本**。如果利率较高，那么货币需求的机会成本也较高，将会影响人们的货币需求数量。

凯恩斯认为，人们之所以把一部分现金不存入银行获取利息收入，而放在手边，是因为货币同其他金融资产相比，流动性最好，能随时满足人们的三种动机需要：交易动机、预防动机和投机动机。所以凯恩斯又把人们对货币的需求动机称为"流动性偏好"。

1. 交易动机和预防动机

交易动机是指购物或交易的需要和方便。预防动机是指应付不测之需，如突然出现的某种需要用钱的事情等。

凯恩斯认为，人们出于交易动机和预防动机而保留在手边的货币量的大小，取决于人们收入的多少。收入少的人，其交易额也少，收入多其交易额也多，预防不测之需也是如此。所以交易需求和预防需求的货币量与收入同方向变动，是收入的函数。如果用 L_1 表示出于两种动机的货币需求量，K 表示该需求量占收入的比例，Y 表示国民收入，则 L_1 需求函数可表示为：

$L_1 = L_1(Y) = KY$ 　　　　 $K > 0$

例如，假设 K 为 1/4，

则，当 Y = 4000 亿元时，L_1 = 1000 亿元

　　　　Y = 5000 亿元时，L_1 = 1250 亿元

2. 投机动机

投机动机是指人们保留这部分货币是供投机性的证券（债券或股票）买卖之用。所以这也是证券市场上所需的货币量。

证券市场上，证券价格与利率成反方向变动。

$$证券价格 = \frac{证券收益}{利息率}$$

例如，一张每年可获得 10 元收益的证券，在利率为 5% 时，价格为 $\frac{10}{0.05} =$ 200 元；在利息率为 4% 时，价格为 250 元；在利率为 6% 时，价格为 $166\frac{2}{3}$ 元。

因此，当利率提高时，证券价格会下降，人们抛出货币，买进证券，人们手中持有的货币数量就少；当利率下降时，证券的价格会上升，人们会抛出证券，

换回货币，人们手中持有的货币数量增加。

　　因此，凯恩斯认为，人们出于投机动机的货币需求量，取决于利率的变动，与利率反方向变动，是利率的函数。

　　如果用 L_2 代表货币的投机需求，r 代表市场利率，h 代表货币投机需求对利率的反应系数（即 r 上升或下降一个百分点，投机需求的货币量减少或增加 h 美元），则货币的投机需求函数可表示为：

$$L_2 = L_2(r) = -hr$$

负号表示货币投机需求量与利率成反方向变动，其曲线向右下方倾斜。

3. 货币总需求函数

　　综合上述两式，可以得到货币总需求函数：$L = L_1 + L_2 = KY - hr$

　　货币需求函数表示对货币的总需求量是人们对货币的交易需求、预防需求和投机需求的总和。也综合了货币需求量与国民收入和利率的关系。这一关系可以从图 11-1 货币总需求曲线图形上直观地看出。

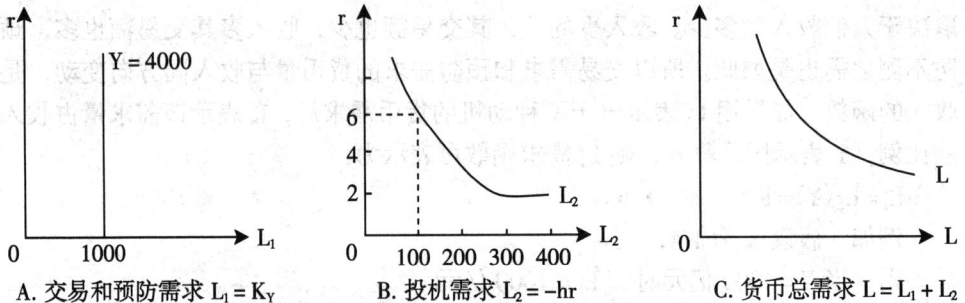

| A. 交易和预防需求 $L_1 = K_Y$ | B. 投机需求 $L_2 = -hr$ | C. 货币总需求 $L = L_1 + L_2$ |

图 11-1　货币需求曲线

　　A. 假定 Y = 4000 亿元，K = 1/4，则 L_1 = 1000 亿元。

　　B. 假定利率为 4% 时，L_2 = 200 亿元；利率为 6% 时，L_2 = 100 亿元。

　　C. 表示 A、B 相加之和构成对货币的总需求。假定国民收入为 Y = 4000 亿元时，若 r = 4%，则货币总需求 $L = L_1 + L_2 = 1000 + 200 = 1200$ 亿元；若 Y 不变，利率上升至 6% 时，货币总需求将减为 1100 亿元。

二、货币的供给

　　一般来讲，货币供给数量首先是一个存量概念。货币存量是指在一定时点上一个社会所保有的不属于政府和银行的所有纸币、硬币和银行存款。其次，在既定货币存量的前提下，政府的货币政策能有力地调节货币供给量的变动。或者说在既定存量前提下，货币供给数量决定于政府的货币政策，由中央银行控制和决定。其方式一是通过公开市场业务增、减纸币和硬币的供给量；二是通过调整准备金率增、减银行货币的数量。因此，货币供给量不依存于其他变量（如利率），而是决定利率及其他变量的因素。或者说，它是一个外生变量，其大小与利率无关，而是决定利率的因素。因此，在图形上，货币供给曲线是一条垂直于横轴的直线。

三、货币市场的供求平衡和利率的决定

图 11-2 中，横轴代表货币数量 M，纵轴代表利率水平 r，图中向右下方倾斜的曲线是货币总需求曲线，垂直于横轴的曲线是货币供给曲线，它代表一个既定的货币存量。

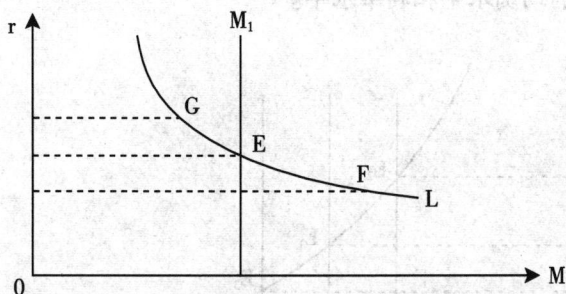

图 11-2　货币市场供求均衡决定利率水平

货币市场供求曲线的交点 E 点，即为货币市场的均衡点，它决定货币市场的均衡利率水平。或者说，当货币需求量等于货币供给量时，货币市场才会达到均衡状态，利率也才会稳定在均衡利率的水平上。

在货币供给为既定的前提下，货币需求量大于货币供给量时（如图中 F 点），市场利率低于均衡利率，这时人们会感到手中保存的货币不足，就会卖出有价证券，以增加手中持有的货币数量。有价证券的抛售会导致证券价格下降和利率上升。利率的上升，一方面会减少投机动机对货币的需求；另一方面会使投资收入减少，使人们对货币交易需求减少，直到货币需求量与供给量相等时为止，利率才会稳定在均衡水平上。反过来，当货币需求量小于货币供给量时（如图中 G 点），市场利率会高于均衡利率，这时人们会感到手中货币太多，就会将多余的货币买进有价证券，从而导致证券价格上升和利率下降。利率下降一方面会引起货币投机需求增加，另一方面又会引起投资和收入增加，进而引起人们对货币交易需求的增加，直至货币供求相等时为止，利率才会稳定在均衡水平上。

　　以上分析可以得出两点结论：一是在货币供给既定的情况下，货币需求大于货币供给时，会使利率上升，货币需求小于供给时，会使利率下降。二是在货币供给既定的情况下，货币市场具有自动趋于均衡的趋势。

　　四、货币供给变动对货币市场均衡和利率的影响

　　在任一时点，货币供给存量是既定的。货币供给量的变动则取决于政府的货币政策，那么货币供给的变动对货币市场的均衡和利率会有什么影响呢？

　　从图 11-3 中可以直观地看到，在货币需求不变的情况下，货币供给数量增加，由 M_1 至 M_3，会使均衡水平和利率下降，由 E_1 至 E_3，r_1 至 r_3；货币供给数量减少，由 M_1 至 M_2，会使均衡水平和利率上升，由 E_1 至 E_2，r_1 至 r_2。**由此可以得出结论，由于货币供给的变动取决于政府的货币政策，因此，政府的货币政策能够改变货币市场的均衡水平和利率水平。**

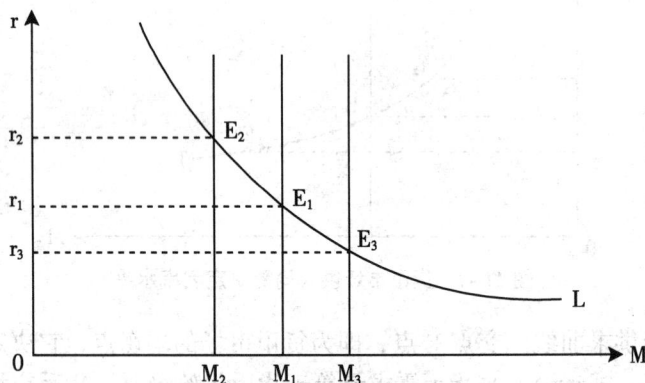

图 11-3　货币供给量变动对均衡和利率的影响

　　货币供给变动对均衡利率的影响是政府的货币政策对经济运行发生作用的切入点。在理解了现代银行制度和货币市场的均衡后，下面就来讨论政府的货币政策及作用。

第四节　货币政策

一、货币政策的概念和意义

　　货币政策的概念可以定义如下：**货币政策即政府增、减或控制货币供给量的**

政策。**增加货币供给量称为扩张性货币政策，它会导致利率下降，投资、消费和国民收入增加。减少货币供给量的政策称为紧缩性货币政策，它会导致投资、消费和国民收入减少。**通过控制货币供给量影响利率水平，通过利率影响投资、消费和收入。货币政策成为现代西方社会政府调节经济运行的一个重要工具。

萨缪尔森在他的《经济学》第 10 版中谈到货币政策的意义时写道："一切经济学派在今天都同意，对于宏观经济学来说，货币供给的变动是重要的。在早几个世纪中，金矿和银矿的偶然发现使货币供给处于混乱状态。在今天的一切国家中，这种情况一去不复返了。"由于货币和黄金脱钩，我们将看到，"决定一个国家货币供给的是该国自己的中央银行……我们只需分析政府如何使用它的钞票印刷机，来支付它自己的开支或者贷款给私人商业银行。……因此，现代混合经济不再受投资变动这一种因素的支配……通过控制活动力强大的商业银行的准备金，通过控制自己的预算赤字和盈余，现代政府可以调节、控制和抵消投资 I 和消费 C 由于外部因素而引起的波动"。

二、货币政策的作用机制

货币供给量的增加，会使利率下降；反之货币供给量减少，则利率上升。当政府采取增加货币供给量的政策时，银根松动，利率下降，一方面，对投资者来说，以前不值得投资的项目，现在值得投资了；另一方面，银根松动，使想要投资的人能容易地得到银行贷款，从而投资将会增加，投资的增加又会成倍数影响收入的增加，收入的增加又会导致消费和投资的进一步增加，从而导致经济的扩张和价格上升。反过来，当政府采取减少货币供给量的政策时，银根紧缩，利率上升，一方面使许多投资项目现在不值得投资了；另一方面，银根紧缩使投资者得到银行贷款也很困难，从而导致投资减少，投资的减少引起收入以倍数减少，消费、价格下降，经济紧缩。因此，增加货币供给量的政策称为扩张性货币政策，减少货币供给量的政策称为紧缩性货币政策。

一般来讲，当经济萧条时，采取扩张性货币政策有利于增加有效需求，或者说使 C+I+G 曲线向上移动，促进经济复苏；在通货膨胀和经济过度高涨时，采取紧缩性货币政策，有利于减少有效需求，使 C+I+G 曲线向下移动，降低或消除通货膨胀，从而减少经济波动的幅度，提高经济运行的稳定性。

三、主要的货币政策手段或工具

政府控制或增、减货币供给量的手段是什么呢？政府的中央银行增、减货币供给量的手段或主要的货币政策工具有四个：公开市场业务；"时滞效应"和行政手段；贴现率政策；改变商业（成员）银行的法定准备率。

1. 公开市场业务

公开市场业务是指在公开市场上政府债券的买卖业务。在美国，政府的或联邦储备银行的公开市场委员会及下设的公开市场办公室主持该项业务。

政府发行公债，即卖出政府债券，就是用债券换回货币（现金）。它意味着吸收或减少社会的现金存量。这些现金构成商业银行的准备金。因为不论政府债券的买者是谁，保险公司、商业银行、大商行、经纪人等，这些买者大都用他们的银行支票偿付他所购买的债券。中央银行依据这些支票向商业银行提取现金，从而使商业银行失掉相当数量的准备金。公众购买政府债券，如果用现金，就要提取在银行的存款，其结果同样使银行的准备金以相等的数量减少。依据存款乘数原理，假定准备金率为20%，商业银行准备金减少一元，将导致银行货币（活期存款）以 5：1 之比减少。例如，假定政府售卖 100 亿元的政府债券，将使商业银行准备金减少 100 亿元，活期存款减少 500 亿元，它意味着流通中的银行货币减少 500 亿元。

反过来，政府买进政府债券，就是用现金货币换回债券，它意味着社会现金存量增加，这些增加的现金将存入各级银行，从而导致商业银行准备金以相同的数量增加，和银行货币以 5：1 之比增加（仍以上面的假定为例）。

可见，政府债券的买卖可以灵活、方便地调节货币存量及银行货币的供给量。西方学者认为，它比财政政策更方便和灵活。就是说，政府可以随时根据需要使用该项政策手段稳定经济运行。事实上，在美国，公开市场委员会几乎每个月都在开会，来讨论决定是要通过购买政府债券把更多的准备金注入银行制度，还是要通过出售政府债券来紧缩银根。

2. "时滞效应" 和行政手段

银行货币的扩张和收缩有一个时间过程，就是说有一个时效问题。有些经济学家认为货币存量变动到对利率发生影响，再到对投资和消费产生作用有一个时间过程。这两种情况是一回事，称为"时滞效应"。政府开始施行货币政策到政策产生效果之间有多长时间？或者说"时滞效应"有多长时间？有的经济学家说三个月，有的经济学家说六个月。实际上，"时滞效应"的时间长短是依据不同经济社会经济运行效率的具体情况来确定的。有的经济社会运行效率高，货币流通速度快，"时滞效应"的时间就短。反之，有的经济社会货币流通速度慢，运行效率低，"时滞效应"的时间就长。由于这个原因，在紧急情况下，政府有时直接采用行政手段变动利率，实施货币政策。例如，美国股市一下跌，格林斯潘就跑出来宣布降低利息率，这是典型的用行政手段干预利率的事例。

3. 贴现率政策

中央银行给商业银行的贷款，称为"贴现"，贷款利率称为"贴现率"。**贴现率政策就是中央银行对商业银行的贷款利率政策。**

一般来讲，中央银行降低贷款利率，即贴现率，会鼓励商业银行增加向中央银行的贷款，从而增加商业银行的准备金。反之，提高贴现率，则会使商业银行减少向中央银行的贷款。但是从政府的角度看，该项政策手段的作用是被动的。因为当政府想增加货币供给时，它只能降低贴现率，等待商业银行光顾，而不能去招揽主顾。因此，它不能使它的贷款数量正好达到它想要有的水平。所以该项政策手段的作用是十分有限的，只能对政策目标起补助作用。而公开市场业务则能主动、直接地将货币供给数量控制在政府想要有的水平。

4. 改变准备金率

改变准备金率可以改变银行货币扩张或收缩的倍数，从而增加或减少银行货币的供给数量。但是该项政策手段对银行系统的影响和作用是迅速、猛烈的，一般不经常使用。在紧急关头，该项政策手段具有紧急刹车或迅速启动的作用。当通货膨胀严重，政府需要迅速减少货币供给时，采取提高准备金率的政策，可以使银行货币成倍地迅速减少。反之，当萧条严重时，采取降低准备金率的政策，可以使银行货币迅速增加，银根松动，促进经济加速复苏。

四、凯恩斯陷阱和货币政策的有限性

由于货币政策是通过影响利率进而影响投资、消费和收入的。因此，凯恩斯认为，当利率降低到最低水平（当然不可能是零利率，图 11-4 上假定为 2%），再增加货币供给量也不可能使利率下降，如图 11-4 所示货币需求曲线上的水平区域。在这个水平区域里，货币供给数量的变动，对利率不产生任何影响，从而对投资和收入也不发生任何影响，货币政策失去了效果。所以说这个区域是货币政策的"陷阱"。这种情况是凯恩斯从理论分析上提出来的一种极端情况，并称之为"流动性陷阱"。一些西方学者也将它称之为"凯恩斯陷阱"。但是凯恩斯自己也声称，在实际上这种情况从未发生过。直至 60 年后的今天，西方学者仍没有发现出过类似的情况。因此，凯恩斯陷阱至今还是一个理论分析上的假设。

最后，在结束本节时，用萨缪尔森的一个图示，见图 11-5，对本节的内容作一个小结。

A. 中央银行通过公开市场业务或改变准备金率来调节商业银行活动力强大的准备金。B. 准备金的变动使商业银行的银行货币扩张或收缩，从而控制货币供给数量。C. 货币供给数量的变动影响资本市场的利率水平和得到贷款的难易程度。

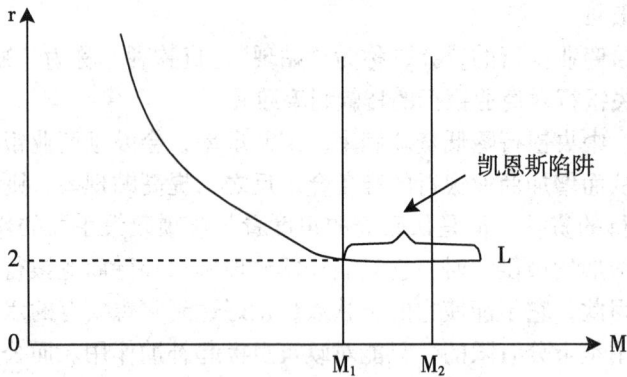

图 11-4   理论上分析的凯恩斯陷阱的极端情况

政府的货币政策如何影响国民收入的决定

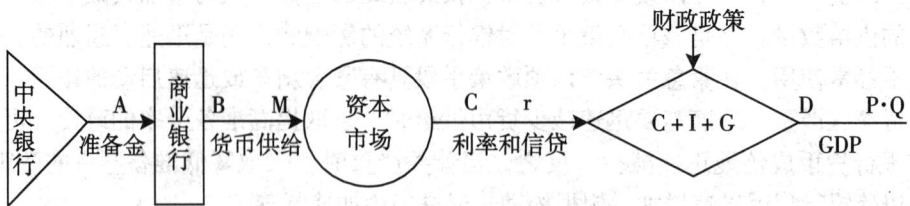

图 11-5   货币政策与国民收入决定结合在一起

使 C+I+G 曲线移动，最终决定价格水平，实际产量和 GDP，在菱形的上方可以看到，财政政策也对 C+I+G 曲线发生影响。这样就综合了现代政府调节经济运行的两种手段：财政政策和货币政策。只不过财政政策是直接作用于总需求 C+I+G 曲线，货币政策是通过影响资本市场的利率来间接作用于总需求。最后不要忘记，现代货币政策的理论基础是现代货币数量论，其作用的条件是现代银行制度信用发展的水平。

本章总结和提要

货币政策是 20 世纪经济学第二个最重要的发明。由于货币政策比财政政策更方便、灵活，限制条件和负作用（财政赤字）更少，现代政府更多使用货币政策调节经济运行。货币政策就是政府增、减或控制货币供给量的政策。通过控制货币供给量影响利率和价格；通过利率和价格影响消费、储蓄和投资；通过消费、储蓄和投资影响 GDP 的变动方向。货币政策的作用不像财政政策直接作用于总需求，它有一个时间过程或时滞效应。货币政策的发明需要货币理论、银行制度的创新。现代货币数量论是货币政策的理论基础。现代商业银行制度是货币政策发挥作用的传导机制。银行货币是现代最重要的货币形式。

思考题

1. 说明现代货币数量论的内容及意义。

2. 你如何理解货币的本质？

3. 商业银行是什么性质的机构？它在经济上的重要性是什么？

4. 你如何理解银行货币是现代最重要的货币形式之一？

5. 请说明货币需求和供给的含义。

6. 货币政策的内容和意义是什么？

7. 比较财政政策和货币政策的作用机制，二者有什么不同？

8. 注意一下政府在调节经济运行中常用哪些货币政策工具，为什么政府在货币政策工具上经常有所选择？

第十二章　通货膨胀和失业

本章依据逻辑和历史相一致的原则，讨论 20 世纪 70 年代末以来西方工业国家出现的停滞（失业）和通货膨胀并存的现象。主要介绍了现代通货膨胀理论、现代失业理论，以及反通货膨胀和失业的政策选择。

第一节　现代通货膨胀理论

一、通货膨胀的定义和衡量

通货膨胀是指一般价格水平的上涨。通货膨胀率是指一般价格水平上涨的百分比。

一般价格水平是指一个经济社会中商品和服务的价格经过加权平均后的平均价格，也即价格指数。因此，价格指数是关于平均价格水平的指标，也是衡量通货膨胀的指标。常用的价格指数有消费价格指数（CPI）、GDP 紧缩指数和生产价格指数。关于价格指数的加权平均方法，第二章已经说明，这里不再重复。一般来讲，人们通常用 CPI 指标表示通货膨胀率，其计算公式为：

$$通货膨胀率 = \frac{CPI\ 今年 - CPI\ 去年}{CPI\ 去年} \times 100\%$$

例如，今年的 CPI 是 215，去年的 CPI 是 200，那么今年的通货膨胀率为：

$$\frac{215-200}{200} \times 100\% = 7.5\%$$

依据通货膨胀的严重程度，或者说依据价格水平上升百分比的大小，萨缪尔森把通货膨胀分为三种类型：

1. 温和的通货膨胀

其特点是年通货膨胀率为 1 位数，价格上涨缓慢且可以预测。人们对货币还比较信任，相对物价也比较稳定。而且研究表明，温和通货膨胀时期，经济增长一般比较强劲。

2. 急剧的通货膨胀

其特点是年通胀率以 2 位数或 3 位数急剧上升，而且价格上涨变得不可预测。货币贬值迅速，资本逃向国外，人们囤积商品，购置房产，手中只保留最低限度的货币以应付日常交易之需。

3. 恶性通货膨胀

其特征是指各种价格以 1000% 以上的惊人速度迅速上升，价格体系和市场经济陷入瘫痪和崩溃。恶性通货膨胀最典型的例子是 20 世纪 20 年代的德国。当时该国为还债大量印刷纸币，货币发行量以惊人速度增长。从 1922 年 1 月至 1923 年 11 月，该国价格指数从 1 上升到 100 亿，就是说两年间平均价格上升了 100 亿倍。这意味着什么？假如在 1922 年初有 5 亿元财产，那么到 1923 年底这些钱连一块糖都买不到。急剧的通货膨胀最清楚地显示了它是由于纸币的大量发行超过了实际产出造成的。这使许多经济学家相信，通货膨胀仅仅是一种货币现象。

经济学家一般认为，可预期的温和的通货膨胀对经济效率以及收入和财富的分配几乎没有什么影响。价格仅仅成为人们调整自己行为的可以变动的标准。

当通货膨胀变得不可预期，如急剧的、恶性的通货膨胀，就会造成严重的社会影响，它使货币贬值，价格扭曲，引起社会恐慌等。下面就讨论这个问题。

二、通货膨胀的经济影响

通货膨胀之所以成为经济社会反对的头号"敌人"，是因为急剧的、恶性的通货膨胀会对经济社会造成下列影响。

1. 它使人们的货币财富和收入迅速贬值

30% 的通货膨胀率意味着手中的货币和货币收入贬值 30%。用经济学家的话说，流通中的现金是实际利率为零的货币。如去年通胀率从 0 上升到 30%，则现金的实际利率就从每年的零利率降为 -30%。正因为如此，严重的通货膨胀会使以货币存款方式保有财富的人受到重大损失。人们急于抛出货币，购置房产、囤积商品。

2. 通货膨胀会导致财富在债权人和债务人之间的再分配

假如你欠别人 10000 元钱，那么 50% 的通胀率会使你获得 50% 的意外收益。因为你现在偿还债权人 11000 元钱（假定利率 10%），实际上，由于货币贬值，你只偿还了 5500 元钱。对于债权人来说，则意味着损失了 50%。因此，通货膨胀往往有利于债务人而有害于债权人。但经济学家认为，在更多的时候，通货膨胀只是将收入和资产搅和在一起，在全体居民中间随机地重新分配，而不会冲击某个社会群体。

3. 严重的通货膨胀导致价格扭曲、损害经济效率

物品的价格是生产者和消费者调整自己经济行为的信号。在严重的通货膨胀时期，价格的变动及相对价格的混乱无序，使人们难以适从。而且以货币表示的收入、税收等都出现扭曲和变形，经济效率自然受到损害。除了在微观上通货膨胀会导致货币贬值、收入再分配和损害效率，从宏观上看通货膨胀对经济增长有什么影响呢？西方学者最新的一项研究表明，低通胀率的国家经济增长最为强劲。高通胀率和通货紧缩的国家经济增长则较为缓慢。

表 12-1 是对 127 个国家综合研究的结果。这个结果对于人们关心的理想的通胀率是多少的问题给出一个答案。因为较高的通胀率是有害的，也是经济社会要避免和反对的。但抑制通胀率是有代价的。因此，确定一个理想的通胀率的范围，对于社会的政策选择和权衡是有意义的。

表 12-1　通货膨胀和经济增长

通胀率（每年%）	人均 GDP 的增长（每年%）
-20~0	0.7
0~10	2.4
10~20	1.8
20~40	0.4
100~200	-1.7
1000+	-6.5

资料来源：萨缪尔森、诺德豪斯：《经济学》第 16 版，华夏出版社，1999 年版，第 472 页。

三、通货膨胀的原因和类型

从形成通货膨胀的原因分析，现代通货膨胀理论把通货膨胀分为三种类型：预期和惯性通货膨胀；需求拉动的通货膨胀；成本推动型通货膨胀。

1. 预期和惯性通货膨胀

萨缪尔森认为，在现代经济社会，在没有需求拉动和供给冲击的情况下，仍然存在一个惯性通货膨胀，它每年保持一个同样的速率。比如 20 世纪 90 年代，美国的物价一直以每年 3%左右的速度稳步上升，就是说在此期间，美国的惯性通胀率为每年 3%。由于惯性通胀率是在没有供给和需求冲击下的通胀率，所以有人把它称为基础通胀率、核心通胀率或可预期的通货膨胀率。

那么形成惯性通货膨胀的原因是什么呢？西方学者的解释是，大多数工资和价格的确定是着眼于对未来经济形势的预测或预期。例如当年的通胀率为 3%，人们预期下一年的通胀率也会是 3%，那么为了避免损失，人们就会将工资和价格提高 3%，如此循环，将导致每年的通胀率以 3% 的速度螺旋上升。因此，可以把这种类型的通胀定义如下：**由于通过预期未来经济形势确定工资和价格增长率的企业行为导致的通货膨胀称为预期和惯性通货膨胀。**

西方学者认为，一般来讲，只有在发生供给或需求冲击的情况下，惯性通胀率才会发生变动。就是说，假定正常的、稳定的惯性通胀率为 3%，如果需求拉动或生产成本上升（供给冲击）使价格上升，通胀率就会超过 3% 的水平。

2. 需求拉动的通货膨胀

需求拉动的通货膨胀就是传统的通货膨胀类型。在 GDP 总公式中已说明，当投资支出、政府支出和净出口增加，导致总需求超过潜在产出水平，就会出现通货膨胀。

从货币政策的角度看，货币供给增加超过实际货币需求，会使总需求增加和价格水平上升，走向通货膨胀。

因此，综上所述，可以把需求拉动的通货膨胀定义为：**由于投资增加、政府支出增加、外贸顺差和货币供给增加引起的总需求增加超过潜在产出水平导致的通货膨胀被称为需求拉动的通货膨胀。**

3. 成本推动型通货膨胀

在近半个世纪中，特别是滞胀现象出现以来，出现了一种新的通货膨胀类型。萨缪尔森通过考察半个世纪价格变动的历史发现，"现在的价格变动只是沿着一个方向，经济衰退时是上升，经济繁荣时是更快的上升。世界上所有市场经济的情况几乎全都如此。现代的通货膨胀与过去简单的需求拉动的通货膨胀的区别在于：价格和工资在实现充分就业之前就开始上升，甚至在 30% 的生产能力闲置，10% 的劳动力失业的情况下，价格和工资也在上升。这种现象称为成本推动型通货膨胀或称为供给冲击型通货膨胀"。"成本推动型通货膨胀在市场经济早期尚未出现，这种通货膨胀首次发生在 20 世纪 30 年代和 40 年代。"[①] 萨缪尔森将这种新类型的通货膨胀定义为：**在失业率很高且资源利用不足时，由于成本上升造成的通货膨胀称为成本推动型通货膨胀。**

那么，为什么在失业和资源闲置的情况下，成本还会上升呢？西方学者认为，这是由于"工资粘性"所致。

"工资粘性"是指工资不随经济周期劳动市场供求变动而上下起伏，而是保

①萨缪尔森、诺德豪斯：《经济学》第 16 版，华夏出版社，1999 年版，第 474 页。

持稳定和上升的现象。对于造成"工资粘性"的原因，西方学者的解释是，一方面，现代大企业的发展需要培养和保持一个稳定的、高效率的员工队伍。而保持高效率的员工队伍的重要条件是稳定的效率工资制度。效率工资制度是指高于劳动市场出清价格，即一般工资水平的，可以鼓励员工高效率工作的工资制度。一般大公司都采取效率工资制，认为这有利于培养员工的责任感，可以使员工更有效率地为企业工作。而且业主认为，降低工资去雇佣低效率、不熟练的失业人员对企业是不合算的。因为现代生产都是高技术装备的复杂的生产过程。尽管不熟练的失业人员工资较低，但他们需要一个培训、熟练、协调的过程，这个过程企业损失的产出要大于少给他们的工资。另外，大企业都有工会组织，企业的工资水平一般是由劳资双方经过长期谈判，以合同的方式确定下来的，而且一定三年不变。从工会的角度讲，每次谈判，工资是只能涨、不能降；从业主的角度讲，工资只是涨多少的问题，降低工资是很困难的。因为降低工资，对员工队伍的积极性和稳定性影响重大。以上两方面的原因是大公司工资水平不随商业行情起伏，而是保持稳定增长的主要原因。中、小企业的业主为了不使自己的人才流失和员工队伍稳定，一般也会比照大公司的工资政策制定本企业的工资政策，这就导致了整个社会的"工资粘性"。

工资是企业成本的主要部分，成本又是企业产品价格的决定因素。因此，工资的稳定和增长决定了企业成本的稳定和增长，成本的稳定和增长又决定了企业产品价格的稳定和上升，不会由于衰退而下降。或者说，"工资粘性"又导致了"价格粘性"。因此，"工资粘性"所导致的成本推动的通货膨胀是滞胀并存现象的一个重要成因。

西方学者不仅用"工资粘性"解释衰退和失业时仍会存在成本推动的通胀现象。而且用"工资粘性"还可以说明成本推动的通胀会加重失业的程度。由于成本推动，企业产品价格不会由于衰退而下降。但衰退意味着社会需求减少和销售额下降。不能降低价格，就只有减少产量。减少产量必然导致裁员和失业增加。

由此可以看到，成本推动型通货膨胀的出现，或者说"滞胀现象"的出现是和现代西方经济社会由众多小企业自由竞争的资本主义阶段向大企业的垄断阶段的过渡和发展相适应的。从时间上看，成本推动型通货膨胀出现于20世纪30~40年代，这正是这个过渡完成的时期，导致今天的美国是一千多家大公司即寡头企业垄断和领导美国的产业界。世界各发达国家的情况也基本类似。垄断造成的竞争不完全性限制了市场机制的作用，其结果或表现就是市场价格和工资不能灵活地随市场供求关系变动而变动，并调节供求关系。因此，一旦垄断在经济中占了支配地位，自由竞争时代的传统商业周期的特征自然会发生变形。因此，可以说垄断是"滞胀并存"现象的重要原因之一。

现代通货膨胀理论的研究认为，造成通货膨胀的原因或因素是很多的，而不是像货币学派认为的那样，只是货币增长过快这一种原因。综合上述三类通货膨胀，可以看到造成通货膨胀的主要原因有：人们的预期、投资增加、政府支出增加、外贸顺差、货币供给增加、工资率上升、原材料价格上涨等众多因素。

第二节　现代失业理论

一、失业的定义和衡量

西方学者将一国的成年人口分为非劳动力人口和劳动力人口两类。非劳动力人口包括：退休人员、身体不佳不能工作的人员和在家操持家务不愿去找工作的人员。例如在美国，成年人口中的34%属于这一类人员。非劳动力人员不属于失业人口。劳动力包括就业人口和失业人口。

二、失业的影响

失业不仅是经济问题，而且是社会问题。从经济上讲，失业意味着社会劳动资源的浪费和产出的损失。奥肯法则表明，失业率上升1个百分点，产出将下降2个百分点。可见失业对国民经济的影响是严重的。

失业的社会影响也是严重的，用萨缪尔森的话说，失业使成千上万人面对收入减少的困境而痛苦挣扎，情绪低落，健康恶化，家庭紧张，社会动荡。

美国的阿瑟·奥肯首先发现了产出变动与失业变动之间存在显著的数量相关关系，这个关系被称为奥肯法则。**奥肯法则指出：实际 GDP 相对于潜在 GDP 每下降百分之二，失业率就上升百分之一。**

例如，假定初期的 GDP 是潜在 GDP 的 100%，失业率为 6%，那么 GDP 下降至潜在 GDP 的 98%，失业率会由 6%上升至 7%。或者当失业率由 6%上升至 7%，GDP 会下降至潜在 GDP 的 98%。

奥肯法则的一个重要结论是实际 GDP 必须保持与潜在 GDP 同样快的增长才能防止失业率的上升。也即 GDP 必须不断增长，才能保证失业率留在原地。

奥肯法则揭示的产出率变动与失业率变动之间 1：2 的负相关关系是依据美国经济社会的情况。各国经济社会运行效率不同，经济情况也有很大差别。各国产出率变动与失业率变动之间的负相关关系应该依据各国的具体情况具体测定，不能一概而论。

三、失业的原因及类型

依据造成失业的原因，西方学者将失业分为三种类型。

1. 摩擦性失业

摩擦性失业是指人们在职业之间、地区之间变换工作而产生的短期失业。即使经济处于充分就业的水平，也会发生一些工作岗位上的变动。人们辞掉现在的工作，去寻找更好的工作，在找到新工作前就处于失业状态。由于产生这种失业的原因是人们为了寻找更好的工作，所以这种失业被认为是自愿失业。

2. 结构性失业

结构性失业是指经济中产业结构的变动造成的失业。在经济发展和成长中，一些产业兴起，一些产业衰落。衰落的产业，劳动力过剩，造成失业；兴起的产业，劳动力供不应求。但衰落产业的失业人员又不能适应新兴产业的技术要求，或者需要经过长期培训才能上岗。这就造成了结构性失业。

3. 周期性失业

如果所有产业、行业或部门的失业率都出现上升，那么就是总支出和总产出下降造成的失业，失业就具有明显的周期性质。或者说，周期性失业是由于经济周期和衰退造成的失业。

区分周期性失业、摩擦性失业和结构性失业，有利于分析劳动市场的具体情况和选择具体的对策。摩擦性失业和结构性失业水平较高可能反映的是经济成长中产生结构性变化。或者说，在经济高速成长的繁荣阶段，通货膨胀现象存在的情况下，也会出现摩擦性和结构性失业。

四、"工资粘性"与非自愿失业

工资粘性或工资刚性会加重失业的程度，下面讨论工资缺乏灵活性对失业的影响。

根据供求原理，在一个自由竞争的市场上，价格的上升或下降将会出清竞争市场。不会有过剩或短缺。因此，西方学者认为，如果劳动市场是自由竞争的，工资对供求关系能做出灵活的反应，就不会存在非自愿失业，失业都是自愿的。如果工资不能对供求关系做出灵活的反应，就是说工资具有粘性或刚性就会造成非自愿失业。萨缪尔森用图 12-1 说明了自愿失业与非自愿失业的区别。

图 12-1 描述了弹性工资和刚性工资对失业的影响。图中劳动的供给曲线呈垂直的部分，表示已达到充分就业的数量，这时劳动的供给曲线是没有弹性的。

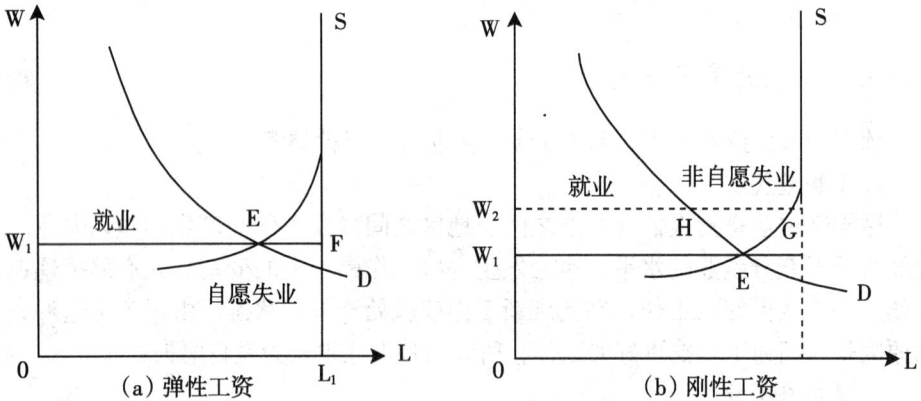

图 12-1　刚性工资引起非自愿失业

垂直部分表明，就业数量对工资水平变动没有反应。先来看图 12-1(a)，由于工资是具有弹性的，能对供求关系的变动做出灵活反应，所以，供求曲线的交点 E 点决定工资水平。E 点对应的横轴就是在这个工资水平上愿意工作的就业数量（W_1 点至 E 点的距离）。E 点至 F 点的距离代表什么呢？萨缪尔森的解释是，这部分工人虽愿意工作，但他们要求较高的工资，就是说 EF 线段表示这部分工人不愿在现行的市场工资率下工作，所以他们是自愿失业的。

再看图 12-1 (b)，如果工资具有粘性或刚性，就是说工资对劳动市场供求关系变动反应迟缓或没有反应，而是保持高于市场供求关系决定的市场工资率水平，如 W_2，就会造成非自愿失业。图中 W_2 的水平虚线与需求曲线交点 H，为在 W_2 工资水平下就业的劳动数量。H 点与 G 点的水平距离代表什么？它代表愿意在 W_2 工资水平上工作的工人都找不到工作岗位，因此，他们是非自愿失业。为什么工资刚性会导致非自愿失业呢？萨缪尔森的解释是，当工资缺乏弹性或具有刚性，过高的工资率会使寻找工作的合格工人的数量大于可提供的工作岗位。图 12-1 (b) 中愿意在 W_2 水平工作的工人数量是供给曲线上的 G 点，而企业需要雇佣的数量是需求曲线上的 H 点。由于工资高于市场出清水平，于是出现劳动供给过剩，H 点至 G 点的水平距离即为供给过剩的数量，也即非自愿失业的失业者。萨缪尔森将非自愿失业定义为：合格劳工不能在现行工资水平下找到工作的情形。相应地，自愿失业则定义为：在现行的市场工资率下,不愿工作的劳工。

五、自然失业率和最低可持续失业率

实现充分就业是宏观经济学和宏观经济政策的目标之一。那么充分就业是否意味着所有工人都能就业呢？根据以上对失业类型的分析可以理解，即使在宏观经济均衡运行、健康成长的时期，也会存在摩擦性失业、自愿失业或结构性失业。因此，西方学者认为，充分就业并不意味着所有工人都能就业，任何时期都存在一个最低的自然失业率或最低可持续失业率。

自然失业率假说认为，在宏观经济均衡运行，劳动市场也均衡时，仍然存在摩擦性失业、自愿失业等，这就是自然失业率。因此，自然失业率是自愿失业和摩擦性失业人数与劳动力人口的比率。假定自然失业率为4%，那么相应的自然就业率就为96%。这时经济就达到了充分就业。当实际的失业率为3%时，就称为低于自然失业率；当实际失业率为6%时，就称为高于自然失业率。

自然失业率的意义是要表明，在经济均衡运行的状态下也存在一个最低的失业率，这是经济运行的正常状态。在自然失业率情况下，政府就没有必要再采取扩张性降低失业率的政策，即使采取这种政策也没有效果。

萨缪尔森认为，在宏观经济均衡运行的状态下，也就是说在经济运行不存在向上和向下压力的状态下，也存在一个最低的、基础的、稳定的、惯性通货膨胀率。萨缪尔森将最低的自然失业率与基础的、稳定的通胀率联系起来，提出了最低可持续失业率的概念。最低可持续失业率是指，从长期看只存在一种与稳定的通货膨胀率相一致的最低失业率。经济处在这种失业率时，通货膨胀是稳定的，不存在向上或下降的趋势。

以上分析表明，在衰退和失业的情况下，仍会存在成本推动的通货膨胀。在经济成长和通货膨胀的情况下，也会存在摩擦性和结构性失业。那么在经济运行或经济周期的各个阶段，失业和通货膨胀并存就成了一种经常的现象。在这种情况下，与稳定的通胀率相一致的最低失业率就被认为是经济运行的正常状态。

第三节　反通货膨胀和失业的政策选择

西方学者认为，当经济处在惯性通货膨胀和最低可持续失业率的正常状态下，政府没有必要采取针对通货膨胀和失业的宏观政策。但是当通胀率超过了惯性通胀率，失业率也超过了自然失业率，经济就处在了非正常状态。这时就需要政府采取政策措施，那么该如何进行政策选择呢？

西方学者认为，通货膨胀和失业之间存在此消彼长的关系，特别是在滞胀并存的情况下更是如此。就是说降低通胀率会导致失业率上升和产出下降；降低失业率又会导致通胀率上升和财富贬值。这就提出一个问题，宏观经济学追求的充分就业和价格稳定两个目标是否可以兼得？如果不能兼得，又该如何取舍和选择？或者说，在滞胀并存的经济社会，宏观经济政策的运用是有代价和成本的。紧缩性反通货膨胀政策的代价是失业率上升和产出下降；扩张性降低失业率政策的代价和成本是通胀率上升和财富贬值。那么在二者不能兼得的情况下，应该如何选择一个成本最低的政策组合呢？下面就来讨论这些问题。

一、菲利普斯曲线

英国经济学家菲利普斯通过研究英国失业率和工资率水平之间的关系后发现在失业率与货币工资率的变动之间存在着一种负相关关系。这种关系用曲线来表示就被称为菲利普斯曲线。后来，由于工资率的稳步上升与成本推动的通货膨胀率存在着必然的内在联系。萨缪尔森认为可以用该曲线来表示通货膨胀率与失业率之间此消彼长的关系。

图 12-2 是短期菲利普斯曲线。从图中可以看到与 5% 的通胀率对应的是 3% 的失业率，与 3% 的通胀率对应的是 4.5% 的失业率。就是说，假定初期的通胀率为 5%，失业率为 3%，那么如果采取紧缩性政策，降低通胀率至 3%，失业率会上升至 4.5%。

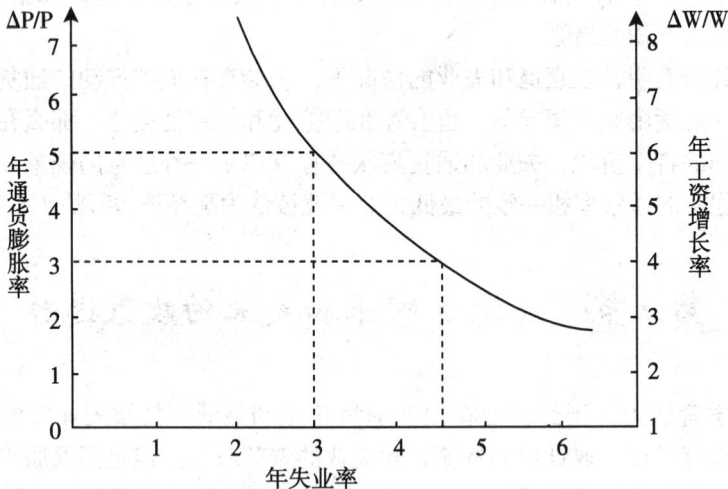

图 12-2　短期菲利普斯曲线

在滞胀并存的状态下，就是说在失业和通货膨胀并存的经济社会中，依据一定时期的统计资料，将与通货膨胀率对应的失业率的坐标点标在坐标曲线图上就可以做出短期菲利普斯曲线。短期菲利普斯曲线提供了一个通货膨胀率与失业率负相关关系的组合菜单，为政府的政策选择提供了一个方便的工具。政府可以权衡降低通货膨胀率的成本和降低失业率的成本，在二者之间做出选择。

西方学者认为，从长期看，随着 GDP 增长达到其潜在水平，失业率会降低至最低可持续失业率水平，通货膨胀率也会稳定在惯性的可预期的通胀率水平。这时如果 GDP 的增长超过其潜在水平，会使通胀率上升，超过惯性通胀率，但失业率不会再下降至最低可持续失业水平以下。因此，长期菲利普斯曲线是垂直的，它垂直于最低可持续失业率的水平上，见图 12-3。在这个水平，通货膨胀率上升，失业率不会下降，或者说从长期看通胀率和失业率之间不存在负相关关系。例如，相当一段时期美国政府在进行宏观政策调控时，把 2.5% 的经济增长率视为潜在 GDP 的增长率，5.5% 的失业率视为最低可持续失业率，3% 的通胀率视为惯性的可预期的通胀率。一旦经济增长超过 2.5% 的水平，失业率处在 5.5% 的水平，政府政策的目标就定为防止通胀率上升超过惯性或可预期的水平。

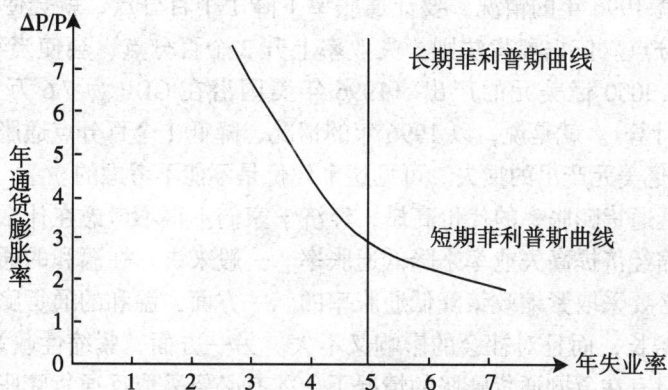

图 12-3　长期菲利普斯曲线

当经济运行出现失业率高于最低可持续失业率水平，通胀率也高于惯性的预期的通胀率水平，经济就处在短期的非正常状态，也就是短期菲利普斯曲线描述的状态。这时通胀率和失业率之间就存在负相关关系，政府的调控政策选择就有一个成本和代价的问题。

西方学者认为，最低可持续失业率（或自然失业率）是经济运行中的摩擦所造成的自然状态，是不可能再降低的。但有的学者认为，可以通过提供信息服务培训来降低摩擦性失业和结构性失业，通过改革失业保险制度，提高失业人员就业积极性。以上措施可以降低最低可持续失业率。但萨缪尔森的研究认为，在过去 40 年的巨大社会变迁中，美国的最低可持续失业率是十分稳定的。就是说是很难降低的。因此，只有在出现高于最低可持续失业率的情况下，才有必要采取相应的反失业政策措施。

二、降低通货膨胀率的代价

短期菲利普斯曲线可以说明反通货膨胀率的代价。如果菲利普斯曲线比较平缓，那么降低通胀率就会使失业率大大提高，并造成产出的较大损失。如果菲利普斯曲线比较陡峭，那么稍稍提高失业率就会使通胀率迅速下降，或者说降低通胀率的代价就比较小。

西方学者的研究表明，降低通胀率的代价会因国家、地区、初始的通胀率以及采取的政策不同而不同。奥肯法则指出的失业率上升1个百分点，产出就下降2个百分点，即失业率和产出1：2的负相关关系是以美国的经济为对象测定的。各国经济情况不同，经济结构和经济运行效率差别很大，失业率与产出的负相关比例也不一定相同，要依据不同国家的情况具体测定。以美国为例，萨缪尔森的研究认为，就1996年的情况，要让通胀率下降1个百分点，就会使当年失业率上升2个百分点。依据奥肯法则，失业率上升2个百分点，会使当年GDP下降4%，即损失3000亿美元的产出（1996年美国潜在GDP为7.6万亿美元，按1996年价格计算）。就是说，以1996年的情况，降低1个百分点通胀率的代价或成本是3000亿美元产出的损失。可见这个代价是不能不考虑的。

由于降低通货膨胀率的代价高昂，经济学家们不得不考虑在什么情况下才有必要通过紧缩经济提高失业率来降低通胀率。一般来讲，在温和的通货膨胀的情况下是没有必要采取紧缩政策降低通胀率的。一方面，温和的通货膨胀有利于促进经济强劲增长，而且对社会的影响又不大。另一方面，紧缩性政策代价过高，得不偿失。只有在急剧通货膨胀的情况下，才有必要采取反通货膨胀政策。这时高昂的代价也是无可奈何的。正因为如此，西方学者一直在探索一些代价较低的反通货膨胀政策。这些政策被称为收入管制政策或收入政策。下面做一简要介绍。

三、收入政策

1. 工资——物价管制

在欧洲和美国近年来一直采用工资——物价管制办法对付成本推动的通货膨胀。管制的方式分为劝说、指导、强制三种。就是说，政府依据情况的轻、重、缓、急程度，采取规劝、指导性意见和强制措施限制企业的工资和物价上涨率。但是从实践上看，劝说、指导没有效果，强制管制又违背市场原则。现在已很少用该办法来抑制通货膨胀。

2. 基于税收的收入政策（TIP）

具体办法是：向那些工资收入上升较快的人征税；而向那些工资收入增长较慢的人提供补贴。但这种办法限制收入增长效果十分有限。

由于上述收入管制政策的效果很不理想，有的西方学者主张还是要依靠市场竞争力量来调节工资和价格，他们认为应解除对产业的政府管制，消除不合理的《反托拉斯法》和妨碍市场竞争的因素。只有市场竞争力量才会恢复工资弹性。但是在大企业垄断占支配地位的今天，这种想法是很难实现的。

总之，萨缪尔森认为，上述政策的作用是十分有限的，经济学者还没有找到一种有效而持久的收入政策来对付通货膨胀。如何寻找办法摆脱这种必须以高失业率来抑制通货膨胀率的两难困境，仍是现代宏观经济学最关心的难题之一。

四、财政政策的结构调整、最低代价的反通货膨胀办法

20世纪90年代美国经济持续8年的强劲增长的同时，失业率持续下降并稳定在最低可持续失业率的水平（4%~5%），通货膨胀率也持续下降并稳定在3%左右的惯性通胀率的水平，这是和克林顿政府大规模削减非生产性政府支出，扩大生产性投资支出的财政政策有着必然的联系。据此是否可以说精简政府机构，减少非生产性开支是代价最低的抑制通货膨胀的办法呢？

本章总结和提要

为了解释和弄清楚"滞胀现象"的原因，主流经济学派全面研究了通货膨胀和失业现象，提出了当代通货膨胀理论和失业理论。由于在滞胀并存的状态下，通货膨胀和失业存在负相关关系，政府的宏观经济政策的运用就面临两难选择和成本代价的权衡问题。菲利普斯曲线为政府的权衡和选择提供了一个技术分析的工具。

思考题

1. 你遇到过通货膨胀的困扰吗？通货膨胀有什么危害？
2. 说明失业的原因及类型。
3. 运用短期菲利普斯曲线分析在滞胀并存的状态下政府宏观经济政策的成本和代价问题。

第十三章 经济增长理论

经济增长作为宏观经济学的一个基本理论问题，它思考和探讨的是这样一些问题：是什么原因使经济社会的财富像滚雪球一样越滚越大？财富增长的源泉是什么？财富增长的机制和途径是什么？经济增长对人类未来会产生什么影响？等等。人类经历过漫长的难以维持温饱的农业社会，在这个阶段，财富的增长是非常缓慢的。工业革命以后，工业国家的社会财富200多年间获得了巨大的增长。同时，仍然停留在农业社会阶段的许多国家依然处在非常贫困的境地。统计资料显示，最发达国家和最贫困国家人们收入水平的差距在100倍之多。巨大的反差使人们对经济增长问题产生了浓厚的兴趣。追求富裕美好的生活是人类本能的愿望。那么，为什么同在一个地球上，生活水平的差距却如此之大？甚至同在一个国家也是如此。比如中国，30多年的改革开放，大家在相同的起跑线上起跑。30年后，最发达的东部地区人均GDP达4000多美元，已达到中等发达国家的水平，而最贫困的西部地区人均GDP不足1000元人民币，生活水平的差距达30倍之多。

经济增长理论将帮助人们寻求这些问题的答案。本章介绍西方学者在经济增长问题上探索的最新成果。主要内容有：经济增长的定义和衡量指标；经济增长的源泉和模式；经济增长模型；以及经济增长的限制因素及可持续发展问题。

第一节 经济增长的定义和衡量指标

一、经济增长的定义

什么是经济增长？西方学者普遍接受的是库兹涅茨的定义：**一国的经济增长可以定义为给居民提供的种类日益繁多的经济产品的能力长期上升，这种不断增长的能力是建立在先进技术以及所需要的制度和思想意识之相应的基础上的。**

该定义强调增长能力、先进技术以及相应的制度（机制）、思想观念基础。

许多研究经济增长问题的经济学家认为，落后国家最主要的是观念的落后，有了先进的观念，才会创造先进的机制或经济制度，有了先进的经济制度，才会创造技术开发和经济增长的能力。因此，思想观念和经济制度是经济增长能力和技术进步的基础。

萨缪尔森把经济增长能力具体归结为潜在 GDP 的增长，或者说是一国劳动数量和质量、资本存量、技术开发能力和水平的增长和提高。他给经济增长下的定义为：**"经济增长代表的是一国潜在 GDP 或国民产出的增加"，"与之密切相关的是人均产出增长率的提高，它决定一国生活水平提高的速度。"**

该定义强调潜在 GDP、GDP 和人均产出率的提高。因为收入增长是决定国民生活水平和方方面面能力增长的决定因素。收入提高，人们才会有条件受更好的教育，获得先进的观念和思想。收入提高，人们才会积累更多的资本，以获得更大的增长能力，等等。

这两个定义尽管强调的角度不同，但经济学家们认为，GDP 的增长（人均 GDP 增长）、增长能力和技术水平提高与经济制度、思想观念（教育水平），这几方面是相辅相成、互相促进的。一方面，收入增长为劳动者的身体素质、教育机会、技术水平提高、资本积累等经济社会各方面能力的提高和发展提供条件；另一方面，劳动者教育水平、技术水平、资本存量的提高和增加又会创造更多的收入。因此，经济学家们认为，仅用 GDP 和人均 GDP 增长率指标衡量经济社会增长是不够的，应该有一套综合指标来反映经济社会的增长。

二、经济增长的衡量指标

联合国开发计划署提出了一个人力发展指数指标（Human Development Index，缩写为 HDI），用来衡量各个国家的经济增长水平。HDI 包括四个指标：人均实际 GDP、出生时的预期寿命、入学率和成人识字率。它表明经济增长不仅是指收入水平的提高，还有国民生活水平（寿命）和教育水平的提高。

从表 13-1 中看到，全世界 50 多亿人口中，30 多亿人口生活在低收入国家，10 多亿人口生活在中低收入国家，二者之和占总人口的 80%，年收入在 4000 美元以上的中高和高收入人口只占总人口的 20%，而最低收入（人均 290 美元）的国家和高收入国家的差距达 100 倍之多。

三、经济增长的意义

萨缪尔森在谈到经济增长的意义时指出："自 1900 年以来，（美国）实际 GDP 几乎增长了 18 倍。这也许是本世纪最重要的一个经济现象。持续快速的经

表 13-1 各类国家的基本指标

国家分组		人口 1995 年（百万）	GDP 值 1995 年（10 亿美元）	人均 GDP		成人文盲率 1995 年	预期寿命（年）
				1995 年水平（美元）	1985~1995 年增长率（%）		
低收入国家	中国和印度	2130	1035	499	6.1	32	66
	其他国家	1050	317	290	-1.4	46	56
中低收入国家	如秘鲁、泰国	1153	2026	1670	-1.3	20	67
中高收入国家	如巴西、马来西亚	438	1982	4260	0.2	14	69
高收入国家	如美国、日本	902	22486	32029	1.9	<5	77

资料来源：世界银行：《世界发展报告 1999》，引自：萨缪尔森、诺德豪斯：《经济学》第 16 版，华夏出版社，1999 年版，第 435 页。

济增长使得先进工业国家能给它的居民提供更多的福利，更好的食物，更大的住房，更多的医疗，以及对污染的控制，对孩子的普及教育和为退休者提供广泛的补给。……经济增长无疑成为各国长期经济成就的一个最重要的标志。"

实际上，20 世纪最后 20 多年，让世界都感到惊讶的一个最重要的经济现象是中国的崛起。30 年的改革开放，中国将政府管理与市场经济结合起来，取得了巨大的经济成就。依据 1979 年《中国经济年鉴》的统计，1979 年中国国民收入为 3350 亿元人民币，人均国民收入为 345 元人民币；2007 年中国 GDP 达到 246600 亿元人民币，人均 GDP 达到 2000 多美元，19000 多元人民币。GDP 总值和人均 GDP 增长分别在 70 多倍和 55 倍以上。当然，由于国民收入统计指标和方法的变迁及物价水平的大幅上升，无法做精确的比较。但是从人们的实际生活水平上看，扣除物价水平的上涨因素，10 倍的增长基本上是符合实际情况的。根据一些国际组织和世界银行的测算，自 1978 年以来，中国 GDP 增长了 10 倍，在世界排名第六，人均 GDP 增长 7 倍，出口增长了 45 倍。如果按"购买力平价"方法计算，中国 GDP 总值位居世界第二位，仅次于美国。这是中国在改革开放 30 多年间取得的成就，大大超过了世界其他国家的经济增长速度。

第二节 经济增长的源泉和模式

经济增长是 20 世纪各国追求的目标。起初是欧、美，后来是日本和东南亚各国，最后中国异军突起。尽管各国经济增长的道路各不相同，但是经济学家们总是试图从中找出一些共同的东西，就是经济增长的源泉和最佳模式究竟是什么？

一、经济增长的源泉

西方学者认为，经济增长的源泉是人力资源、自然资源、资本积累、技术创新四个要素，萨缪尔森把它们称为经济增长的四个轮子。

1. 人力资源

一国的劳动资源包括劳动力的数量和质量两方面。许多经济学家认为，劳动力的质量是一国经济增长最重要的因素。劳动力的质量包括劳动力的受教育水平、责任感、纪律性等综合素质。一个国家可以进口最先进的技术装备，但只有高质量的劳动力才能使这些先进的技术设备充分发挥作用。而且高质量的劳动力有能力在生产实践中不断地革新和改进工艺流程。萨缪尔森认为这种涓涓细流的技术创新是生产率提高的最重要因素。因此，教育的普及和人力资本的开发对经济增长具有重要意义。

2. 自然资源

一国拥有的土地、矿产、森林、水流、环境质量等构成一国的自然资源。自然资源是产出的第二大传统要素。许多国家是凭借丰富的自然资源发展起来的，比如加拿大、中东石油地区的国家。但日本和中国香港几乎没有什么自然资源可利用，但却是经济增长最成功的国家和地区。因此，一些经济学家认为，自然资源拥有量并不是经济增长成功的必要条件。

3. 资本积累

资本积累是指实际资本物品，如工厂、铁路、建筑、设备、公路、车辆等的形成。一国的资本存量是物质财富增长能力的一个重要指标，资本物品也是工业社会最重要的生产要素之一。西方学者认为，20世纪对公路、铁路、汽车、电厂的投资浪潮极大地提高了社会生产率。电脑和信息高速公路对21世纪的作用，将如同铁路和高速公路在20世纪曾起过的巨大作用一样。

4. 技术创新

谈到技术创新，人们都会想到人类历史上一些重大的技术发明，如蒸汽机、发电机、火车、电话、汽车、飞机、电脑等。这些技术创新中的伟大发明曾极大地提高了社会生产率，这无疑是非常重要的。但是萨缪尔森认为，我们不应忽视技术创新的另一个重要方面，他说，**技术进步更主要的是以一种无声的，不为人察觉的方式、不断以微小的改进来提高产品质量和产出数量。这种技术创新的涓涓细流为提高人们的生活水平做出了极大的贡献。**因此，技术创新不只是科学家、技术专家才能做出的贡献，我们每个普通公民都能为社会的技术进步做出贡献。你所要做的就是把你手边的工作做好，做得更好，不断改进和提高工作的效率和质量。

一个国家的技术创新能力不仅仅是指有多少智力资源，如科学家、工程师、技术专家等，**更重要的是要有一种机制来调动和激励这些智力资源不断创新、开发和推动技术进步**。萨缪尔森指出，"人们日益明确地认识到，技术进步不只是简单机械地找到更好的产品和工艺流程。相反，快速创新需要培育一种企业家精神。以当今美国计算机工业为例，在该领域，即使是最热衷于此的人也难以跟上硬件和软件加速更新的步伐。为什么企业家精神在美国能生存发展，而不能在俄罗斯这个大科学家、工程师和数学家众多的地方生存发展呢？根据对硅谷的调查研究，关键原因在于对自由开放精神的向往和对自由市场利润的追逐。这一点，与莫斯科僵硬保守的中央计划氛围形成强烈反差"。

二、经济增长模式和发动机

劳动、资本、土地（自然资源）和技术创新这四个要素必须以一种方式有效率地结合起来，形成一种合力才能推动经济增长。**劳动、资本、土地（自然资源）和技术创新这四个要素结合的不同方式或机制，构成不同的经济增长模式**。在人类历史上，不同的国家曾走过两种极端的模式。

1. 纯粹的自由竞争的市场经济模式

一种极端是纯粹的自由竞争的市场经济模式。**在这种模式中各种经济资源由自由竞争的市场机制自发地组织起来进行运作，政府不干预经济活动；只是承担"守夜人"的责任，即维护社会的安全和秩序**。在微观经济学中已说明了自由竞争的市场经济是如何运作的。**这种模式的动力机制是参与市场运作的各方对自身利益的关切和追求**。工人追求收入最大化，业主追求利润最大化，消费者追求效用最大化等。**这种模式的调节机制是市场供求关系形成的均衡价格**。价格机制自动调节稀缺资源的配置、社会财富的生产、收入的分配、产品的消费等，微观经济学已经证明。从微观的角度看，**市场经济制度是最有效率的，市场竞争促使参与市场运作的各方以最小的代价、最少的资源耗费来获得最大的收益和利益，从而导致社会经济资源最有效率的利用**。更主要的是人们要以最小的成本获得最大收益就要不断开发新技术、新产品和新资源。因此，自由竞争和对自身利益的追求又构成了推动技术进步和创新的动力机制和源泉。正因为如此，西方学者把市场经济机制称为经济增长的发动机。在市场机制的调节下，一个经济社会生产什么，为谁生产，怎样生产的问题自动得到解决。生产什么产品？厂商依据市场价格信号的引导，一种产品价格上升，意味着该种产品比较稀缺，生产它会获得更多的利润。为谁生产？厂商依据消费者的货币选票。消费者购买什么产品，厂商就生产什么产品，这样厂商才会获利。怎样生产产品？以最低的成本和最好的技术生产。如果你不这样做，市场竞争机制将把你淘汰出局。因此，**市场竞争机制可以自动地把各种生产要素有机地协调起来，为经济增长的目标努力。**纯粹的自由市场模式是19世纪大多数工业国家采用和经历的增长模式。它也确实促进了经济的快速增长。

但是，经过一个多世纪的实践，人们逐步认识到，该种模式也有很大的缺陷。比如，社会需要的公共物品没有人去投资生产；市场竞争的"胜者全得"原则导致垄断，损害市场效率。私人企业追求最小成本的努力导致人类生存环境的污染和恶化（外部性问题）。收入分配差距的扩大和不公正，导致社会成员的利益冲突。更主要的是市场经济的自发运作会出现周期性的经济波动和危机，这会导致社会财富和资源的巨大浪费和损失。认识到这些缺陷，凯恩斯革命以后，西方工业国家的政府承担起了管理社会经济生活的责任，以弥补市场经济的缺陷，并发展出政府与市场经济结合的各种增长模式。如美国的混合经济模式，日本的东亚经济模式，德国的社会市场经济模式，等等。

2. 前苏联的社会主义计划经济模式

另一种极端的经济增长模式是前苏联的社会主义计划经济模式。**在这种模式中，完全排除了市场经济的调节，全国的经济资源归国家所有，由国家统一配置和调节。全国的生产、收入分配、产品消费由国家计划管理和运作。**我国改革开放前，也是这种经济增长模式。**该种增长模式的优点在于：它可以集中社会的经济资源完成社会经济增长的重大项目建设；它消除了社会财富分配的不公正，实现了广泛的社会平等；它消除了社会生产的无政府状态，避免了经济波动和危机，使社会经济有计划增长。**该模式在社会主义初期也确实促进了经济的巨大增长。但是，经过半个世纪的实践，人们逐步认识到，这种模式的最大缺陷在于，微观经济主体失去了活力。个人和企业都是机械地按上级的指令行事，失去了主动性、创造性和进取心，这样经济增长的主体就失去了动力。另外，社会成员的需求是多种多样而且是不断变化的，政府不可能完全、迅速地了解社会成员方方面面的各种需求并及时计划安排生产各种产品去满足社会成员的需要，这就造成了短缺经济。认识到该种模式的缺陷，20世纪80年代以后，社会主义国家纷纷进行经济体制改革，把政府管理与市场竞争机制结合起来，形成了社会主义或国家管理的市场经济模式。一些西方学者也把该模式称为政府和市场结合的混合经济模式。20世纪末，政府和市场相结合是现代世界各国经济增长模式的共同特征。在经济增长模式的探讨中，各国关心的核心问题是如何处理政府与市场竞争机制的关系问题。

三、政府与市场的关系

在处理政府与市场的关系问题上，**一种观点认为，应该划分政府管理和市场调节各自的范围**。该观点认为，在微观经济领域即企业和个人经营的竞争性领域或范围，应该由市场机制调节，政府不应干涉。市场竞争机制会有效率地把各种经济资源组织起来，以最低成本获得最大产出。在宏观经济领域即市场机制顾及不到的、有缺陷的、非竞争领域或范围，应该由政府管理和承担起责任。如公共物品的投资和管理（市场失灵问题）、市场竞争秩序的规范和管理（垄断和信息不完全问题）、资源和环境的开发和保护（外部性及可持续增长问题）、国民收入的再分配（贫困和收入分配差距过大问题）、促进国民收入的稳定增长（反危机、失业、通胀的宏观经济政策问题）、基础科学和国民教育的资助和开发（人力资本开发问题）以及开放和对外贸易的战略和政策问题等。总之，**该观点认为，市场能做的事情由市场去做，市场做不了的事情由政府做。这样就把政府和市场各自的功能和优势结合起来，以促进经济社会的增长。**

第二种观点是在政府和市场结合的经济模式中应该以政府决策为主还是应该以市场决策为主。该观点考虑的问题实质上是在混合经济模式中，政府在与市场经济的关系中应扮演一个什么角色的问题。就是说，政府应扮演一个"医生"或"救火队员"的角色，还是扮演一个"领导者"或"驾驶员"的角色。正是在这个问题上，人们认识上的分歧和差别，使世界各国的形形色色的混合经济模式存在重要的区别。下面就以美国模式、日本模式为例来讨论这种差别。

1. 美国的混合经济模式（也称英美模式）

美国的经济增长模式是自由竞争的市场经济与政府管理的公共经济部门相结合的混合经济模式。**在这个模式中自由竞争的市场经济是增长的主体，或者说是以市场决策为主的。**政府只是承担监管的责任和做市场不做的事情。如公共基础设施的投资管理、反对垄断和维护市场自由竞争秩序、资源和环境保护及开发、贫困和低收入人口的补助和收入再分配等。就是说，政府是针对市场经济的缺陷做补救和医治工作。当市场经济运行出现严重的通胀或失业现象时，政府又充当救火队员的角色，采取宏观经济政策措施来消除通货膨胀和失业，以促进市场经济稳定运行和国民财富的稳定增长。因此，**在美国的混合经济模式中，自由竞争的市场经济是增长的主体，政府只起"医生"和"救火队员"的作用来监管市场经济的稳定运行。**在这个模式中，**强调个人自由和独立，鼓励自由竞争和创新是美国模式的特色。**

2. 日本政府管理的市场经济模式

日本的经济模式也是政府管理和自由竞争的市场经济相结合的混合经济模式。但是**日本模式与美国模式的重要区别在于，日本政府通过对市场经济运行的计划控制和产业政策，承担起了领导经济增长的责任。**就是说，日本政府在与市场经济的关系中充当了"领导者"和"驾驶员"的角色。20世纪50~60年代日本政府实施的"国民收入倍增计划"和日本的高速增长，就是日本模式创造的增长奇迹。

从"二战"后到20世纪70年代初期日本政府通过计划、行政指导、官民沟通的审议会制度以及相应的法律、政策手段，对经济运行一直保持着强有力的控制和干预。用日本学者的话说，这是一种以行政指导为主要手段，以主管部门为中心，对经济运行进行直接干预的具有计划经济特征的官员主导型的"控制经济体制"，[①]这是日本模式与美国模式相比的独特之处，也是日本的产业政策得以贯彻并取得经济增长奇迹的重要条件。在此基础上，日本政府实施的贯穿50年代、60年代到70年代初的日本产业政策的核心内容有三个方面：[②]

（1）积极扶持农业、能源、新材料及交通运输业的倾斜发展政策。

在农业发展政策方面，日本政府对农业给予了极为优厚的补助和保护政策。据1955~1982年的统计资料，日本财政向农、林、水产业发放补助金额一直占财政发放补助金总额的80%以上，20世纪50年代则占总额的90%以上。

在能源和原材料产业方面，日本政府的扶持政策有：20世纪50年代对煤炭、钢铁、海运、电力、石油和合成纤维等能源、新材料基础产业实行"倾斜生产方式"；60年代确立综合能源对策，对石油、电气、煤炭转化、核燃料等工业制定一系列法律，以确保能源的稳定供应；70年代，面对石油危机制定了节能政策，以及石油替代能源的开发与利用政策。

在产业基础和交通运输业方面。产业基础＝公路＋港口＋废物处理设施＋工业用水＋铁路。从1957年开始，日本政府开始大规模公路建设。财政预算规模从1957年度的459亿日元上升到1959年度的1640亿日元，增加近3倍。1960年12月制定《国民收入倍增计划》后，产业基础投资（公路、港口、工业用水、铁路）在GNP中所占的比重很快从1956年度的1%提高到1964年度的3.5%以上。1964年度产业基础投资主体是多达5803亿日元的公路投资和2600亿日元的铁路投资。1965年以后的10年里，铁路每年强行投资5000亿日元，公路投资也几乎

---

① 小宫隆太郎等：《日本的产业政策》，国际文化出版公司，1988年版，第533页。
② 小宫隆太郎等：《日本的产业政策》，国际文化出版公司，1988年版，第534页。

与 GNP 同步增加，维持了约占 GNP 2.5%的水平。

（2）为防止"过度竞争"和"生产过剩"，政府有意识地对基础产业的固定资本投资施行强有力的干预政策，以保持社会固定资本投资规模的相对稳定和防止固定资本投资规模的大起大落。

保持"长幼有序"的产业秩序，避免"过度竞争"导致的"生产过剩"是日本政府产业政策的指导思想和中心内容。从 20 世纪 50 年代后期开始，根据《外资法》和《石油工业法》，石油化学部门"凡新建企业，成立合资公司、增加新设备等都必须得到政府批准。行政上对石油工业的这种审批制度，一直持续到 1972 年石油化学部门实行资本自由化"。在高速增长和产业政策黄金时代的整个 60 年代，"政府对钢铁、合成纤维、石油炼制、石油化工、纸浆等行业的设备投资都进行了干预"。干预手段是"官民协调方式"和"行政指导"。尽管在官民协调中，政府干预有时受到企业自由化倾向的强烈抵制，但是一方面，由于企业本身也明白生产过剩的后果是导致自我灭亡；另一方面，由于政府的"行政指导"以某些审批权力为杠杆，所以政府的干预能有效地发挥作用。

（3）促进产业技术创新的政策。

日本的技术立国政策是人们广泛了解的。日本政府关于促进产业技术开发的各种政策，对于提高产业的劳动生产率和国际竞争能力起到了积极作用。较高的劳动生产率是抑制通货膨胀的重要因素，较强的国际竞争能力使日本在国际价值交换方面具有优势地位。这对于促进日本经济增长无疑都是重要因素。

对日本政府主导的产业政策的作用，日本学者评价并不一致。小宫隆太郎等学者的思想倾向是对政府干预和组织性措施表示怀疑，希望重视市场机制和自由化潮流。因此，他们对产业政策的评价较低，而且把日本战后经济奇迹的取得归结为"建立在竞争基础上的价格机制和旺盛的企业家精神的作用"。但价格机制和企业家精神在欧、美是普遍存在的，并非日本所独有，而政府主导的产业政策则是日本的独特创造。因此，产业政策对日本战后"经济奇迹"的贡献是不能低估的。

随着 1973 年石油危机和世界性通货膨胀的冲击，日本经济的高速增长时代结束。这是由于一方面日元与美元汇率挂钩以后，使日本经济与世界的联系日益紧密；另一方面，日本产业力量的强大和日益国际化，使企业自由化成为历史潮流。日本政府对经济运行的干预也相对减少和弱化。同时，日本政府开始重视和运用西方总需求管理政策。这和 20 世纪 80 年代世界兴起的自由化潮流也是一致的。然而这一历史发展的变化只是表明了日本经济发展到国际化的历史阶段，以及经济政策的重心也发展到以协调各国之间的政策为转移的新时期。这并不意味着独立发展本国经济的特定历史时期的日本模式的失败。恰恰相反，日本增长奇迹表明了在独立发展本国经济的特定历史阶段，政府对经济的正确领导的重要意义，这是日本模式的价值所在。

如果说美国模式体现了西方文化的传统，那么日本模式则体现了东方文化的传统。对于日本模式东方文化的特色，美国的威廉·大内在《Z理论》中做了精彩细致的描述和概括。但是，在处理政府和市场关系问题上，仅用文化传统来解释两个模式的差别是不够的。在处理政府与市场关系问题上，政府要充当"领导者"和"驾驶员"的角色，承担起领导经济社会增长的责任有一个基本的前提，就是对市场经济体系运行的内在矛盾和规律有一个深入的认识。否则政府就只能充当"医生"和"救火队员"的角色。日本政府为什么对农业、能源、交通等基础产业实行倾斜发展政策？为什么对固定资本投资规模进行计划调节和控制并领导日本创造了经济增长奇迹？实际上，日本政府得益于马克思再生产理论的研究成果。因为在当今世界上，只有马克思对市场经济运行的内在矛盾和规律进行了研究，并取得了重要成果。日本民族一个优秀的品质就是广泛吸收人类一切优秀的思想成果。在日本，对《资本论》的研究规模和水平是世界一流的。

3. 马克思再生产理论的贡献

马克思再生产理论是迄今为止，在世界范围内唯一对采取价值运动形式（市场经济形式）的社会再生产运动的内部结构和深层矛盾运动规律作了深刻剖析的经典理论。下面介绍马克思再生产理论的主要贡献。

马克思认为，自主运动的市场经济系统内部各部门、各产业之间存在着一定的比例关系，遵循这些比例关系是社会化再生产运动的内在要求，否则就会导致再生产运动的比例失调和经济波动。显然，了解这些比例关系对于政府承担起"领导者"的责任，促进市场经济系统的稳定运行和国民财富的稳定增长具有重要意义。

依据马克思的研究，社会再生产运动存在三大重要的比例关系：

第一，必要消费资料的生产必须满足两大部类对必要消费资料的需求。这是再生产顺利进行和决定经济增长速度和规模的一个本质的决定因素，也是导致再生产比例失衡的一个关键比例关系。其量的界限是再生产其他部门的工资总额必须小于必要消费资料生产部门的利润总额。

哪些是必要消费资料生产部门呢？衣、食、住、行、燃料等。因此，农业、能源（水电、煤气、燃料等）、交通和日用必要消费品工业部门都是必要消费资料生产部门。实际上，自来水、电、煤气、燃油、交通等不仅是现代居民的必要生活资料，而且是工业社会的必要生存资料。因此，这些部门的优先发展，即这些部门的利润总额要大于其他部门的工资总额是决定经济增长速度和规模的一个本质的决定因素。

第二，社会固定资本更新比例要相对恒定。即每年固定资本更新部分与折旧部分在价值量上保持平衡，避免逐年固定资本更新、投资比例的起落。马克思认为，社会固定资本更新比例的变动是隐藏在再生产运动深层的导致生产过剩和再生产比例失衡的一个关键比例关系。因此，政府有目的地自觉地对固定资本的更新投资比例进行调节，对于促进市场经济系统的稳定运行和国民财富的稳定增长具有重要意义。

第三，在货币存量和流通速度既定的前提下，按每年新增价值产品（GDP增量）的相应比例增加货币供给量，是总产品实现的必要条件，从而也是再生产顺利进行的必要条件。

了解了马克思揭示的上述三大比例关系，就可以看到日本政府产业政策的重心与马克思再生产理论的精髓是基本吻合的，这恐怕是日本战后经济增长奇迹的秘密所在。更重要的是在处理政府与市场关系问题上，马克思再生产理论为政府驾驭市场经济运行，实现从必然王国到自由王国的飞跃开辟了道路。

4. 政府的作用和责任

通过对经济增长模式的讨论可以看到在现代政府与市场相结合的增长模式中，政府的作用日益重要。政府作为一个经济社会的领导者，对经济增长负有不可推卸的重要责任。正因为如此，许多经济学家认为政府的素质对经济社会是重要的。一个明智、廉洁、高效的政府对经济社会的增长能起到巨大的推动和促进的作用，而一个无能、平庸、腐败的政府，对经济社会就是一个灾难。落后国家经济增长缓慢的主要原因，一是观念落后，二是政府腐败。

如何建设一个高素质的政府呢？现代经济学的研究已经表明，政府不仅是一个经济社会的代表，对经济社会增长负有不可推卸的重要责任。而且，在国际竞争中，政府已经成为一个独立的竞争主体，为一国在国际社会中的生存和发展负有重要责任。现代政治学的研究也已经表明，政府不是哪一个阶级、哪一个集团利益的代表，而是社会所有成员公共利益的代表。现代政府所具有的政治经济性质，要求社会创造一种有效的机制，使具有丰富的政治、经济、法律和科学知识的，特别是具有强烈的社会责任感的优秀人士走上政府的各级岗位。同时，社会还要创造一种独立于政府的有效的监督机制，以监督政府的各级部门有效地为社会公共利益服务。一个落后国家的悲剧就是社会缺乏这两个机制，进入政府的是特殊的家族和利益集团的代表。这样的政府不可能有效地承担起为公共利益服务，促进经济社会增长的责任。它只是在需要时或社会矛盾尖锐时才关注一下公共利益，更多的时候，政府成为为某些家族和集团牟取私利的工具。这样的政府必然导致社会分裂、内耗和冲突、政府和社会腐败、资源浪费严重和经济增长缓慢。总之，在经济全球化的时代，政府的素质和建设已经成为关系到一个经济社会、国家、民族生死存亡的重大课题。

第三节   经济增长模型

美国未来学家托夫勒的《第三次浪潮》把人类社会的增长描述为农业社会、工业社会和未来的信息社会三个阶段。西方的经济学家则用三个增长模型来概括三个阶段经济增长的特点和规律。下面介绍这三个增长模型，以了解西方学者是如何观察和理解经济增长的，以及我们能借鉴哪些有意义的思想成果。

一、斯密和马尔萨斯的古典动态模型

萨缪尔森把农业社会的增长概括为"斯密和马尔萨斯的古典动态模型"，[①]把斯密和马尔萨斯对人类早期社会经济增长的思想加以总结。

模型假定：**人类社会处在最初状态，没有土地占有和资本积累。人口稀少，土地可供所有人自由开发和使用。**实际上这个假定也就是对人类早期的原始社会经济生活的描述。闭上眼，你脑海里应该浮现这样一个景象，在一片不毛之地的地球上，稀稀拉拉站着几个原始人。农业社会的经济增长就从这个时代开始。

增长的第一阶段：由于土地可自由开发使用，没有资本积累，劳动是增长的主要动力和源泉。随着人口增加，人们不断开发耕地，扩大种植面积。由于没有土地租金和资本利润，工资就是全部国民收入。人口翻一番，国民收入也随之翻一番。由于产出的扩张与人口增加同步，因此，人均实际工资长期不变。

但这个时代不可能永远维持下去，随着人口增加到所有土地都开发完毕，劳动、土地和产出的平衡增长就被打破。因为人口继续增加，土地变得稀缺，租金开始出现，以调节稀缺土地的分配。

增长的第二阶段：土地已开发完毕，且面积既定。人口继续增加，新增加的劳动力拥挤在已开发的土地上，每个劳动力可使用的耕地面积减少，收益递减规律开始起作用。由于劳动与土地的比例不断提高，导致劳动的边际产出下降，

---

① 萨缪尔森、诺德豪斯：《经济学》第16版，华夏出版社，1999年版，第421页。

实际工资率也随之下降。

增长的第三阶段：增长的最终均衡。实际工资水平最终能下降到什么程度呢？马尔萨斯认为，人口压力会使经济恶化到劳动力仅能维持生存的最低生活水平。因为一旦工资高于最低生存线，人口就会增长；工资低于最低生存线，死亡率会升高，人口会减少；只有在最低生存工资水平，才会实现人口与产出的长期稳定均衡。

该模型分析得出的结论是：在农业社会，劳动是增长的主要动力，但是在没有资本和技术创新的条件下，经济增长最终会受到土地资源的限制，人类将长期生活在仅能维持生存的最低收入水平。

二、存在资本积累的经济增长：新古典增长模型

新古典经济增长模型由美国麻省理工学院的罗伯特·索洛提出，并于1987年获诺贝尔经济学奖。索洛的新古典增长模型描述了工业社会的经济增长的特征。以织布机和蒸汽机发明为标志的工业革命为开端，人类创造和发明了大量的资本物品：工厂、汽车、发电机、铁路、电话以及各种各样的设备。这些资本物品的出现使经济社会的发展摆脱了土地的限制，财富获得了巨大的增长。因此，西方学者认为，资本积累是工业社会经济增长的主要因素，资本物品为经济增长做出了重要贡献。索洛的新古典增长模型就是对资本积累在经济增长中贡献的一种抽象分析。

新古典增长模型的基本假定：一是经济社会使用两种投入（劳动和资本）生产一种均质产品，并且劳动不作为一种内生变量；二是经济是竞争的，并且总在充分就业水平上运行；三是技术水平不变。

从上述假定中可以理解，该模型是在不考虑劳动和技术变量，只是对资本积累在经济增长中的作用进行的一种抽象分析。

该模型的总产出方程为 $Q=F(K,L)$，它表示总产出的数量取决于 K、L 的投入数量。土地的数量是既定不变的，也就不予考虑。

现在考察经济增长。索洛认为，在经济增长中，当资本物品增加的速度超过人口增加的速度，就会发生资本深化。**资本深化是指单位劳动力拥有的资本物品的量的增加，或者说是人均资本量，K/L（称为资本/劳动比率）提高的过程。**

资本深化对经济增长会产生两方面的影响：一是人均资本量的提高会导致人均产出增长，劳动力的边际产出和工资率也会相应提高；二是资本收益率递减。因为随着资本深化，资本存量增加，资本的边际收益递减规律开始起作用。

在技术水平不变条件下，资本深化导致的经济增长的最终均衡是：因为人均

资本量的增加总有个最大限度，一旦达到这个限度，资本—劳动比率会停止升高，资本深化终止，劳动的实际工资也会停止增长，资本收益率或利息率也会保持稳定。经济社会进入一个稳定状态。因此，**新古典增长模型长期均衡分析得出的结论是：资本存量的增加克服了土地对经济增长的限制，为工业时代的经济增长做出了重要贡献。但是如果经济增长仅仅是靠资本存量的增加（资本深化），而这种资本深化又只不过是靠现存的生产技术来增加工厂的数目的话，国民收入和工资率的增长最终还是会在一个既定的水平上停滞。**

这个结论，从增量分析的角度考察一个既定规模的工厂的产量增长，可以得到实证分析的证明。假定一个达到最佳规模的工厂，劳动的投入也达到最合理的数量，在技术水平不变的条件下，工厂达到它的最大产量后就会停止增长，即始终维持在这个最大产量水平上停滞不前。推而广之，从逻辑上讲，一个经济社会也是如此。因此，新古典增长模型的分析也是西方学者对 20 世纪中叶后西方工业国家的经济停滞提出的一个解释。20 世纪七八十年代西方工业国家进入后工业化社会，资本存量增加已达到饱和，或者说资本深化停止，经济社会的发展处在了一个停滞的状态。

20 世纪 90 年代美国经济在以计算机和信息技术革命为基础的高新技术产业的推动下，出现了持续 114 个月的增长态势。GDP 的年增长达到 4%，超过了潜在 GDP2.5% 的水平，通胀率维持在 2%~3% 的水平，失业率为 4% 左右。这种情况使许多西方经济学家认为，美国经济已进入了一个新经济时代，它是继农业经济、工业经济之后，以信息技术革命为先导的科学技术知识的普及和运用来促进经济增长的新知识经济时代。

从经济增长理论的角度分析，新古典增长模型的假定条件是技术水平不变，美国新经济的增长显然得益于计算机和信息技术的革命。因此，现代经济增长学家们认为，技术变革是继资本积累以后，推动经济增长的最重要因素。

三、"新经济增长理论"或称"内生技术变革理论"

新经济增长理论是指用国内生产技术变革和进步来说明经济增长源泉和各国增长率差异的研究成果的总称。

其代表人物是美国经济学家、斯坦福大学的保罗·鲁曼（Panl Romer）和卢卡斯等人。鲁曼认为，在现代经济中，特殊的知识和专业化的人力资本是决定经济增长的最主要因素。技术知识是经济社会的一种产出，应该作为一个独立的内生变量列入增长模式。技术知识具有自身的特性，一旦生产出来，可共享、可重复使用、可低成本复制，因而产生边际收益递增。知识的传播以及它可以几乎无止境的发展成为促进经济增长最重要的关键因素。我们可以把新经济增长理论的要点归结如下：

第一，技术知识的变革和进步是继资本积累以后人类发现的促进经济增长的最重要的要素。

第二，技术知识是经济社会的一种产出，即经济增长的内生变量。

第三，技术变革抑制了劳动和资本的边际收益递减规律的作用，可导致劳动生产率和资本收益率提高，从而导致经济增长。

第四，技术知识要素的积累不存在饱和的趋势和可能，而且技术知识要素一旦生产出来，就可以低成本重复使用，一改传统要素的边际收益递减规律，技术知识要素的边际收益是递增的。技术知识要素的这一特征无限地扩展了经济增长的空间。

第五，技术知识产品是一种公共品，具有非竞争性（非排他性）、不可分割性等特点，会出现严重的市场失灵。因此，要促进技术变革，政府必须加强知识产权保护和制定促进技术创新和进步的公共政策。

萨缪尔森指出，新经济增长理论的主要贡献是改变了人们关于增长途径和公共政策的思维方式，如果技术水平不同是导致各国生活水平差异的主要原因，而且假定技术是一个可以生产出来的要素，那么关于经济增长的政策就应该着重研究国家怎样才能提高技术水平。

经济学家们认为，以下一些措施和公共政策对促进技术进步是重要的。

其一，充分发挥市场竞争机制的激励作用和加强知识产权保护，为技术知识的创造者提供足够的市场回报。

其二，给从事研究开发的私人或合资企业提供税收减免和反垄断豁免权。

其三，促进和鼓励企业与大学的合作。

其四，完善和选择公共资助的研究项目的机制。

其五，普及和加强基础教育和人力资本的开发。

通过上述介绍和分析，可以理解西方学者实际上是遵循历史和逻辑相一致的原则，用抽象分析方法（有的学者称"排除法"）分析了劳动、资本、技术创新在不同历史发展阶段对经济增长的相对贡献，并最终发现技术创新相对于其他要素来讲是最重要的要素。

第四节　经济增长的限制和可持续发展

经济增长有没有极限？这个问题一直缠绕在经济增长学家们的头脑中。从农业时代的古典模型分析中知道，如果没有资本积累和技术创新，经济增长最终会受到土地资源的限制。工业革命使人类的发展和经济增长摆脱了土地的限制。但是，工业化的发展不仅对土地、矿产资源的消耗巨大，而且对空气、水的污染也日益严重。这样，人们对经济增长的环境、资源的约束问题的担心不断出现。

1968 年，罗马俱乐部邀请世界知名科学家、经济学家对人类社会发展未来进行了讨论。1972 年，美国经济学家多尼拉·B. 梅多斯受罗马俱乐部的委托，把讨论的情况进行整理，出版了《增长的极限：罗马俱乐部关于人类危境的预测报告》一书。梅多斯认为，由于人口和工业生产的迅速增长，资源消耗加速，环境污染日益严重，到 2100 年，整个世界将会由于资源耗竭和环境恶化而告崩溃。梅多斯的预言尽管过于悲观，但他引起了世界对人口增长、资源和环境问题的关注。

到 20 世纪 90 年代，越来越多的科学研究的证据表明，工业发展正在显著地改变地球的气候和生态系统，经济增长的环境约束的可能性不断增加。比如，地球正在变暖（包括矿物燃料的使用使气候变暖）；酸雨广泛存在；南极上空出现"臭氧层空洞"；森林迅速减少；沙漠化地区扩展；特别是热带雨林的消失可能导致全球生态系统失衡；物种灭绝；土地质量恶化；海洋的污染已威胁到海洋生物的生存等。这些证据表明，工业经济的增长确实面临着严峻的全球环境约束问题。

如何面对经济增长的资源和环境约束问题？一些对经济增长前景悲观的学者认为，人类应停止追求经济增长以减少对资源的消耗和环境的污染，控制人口增长，保护和恢复生态环境等。而对经济增长前景持乐观态度的学者认为，人类的发展总是不断克服各种矛盾和障碍而前行的。新技术革命会发明保护资源和环境的先进技术和资本物品，从而使人类社会的经济增长与环境和平共处。经济增长是人类社会发展的动力，停止增长是不可能的，问题在于人类在追求经济增长时要更多地关注资源和环境问题，为人类的可持续发展创造条件。

可持续发展要求技术创新更多地关注在节约资源、替代资源、消除污染、保护和恢复生态环境方面的技术发明和进步，更要求人类在全球范围的协调与合作。阻止全球生态环境恶化的趋势要靠世界各国的政府和人民共同努力和承担起责任。例如，美国政府拒绝在《京都议定书》上签字，引起世界的哗然。美国作为世界经济发展中的最大国家，此举是不负责任的。

本章总结和提要

经济增长问题不仅是经济学永恒的主题之一，而且涉及许多重大的经济学理论问题。经过一个多世纪的探索，大多数国家都选择了混合经济增长模式，其中最具特色的是美国的混合经济模式、日本的东亚经济模式。从自然的角度看，人类社会的增长可分为农业社会、工业社会和未来的信息社会三个阶段。最后，人类的可持续发展问题，人类和环境、资源的关系问题，关系到人类的前途，是需要密切关注的重大问题。

思考题

1. 什么是经济增长？你同意经济学家给经济政治增长下的定义吗？

2. 在经济增长的四个源泉中，你认为哪一个最重要？为什么？

3. 西方学者为什么把市场经济模式称为经济增长的发动机？

4. 在美国的混合经济模式、日本的东亚经济模式中你最欣赏哪个模式？为什么？

5. 请评价政府与市场关系问题的两种观点。

6. 仔细分析新古典增长模型，你同意该模型分析的结论吗？为什么？

7. 新经济增长理论的内容和意义是什么？

8. 如何促进经济社会的可持续发展？

主要参考书目

1.《马克思恩格斯选集》第一、二、三卷，人民出版社，1972年版。

2.《马克思恩格斯全集》第26卷Ⅰ、第24卷、第13卷、第25卷，人民出版社，1972年版。

3. 杜尔哥:《关于财富的形成和分配的考察》，商务印书馆，1961年版。

4. 吴斐丹、张草纫:《魁奈经济著作选集》，商务印书馆，1979年版。

5. 托马斯·曼:《英国得自对外贸易的财富》，商务印书馆，1959年版。

6. 亚当·斯密:《国民财富的性质和原因的研究》上、下卷，商务印书馆，1972年版。

7. 李嘉图:《政治经济学及赋税原理》，商务印书馆，1962年版。

8. 萨伊:《政治经济学概论》，商务印书馆，1963年版。

9. 马尔萨斯:《政治经济学原理》，商务印书馆，1962年版。

10. 李斯特:《政治经济学的国民体系》，商务印书馆，1961年版。

11. 门格尔:《国民经济学原理》，上海人民出版社，1959年版。

12. 罗尔:《经济思想史》，商务印书馆，1981年版。

13. 马歇尔:《经济学原理》上、下册，商务印书馆，1964年版。

14. 凯恩斯:《就业、利息和货币通论》，商务印书馆，1963年版。

15. 克拉克:《财富的分配》，商务印书馆，1959年版。

16. 萨缪尔森:《经济学》第10版，上、中、下册，商务印书馆，1982年版。

17. 王亚南主编:《资产阶级古典政治经济学选辑》，商务印书馆，1979年版。

18. 弗里德曼:《论通货膨胀》，中国社会科学出版社，1982年版。

19. 多恩布什、费希尔:《宏观经济学》，中国人民大学出版社，1997年版。

20. 小宫隆太郎等:《日本的产业政策》，国际文化出版公司，1988年版。

21. 沈越:《德国社会市场经济评析》，中国劳动社会保障出版社，2002年版。

22. 科斯:《企业、市场与法律》，上海三联书店，1990年版。

23. 萨缪尔森、诺德豪斯:《经济学》第16版，华夏出版社，1999年版。

24. 艾哈德:《来自竞争的繁荣》，商务印书馆，1983年版。

25. 马克思：《资本论》第一、二、三卷，人民出版社，1975 年版。

26. 冯·哈耶克：《通往奴役之路》，中国社会科学出版社，1997 年版。

27. 加尔布雷思：《经济学和公共目标》，商务印书馆，1980 年版。

28. 熊彼特：《资本主义、社会主义与民主主义》，商务印书馆，1979 年版。

29. 恩格斯：《反杜林论》，人民出版社，1972 年版。

30. 斯蒂格利茨等：《东亚奇迹的反思》，中国人民大学出版社，2003 年版。

31. 斯蒂格利茨：《经济学》，中国人民大学出版社，1996 年版。

32. 布拉德利·希勒：《当代经济学》第 8 版，人民邮电出版社，2003 年版。

33. 威廉·大内：《Z 理论》，中国社会科学出版社，1984 年版。

34. 埃里克·伊兹拉莱维奇：《当中国改变世界》，中信出版社，2005 年版。

35. 罗伯特·劳伦斯·库恩：《他改变了中国——江泽民传》，世纪出版集团、上海译文出版社，2005 年版。

36. 迈克尔·帕金：《经济学》，梁小民译，人民邮电出版社，2003 年版。

37. 木志荣：《中国私营经济发展研究》，厦门大学出版社，2004 年版。

38. 福克纳：《美国经济史》，王锟译，商务印书馆，1964 年版。